國家古籍整理出版專項經費資助項目

中國史學基本典籍叢刊

大唐創業起居注箋證

（附壺關録）

〔唐〕温大雅 韓昱 撰
仇鹿鳴 箋證

中華書局

圖書在版編目(CIP)數據

大唐創業起居注箋證:附壺關録/(唐)温大雅,(唐)韓昱撰;仇鹿鳴箋證. —北京:中華書局,2022. 8(2024.6 重印)
(中國史學基本典籍叢刊)
ISBN 978-7-101-15841-0

Ⅰ.大… Ⅱ.①温…②韓…③仇… Ⅲ.起居注-中國-唐代 Ⅳ.K242.066

中國版本圖書館 CIP 數據核字(2022)第 137118 號

責任編輯:胡 珂
責任印製:管 斌

中國史學基本典籍叢刊
大唐創業起居注箋證(附壺關録)
〔唐〕温大雅 韓 昱 撰
仇鹿鳴 箋證
*
中 華 書 局 出 版 發 行
(北京市豐臺區太平橋西里 38 號 100073)
http://www.zhbc.com.cn
E-mail:zhbc@zhbc.com.cn
三河市宏盛印務有限公司印刷
*
850×1168 毫米 1/32 · 9¼印張 · 2 插頁 · 160 千字
2022 年 8 月第 1 版 2024 年 6 月第 4 次印刷
印數:6501-8000 册 定價:36.00 元

ISBN 978-7-101-15841-0

目録

前言

大唐創業起居注三卷，唐温大雅撰。記載大業十三年（六一七）五月李淵自太原起兵至義寧二年（六一八）五月受禪建唐三百五十七天的史事，不但詳細記録李淵籌備起兵至西進關中、攻克長安的經過，也包含起兵及稱帝時的祥瑞符讖、與李密和突厥的往來交涉、禪讓前後的表章詔書等，内容豐富，是目前所見關於李唐建國最重要的史料。

温大雅，太原祁人。父君攸，北齊文林館學士。大雅與弟彦博、大有，並有名，其父友薛道衡、李綱嘗謂兄弟三人「皆卿相才」，傳見舊唐書卷六一、新唐書卷九一。新舊唐書本傳云大雅字彦弘、彦博字大臨、大有字彦將。洪邁容齋四筆引創業注「温彦將宿於城西門樓上，首先見之。報兄彦弘」一節，考其本名彦弘，字大雅，後人因避孝敬皇帝諱，改以字稱。錢大昕跋太常丞温佶碑（潛研堂文集卷三二）云：「今讀此銘云『先生之先，在世多才。曰博、弘、將，三英彦聯』，亦足徵昆弟三人同名『彦』也。」另景龍二年趙本質妻温氏墓誌（拓本刊隋唐五代墓誌匯編洛陽卷）記「郡君祖大雅」。

太原起兵後，温大雅任李淵大將軍府記室參軍，專掌文翰，深受委信。十六國北朝以降，霸府記室常因掌文書而預修史〔一〕，温大雅撰大唐創業起居注，或承此傳統。新唐書卷五八藝文志史部雜史類著録「温大雅今上王業記六卷」，職官類著録「温大雅大丞相唐王官屬記二卷」，兩書的編纂當亦與其嘗任記室有關〔二〕。

大唐創業起居注撰成的時間，劉知幾史通卷一二：「惟大唐之受命也，義寧、武德間，工部尚書温大雅首撰創業起居注三篇」，僅述其大概。創業注提供的綫索是卷首題「唐陝東道大行臺工部尚書上柱國樂平郡開國公臣温大雅撰」，福井重雅據此結銜考訂撰於武德四、五年至八年間（大唐創業起居注考，史觀六三·四合册）。按温大雅自工部侍郎出爲陝東道大行臺工部尚書的時間未見記載，氣賀澤保規認爲武德四年九月，陝東道行臺升格爲大行臺時〔三〕，温大雅即出爲工部尚書（大唐創業起居注的性格特點，日本中青年學者論中國史）。嚴耕望唐僕尚丞郎表據温大雅本傳「武德元年，歷遷黄門侍郎。弟彦博爲中書侍郎，對居近密，議者榮之」一語，考温彦博武德中方自中書舍人遷中書侍郎，推定温大雅自黄門侍郎轉工部侍郎的時間不會早於此時，出爲陝東道大行臺工部尚書當更晚。今檢舊唐書温大雅傳，此句實有異文，「彦博」，太平御覽卷二二一引唐書、册府元龜卷七八二作「彦將」。按舊唐書卷六一温大有傳云「武德元年，累轉中書侍郎」，當以彦將爲是。因此，温大雅可能武德四年九月即出爲陝東道大行臺工部尚書。另創業注記事的下限是竇建德送蕭皇后於突厥，據舊唐書卷一九四上突厥傳，事在武德三年二月，書成當在其後〔四〕。大唐創業起居注撰成的具體時間雖不能確考，當以温大雅任記室參軍時積累的材料爲依憑，至陝東道大行臺工部尚書任上寫定進呈。

舊唐書經籍志將創業注歸入史部起居注類。起居注者，録記人君言行動止之事，隋代於内史省下置起居舍人二員，從六品，掌其事。唐貞觀二年移其職於門下省，唐六典卷八記其「掌録天子之動作法度，以修記事之史。凡記事之制，以事繫日，以日繫月，以月繫時，以時繫年。必時書其朔日甲乙以紀曆數，典禮文物以考制度，遷拜旌賞以勸善，誅伐黜免以懲惡。季終則授之于國史焉。」嚴格而言，創業注雖亦名曰起居注，主體内容本自温大雅任李淵記室參軍時的記録及文書，較之於官修國史制度下作爲原始檔案繳送史館，以備實録編纂的起居注，創業注實際上是一部經過加工的史書。創業注不但在卷一補敘李淵爲太原道安撫大使、解煬帝雁門之圍、破歷山飛等太原起兵前事跡，卷三所記羅藝歸降、遣淮安王神通安撫山東、竇建德擊破宇文化及、送蕭皇后於突厥等事，皆發生在武德元年末及武德二、三年，逸出創業注的紀事範圍。這部分紀事繫時多有舛亂，如卷一云大業十二年煬帝幸樓煩，卷三記羅藝於義寧二年二月歸降，又將恭帝禪位詔繫於四月等，這些明顯的訛誤證明部分内容恐非當時所撰，或後來增補時草率所致。另從書中專名也能看到武德後改訂的痕跡，如卷二先後記「又京兆萬年、醴泉等諸縣，皆遣使至」、「丙子，大軍西引，歷下邽，過櫟陽」兩事，按隋之萬年即唐櫟陽，舊唐書卷三八地理志：「櫟陽　隋萬年縣。武德元年，改爲櫟陽。」萬年、櫟陽實爲一地。又卷二云「次於清源」，清源，大業初省併入晉陽縣，武德元年復置，知創業注有用唐初地名記隋末事的情況。以本書内證而論，創業注從籌劃起兵至攻克長安的紀事連貫而詳密，或多據温大雅任記室參軍時的一手記録，而卷一敘李淵早年經歷、卷三記攻克長安後群雄之動向等，不但繫時錯誤較多，條貫亦欠分明，或出於後來增補者。

學者大多認爲玄武門之變後，高祖、太宗兩朝實録的編纂受時事影響，於李唐開國事多有隱晦甚至改竄。成書於武德中的大唐創業起居注，紀事與新舊唐書又有出入，故尤受重視，司馬光編纂資治通鑑時即多有採信。創業注的史料價值，一是保存李淵起兵之初，卑辭聯和突厥的記録〔五〕，這部分在後來的實録與新舊唐書中多有删落。二是詳細敘述太原起兵至李唐建國的經過，較爲公允地記録高祖及隱太子建成在此期間的作用，既往學者多據此爲高祖辯誣。藉助對史源層次的揭剥，目前我們能更加清晰地認識到創業注與實録、舊唐書之間的關係。

首先，據通鑑考異引高祖實録提示的綫索，可以判斷册府元龜卷七帝王部創業第三所引一段從大業中至高祖稱帝的編年紀事，係節鈔自高祖實録。證據有二，通鑑卷一八四義寧元年考異引唐高祖實録：「驍勇千餘人已登其南城，高祖在東原，不之見。會暴雨，高祖鳴角收衆，由是不克。」册府元龜卷七敘其事云：「戊午，高祖率衆攻屈突通於河東，士卒登城南面者已千餘人，高祖在東原，望之而不見。會雨暴至，鳴角止軍，由是不剋。」比較兩處引文，知皆出自高祖實録，考異稍有節略。通鑑卷一八四義寧元年「十一月丙辰，軍頭雷永吉先登」，考異曰「唐高祖實録作『雷紹』，今從創業注」。册府元龜卷七正作「十一月丙辰，軍頭雷紹先登」。用同樣的方法，還能比定册府元龜卷一九帝王部功業中關於太宗的長篇編年紀事出自太宗實録。其次，比對創業注、實録、舊唐書三種不同層次的文獻，大體可以判定舊唐書本紀蓋據實録删削而成，創業注雖屬另一史料系統，但實録、舊紀敘事的順序、重點以及文字都與之大同小異，推斷貞觀中纂修高祖實録，曾將創業注作爲重要的取材對象〔六〕。

明晰三種文獻的史源層次後，實録編纂時改寫增益的部分，可靠性需要仔細斟酌。如太原起兵後，唐軍一度困於賈胡堡，因霖雨積旬，餽運不給，旬月不得進，時有回師太原之議，創業注對此有詳細記載。除通鑑考異所指出，實録與舊唐書高祖紀將建成與世民共同諫争高祖一事歸功於太宗個人外，册府元龜卷一九節引太宗實録還增補一段戲劇性的情節：

> 高祖不納，促令發引。帝遽將復諫，會暝，高祖已寢，帝不得入。夜漸久，遂於外號泣，聲聞於內。有命引入，問其故。對曰：「今者兵以義動，進戰則尅，退還則散。兵散於前，敵乘其後，死亡須臾而至，是以悲耳。」高祖乃悟，曰：「兵馬已去，如何？」帝曰：「初遣兵之使，世民並執於堡外矣。所領右軍，嚴而未發，左軍雖去，猶應不遠，今請自追之。」高祖笑曰：「吾成敗在汝，知復何言。任汝也。」

這類增補往往出於凸顯太宗形象的目的，雖出自實録，恐難憑信〔七〕。

作爲武德中成書、敘高祖功業的編年史，創業注中的敘事，亦不宜一概視爲實録。書中對李淵進兵關中過程中遭遇的挫敗，多有諱飾。如記圍屈突通於河東，創業注卷二云：「軍人既得上城，遂不時速下，帝曰：『屈突宿衛舊人……今且示威而已，未是攻城之時。殺人得城，如何可用。』乃還。」舊唐書卷一高祖紀曰：「屈突通自守不出，乃命攻城，不利而還。」司馬光通鑑考異已指出「温大雅因爲虚美耳」。以下以創業注卷二孫華引王長諧渡河事爲例，説明創業注與實録各自的隱晦與改動：

至是，通聞孫華導長諧等渡河，果遣獸牙郎將桑顯和率驍果精騎數千人，夜馳掩襲長諧等軍營。諧及孫華等奉教備預，故並覺之，伺和赴營，設伏分擊，應時摧散，追奔至于飲馬泉，斬首獲生，略以千計。

宋本册府元龜卷七敘其事云：「通果遣虎牙郎將桑顯和率精兵數千夜襲長諧，義軍不利，隋人逐北，華將走，太宗以遊騎掩其後，顯和敗績，僅以身免，悉虜其衆。」比較兩種紀事，創業注隱先敗後勝過程，册府元龜卷七節録高祖實録，歸功於太宗，又有向壁虚造之嫌。通鑑卷一八四考異：「唐高祖本紀云：『義師不利，太宗以遊騎數百掩其後，顯和潰散。』按太宗時未過河西。」又舊唐書卷五八柴紹傳：「隋將桑顯和來擊，孫華率精鋭渡河以援之，紹引軍直掩其背，與史大奈合勢擊之，顯和大敗」，是役掩襲其後者當是柴紹與史大奈。因此，只有在比勘史源、考訂史事的基礎上，方能確定創業注、實録、舊唐書紀事不同的來源與可信度，庶幾稍近唐開國史的真相。

大唐創業起居注撰成後，除爲高祖實録取資外，唐初修隋書恭帝朝部分，似亦有參用。如隋書卷五恭帝紀云「義寧元年十一月壬戌，上即皇帝位於大興殿」，與創業注同，册府元龜卷七、舊唐書高祖紀等出自唐實録系統的紀事，繫於癸亥，相差一日。據隋書恭帝紀所載繼位大赦詔「十一月十六日昧爽以前，大辟罪已下，皆赦除之」一語，是月十六日干支爲癸亥，當以癸亥爲是。又隋書恭帝紀記義寧元年十一月改太原留守爲鎮北府，亦本自創業注，通鑑考異引實録繫於義寧二年三月。

大唐創業起居注在宋人書目中多有著録，流傳有序。崇文總目卷二有「大唐創業起居注三卷，温大雅撰」。玉海卷四八引中興書目：「三卷。起隋大業十二年爲太原道安撫，盡義寧二年五月甲子即帝位，改武德元年，紀用師符讖受命典册事。」晁公武郡齋讀書志卷五著録大唐創業起居注三卷，云：「右温大雅撰，紀高祖建義至受隋禪，用師符讖受命典册事。」陳振孫直齋書録解題卷四著録爲五卷〔八〕，云：「所載起義至受禪凡三百五十七日。其述神堯不受九錫，反復之語甚詳。愚嘗書其後曰：新史稱『除隋之亂，比迹湯武』。湯武未易比也，唐之受命正與漢高帝等爾。其不受九錫，足以掃除魏晉以來欺天罔人之態，而猶不免曰受隋禪者，乃以尊立代王之故，曾不若以子嬰屬吏之爲明白洞達也。」

大唐創業起居注通行刊本有祕册彙函本、津逮祕書本、學津討原本，其中以明萬曆年間胡震亨等編刻祕册彙函本爲最早。祕册彙函本沈士龍、胡震亨跋未言所據版本與具體校刻時間，檢該本卷三「罔或偷安」，「罔」下有小字注「一作時」，或曾據别本校正。祕册彙函刊刻未竟，天啓初遇祝融之災，刻板損毁。殘版後歸毛晉汲古閣，部分書目重刊收入津逮祕書，津逮祕書本創業注即用祕册彙函舊版刊刻〔九〕。學津討原本與兩本脱誤基本一致，僅有個别異文。創業注今存清鈔本兩種：中國國家圖書館藏善耕顧氏文房鈔本，係清初顧楗（字肇聲）藏本；中國國家圖書館藏吴翌鳳鈔本，云曾據影宋本校刊，並記影宋本行款爲十行十九字。南京圖書館藏黄丕烈校祕册彙函本，云據舊鈔校正，間有黄氏自己的校訂。另有繆荃孫藕香零拾本，云據黄丕烈舊鈔本、章壽康（字碩卿）藍格鈔本做了較多校訂，亦較通行。大唐創業起居注原有李季平、李錫厚點校本（上海古籍出版社一九八三年版），本次整理多有參酌，特此致謝。

〔一〕參讀陳識仁「記室」與修史——十六國北朝史學的一個側面觀察，早期中國史研究第八卷第二期。

〔二〕按新唐書藝文志據史傳文獻補入大量「不著録」書，非宋初仍有其書。册府元龜卷五五六：「温大雅，爲禮部尚書。撰今上王業記六卷。」此條當採自唐實録。大丞相唐王官屬記二卷，雖來源不明，亦可能出於實録。參讀馬楠新唐書藝文志增補修訂舊唐書經籍志的三種文獻來源，唐宋官私目録研究，中西書局，二〇二〇年。

〔三〕布目潮渢引唐大詔令集卷三五秦王天策上將制：「太尉、尚書令、雍州牧、左武候大將軍、陝東道行臺尚書令、涼州總管、上柱國秦王某……可授天策上將，位在王公上，領司徒、陝東道大行臺尚書令」，認爲有從行臺升爲大行臺的變化，參讀隋唐史研究——唐朝政權の形成，京都大學東洋史研究會，一九六八年。史籍中對這一變化的記載較爲含混，如舊唐書卷一高祖紀：「（武德元年）十二月壬申，加秦王太尉、陝東道大行臺。」卷五八殷嶠傳：「武德二年，兼陝東道大行臺兵部尚書。」屈突通墓誌（拓本刊千唐誌齋藏誌）：「武德元年，今上爲陝東道大行臺，以公判左僕射……世充克平……加授陝東道大行臺右僕射。」似武德元年即建陝東道大行臺。但唐大詔令集保留一系列有明確繫年的詔書，武德二年五月秦王兼涼州總管制、武德三年四月秦王益州道行臺制、武德三年七月令秦王討王世充詔、武德五年十月秦王領左右十二衛大將軍制、武德六年九月討輔公祏詔、武德八年十一月秦王等兼中書令等制及册府元龜卷一九關於太宗的長篇編年紀事等原始文獻皆明確區分行臺與大行臺，如秦王領左右十二衛大將軍制云「天策上將太尉領司徒尚書令陝東道大行臺益州道行臺尚書令雍州牧涼州總管左右武候大將軍上柱國秦王某」，故仍取其說。

〔四〕另創業注卷三進李淵爲相國、加九錫册文小字注云「侍中陳叔達之詞也」，舊唐書卷一高祖紀：「（武德三年三月）己卯，改納言爲侍中。」參讀岳純之大唐創業起居注的成書時間，唐代官方史學研究，天津人民出版社，二〇〇三年。

〔五〕參讀陳寅恪論唐高祖稱臣於突厥事，寒柳堂集，生活・讀書・新知三聯書店，二〇〇一年。

〔六〕如册府元龜卷七：「會高陽賊帥歷山飛等，衆號十萬，來寇太原，將軍慕容羅睺、潘長文俱爲所敗，賊鋒益盛。高祖率步騎六千以擊之，相遇於同過水上，賊陣彌亘十餘里，埃塵漲天，戰士大懼，莫不股慄。高祖神色自若，令王威率大衆居前，所有旌旗鼓角及輜重悉配之。高祖與麾下數百騎居後，賊望威軍爲高祖，盡鋭來戰，威不能支，軍遂敗。高祖以騎翼擊之，爲賊所掩，重圍數匝，於是身先力戰。會太宗來救，因復收兵擊之，賊遂大敗，虜男女數萬口。」按此事見於創業注，舊唐書本紀删落，實録紀事當本自創業注。

〔七〕參讀仇鹿鳴隱没與改篡：舊唐書唐開國紀事表微，唐研究第二十五卷。

〔八〕按「五」或係「三」之訛。

〔九〕參讀冉旭祕册彙函考，古籍整理研究學刊二〇〇四年第三期；蘇曉君汲古閣匯紀，北京大學出版社，二〇一八年。

凡例

一、本次整理以祕册彙函本爲底本，以學津討原本、善耕顧氏文房鈔本（簡稱善耕堂本）、黄丕烈校本（簡稱黄校本，校語簡稱黄校）、吴翌鳳鈔本（簡稱吴本，校語簡稱吴本校）、藕香零拾本爲通校本。

二、參校資治通鑑考異引創業注，並據隋書、舊唐書、册府元龜、資治通鑑等史籍作他校。

三、箋證除注釋人物、地理、史事外，尤注意創業注與册府元龜引實録、舊唐書三者間的因襲、增删與改動，剥離史源，揭示文獻的不同層次，辨正史實。另箋證較多參取碑誌，以補史傳之不足。字詞訓解、文章典故，若非有關史實，一般不予箋證。

四、大唐創業起居注重要版本題跋，輯録附於書後。

大唐創業起居注卷之一

唐陝東道大行臺工部尚書上柱國樂平郡開國公臣温大雅撰

起義旗至發引凡四十八日

初，帝自衛尉少卿轉右驍衛將軍①〔一〕，奉詔爲太原道安撫大使。郡文武官治能不稱職者，並委帝黜陟選補焉〔二〕。河東已來兵馬，仍令帝徵發，討捕所部盜賊〔三〕，隋大業十二年煬帝之幸樓煩時也②〔四〕。帝以太原黎庶，陶唐舊民，奉使安撫，不踰本封〔五〕，因私喜此行，以爲天授。所經之處，示以寬仁，賢智歸心，有如影響。

校勘記

① 衛尉少卿　原作「衛尉卿」，據通鑑卷一八二考異引創業注改。按舊唐書卷一高祖紀：「（大業）九年，遷衛尉少卿。」

②隋大業十二年煬帝之幸樓煩時也　通鑑卷一八二考異引創業注句上有「即」字。

箋證

〔一〕舊唐書卷一高祖紀記李淵大業九年遷衛尉少卿。册府元龜卷七：「大業中爲衛尉少卿。遼東之役，高祖於懷遠鎮督運糧，知楊玄縱兄弟逃還，密表聞奏，煬帝始知玄感起逆，乃班師。於是慰勞高祖，諭以親親之意。元弘嗣先在弘化留守，即斛斯政親戚，乃遣高祖馳執弘嗣，代爲留守關右，十三郡兵皆受徵發。」按「十三郡」，原作「十三都」，據通鑑卷一八二改。隋書卷七四元弘嗣傳：「及玄感作亂，逼東都，弘嗣屯兵安定。或告之謀應玄感者，代王侑遣使執之，送行在所。以無反形當釋，帝疑不解，除名，徙日南，道死，時年四十九。」舊唐書卷六一竇抗傳：「抗與高祖少相親狎，及楊玄感作亂，高祖統兵隴右，抗言於高祖曰：『玄感抑爲發蹤耳！李氏有名圖籙，可乘其便，天之所啓也。』高祖曰：『無爲禍始，何言之妄也！』」舊唐書卷一高祖紀：「（大業）十二年，遷右驍衛將軍。」

〔二〕隋時常遣官員分道巡省各地，如隋文帝開國之初，即在開皇元年二月，遣八使巡省風俗。三年十一月己酉，發使巡省風俗。仁壽元年六月乙卯，遣十六使巡省風俗，所遣十六使中有柳彧，持節巡省太原道十九州。煬帝繼位後仍之，大業元年發八使巡省風俗。事見隋書卷一文帝紀上、卷二文帝紀下、卷三煬帝紀上、卷六二柳彧傳。至隋末，天下大亂，群雄紛起，煬帝常於諸道設討捕大使彈壓之，如隋書卷七〇裴仁基傳：「李密據洛口，令仁基爲河南道討捕大使，據武牢以拒密」，卷七一張須陁傳：「以功遷齊郡通守，領河南道十二郡黜陟討捕大使。」杜惒墓誌（拓本刊秦晉豫新出墓誌蒐佚續編）：「以君材戡經國，譽美皇華，詔遣建節河北道廿二州黜陟大使。彰善癉惡，激濁揚清。奸吏懼威，望風解印。洎隨道云季，天下騷擾，復奉敕河北道討捕大使。」舊唐書卷五九屈突通傳：「時秦隴盜賊蜂起，以通爲關内討捕大使。」與以上諸例類似，李淵名爲太原道安撫大使，實以討捕爲主要職責。本書卷二：「宿于絳郡西北之鼓山，此山帝爲討捕大使時舊停營所，故逗而宿焉」，即指李淵太原道安撫大使任上。

〔三〕舊唐書卷一高祖紀：「（大業）十一年，煬帝幸汾陽宫，命高祖往山西、河東黜陟討捕。師次龍門，賊帥母端兒帥衆數千薄於城下。高祖從十餘騎擊之，所射七十發，皆應弦而倒，賊乃大潰。」隋書卷六三樊子蓋傳：「時絳郡賊敬槃陀、柴保昌等阻兵數萬，汾晉苦之。詔令子蓋進討。于時人物殷阜，子蓋善惡無所分別，汾水之北，村塢盡焚之。百姓大駭，相率爲盜。其有歸首者，無少長悉坑之。擁數萬之衆，經年不能破賊，有詔徵還。」册府元龜卷七：「于時，絳郡賊柴保昌等有衆八萬，煬帝令户部尚書樊子蓋擊之，子蓋深溝高壘，不敢決戰。有來歸首者，不問多少，必坑之，由是莫敢降，賊徒日盛。屯軍在外，連年不能剋。煬帝令高祖代總其衆，高祖與賊頻戰，每挫其鋒。有來者引置左右，推赤心待之，人人自安，願效死力。其餘賊黨相謂曰：『我輩本無逆心，徒以政令嚴苛，懼死爲盜耳。前後首者爲子蓋所殺，窮無所歸，今唐公與人無隔疏遠，意坦如也，我輩知不死矣。』遂相率歸首，前後至者數萬餘人。賊散走他郡。」舊唐書卷一八七上夏侯端傳：「仕隋爲大理司直，高祖龍潛時，與其結交。大業中，高祖帥師於河東討捕，乃請端爲副。」又卷一九〇上孔紹安傳：「紹安大業末爲監察御史，時高祖爲隋討賊於河東，詔紹安監高祖之軍，深見接遇。」

〔四〕舊唐書卷一高祖紀、隋書卷八四突厥傳繫其事於大業十一年。隋書卷四煬帝紀下：「（大業十一年五月）己酉，幸太原，避暑汾陽宫。」范安貴墓誌（拓本刊隋唐五代墓誌匯編洛陽卷）：「十一年，從幸樓煩郡。」通鑑卷一八二考異：「按十二年帝未嘗幸樓煩，今從高祖實録在幸汾陽宫時。余按隋志，汾陽宫正屬樓煩郡，自可以言幸樓煩，但有十二年、十一年之差耳。」按河東賊起於大業十年末，隋書卷四煬帝紀下：「（十一月）己酉，賊帥司馬長安破長平郡。乙卯，離石胡劉苗王舉兵反，自稱天子，以其弟六兒爲永安王，衆至數萬。將軍潘長文討之，不能剋」，至十一年五月癸卯，「賊帥司馬長安破西河郡」，同月己酉，煬帝幸太原，這或是李淵受命討捕的背景。十一年十月煬帝還東都後，「（十二月）庚辰，詔民部尚書樊子蓋發關中兵，討絳郡賊敬盤陀、柴保昌等，經年不能剋」，高祖代之，則爲另一事。

〔五〕舊唐書卷一高祖紀云李淵祖李虎「周受禪，追封唐國公，謚曰襄」，李淵「七歲襲唐國公」。

煬帝自樓煩遠至鴈門①，爲突厥始畢所圍，事甚平城之急〔一〕。賴太原兵馬及帝所徵兵，聲勢繼進，故得解圍，僅而獲免〔二〕。遂向東都〔三〕，仍幸江都宫〔四〕。以帝地居外戚，赴難應機，乃詔帝率太原部兵馬，與馬邑郡守王仁恭北備邊朔〔五〕。帝不得已而行，竊謂人曰：「匈奴爲害，自古患之。周秦及漢魏，歷代所不能攘，相爲勍敵者也。今上甚憚塞虜，遠適江濱，反者多于蝟毛，群盜所在蜂起。以此擊胡，將求以濟②，天其或者殆以俾余③。我當用長策以馭之，和親而使之，令其畏威懷惠，在兹一舉。」

校勘記

① 煬帝自樓煩遠至鴈門　「遠」，黄校、藕香零拾本作「還」。

② 將求以濟　「求」，黄校本、吴本校、藕香零拾本作「何」。

③ 天其或者殆以俾余　「俾」，藕香零拾本作「畀」。

箋證

〔一〕隋書卷四煬帝紀下：「（大業十一年）八月乙丑，巡北塞。戊辰，突厥始畢可汗率騎數十萬，謀襲乘輿，義成公主遣使告變。壬申，車駕馳幸雁門。癸酉，突厥圍城，官軍頻戰不利。上大懼，欲率精騎潰圍而出，民部尚書樊子蓋固諫乃止。齊王暕以後軍保于崞縣。甲申，詔天下諸郡募兵，於是守令各來赴難。」通鑑卷一八二：「（八月）癸酉，突厥圍鴈門，上下惶怖，撤民屋爲守禦之具，城中兵民十五萬口，食僅可支二旬，鴈門四十一城，突厥克其三十九，唯鴈門、崞不下。突厥急攻鴈門，矢及御前；上大懼，抱趙王杲而泣，目盡腫……帝親巡將士，謂之曰：『努力擊賊，苟能保全，凡在行陳，勿憂富貴，必不使有司弄刀筆破汝勳勞。』乃下令：『守城有功者，無官直除六品，賜物百段；有官以次增益。』使者慰勞，相望於道，於是衆皆踊躍，晝夜拒戰，死傷甚衆。」隋書卷八四突厥傳：「八月，始畢率其種落入寇，圍帝於雁門。詔諸郡發兵赴行在所，援軍方至，始畢引去。」

〔二〕隋書卷四煬帝紀下：「（大業十一年）九月甲辰，突厥解圍而去。丁未，曲赦太原、雁門郡死罪已下。」舊唐書卷二太宗紀上：「大業末，煬帝於鴈門爲突厥所圍，太宗應募救援，隸屯衛將軍雲定興營。將行，謂定興曰：『必賫旗鼓以設疑兵。且始畢可汗舉國之師，敢圍天子，必以國家倉卒無援。我張軍容，令數十里幡旗相續，夜則鉦鼓相應，虜必謂救兵雲集，望塵而遁矣。不然，彼衆我寡，悉軍來戰，必不能支矣。』定興從焉。師次崞縣，突厥候騎馳告始畢曰：王師大至。由是解圍而遁。」按此節本自太宗實録，或有誇大太宗功勞之嫌。雲定興，隋書卷六一有傳，僅云「十一年，授左屯衛大將軍」，未記其率軍援救雁門事。

〔三〕隋書卷四煬帝紀下：「（大業十一年）冬十月壬戌，上至于東都。」卷四一蘇威傳：「車駕至太原，威言於帝曰：『今者盜賊不止，士馬疲敝。願陛下還京師，深根固本，爲社稷之計。』帝初然之，竟用宇文述等議，遂往東都。」卷六一宇文述傳：「及圍解，車駕次太原，議者多勸帝還京師，帝有難色。述因奏曰：『從官妻子多在東都，便道向洛陽，自潼關而入可也。』帝從之。是歲，至東都。述又覘望帝意，勸幸江都，帝大悅。」

〔四〕隋書卷四煬帝紀下：「（大業十二年七月）甲子，幸江都宮，以越王侗、光禄大夫段達、太府卿元文都、檢校民部尚書韋津、右武衛將軍皇甫無逸、右司郎盧楚等總留後事。」

〔五〕隋書卷六五王仁恭傳：「尋而突厥屢爲寇患，帝以仁恭宿將，頻有戰功，詔復本官，領馬邑太守。」按王仁恭，字元實，天水上邽人。遼東之役，諸軍多不利，仁恭獨以一軍破賊，時有名將之稱，後坐兄子仲伯預楊玄感之亂免官。

既至馬邑，帝與仁恭兩軍兵馬不越五千餘人，仁恭以兵少，甚懼。帝知其意，因謂之曰：「突厥所長，惟恃騎射，見利即前，知難便走，風馳電卷，不恒其陳。以弓矢爲爪牙，以甲胄爲常服。隊不列行，營無定所，逐水草爲居室，以羊馬爲軍糧。勝止求財，敗無慙色〔一〕，無警夜巡晝之勞，無構壘饋糧之費。中國兵行，皆反于是，與之角戰，罕能立功。今若同其所爲，習其所好，彼知無利，自然不來。當今聖主在遠，孤城絕援，若不決戰，難以圖存。」仁恭以帝隋室之近親〔二〕，言而詣理，聽帝所爲，不敢違異。乃簡使能騎射者二千餘人，飲食居止，一同突厥，隨逐水草，遠置斥堠。每逢突厥候騎，旁若無人，馳騁射獵，以曜威武。帝尤善射，每見走獸飛禽，發無不中〔三〕。嘗卒與突厥相遇，驍鋭者爲别隊①，皆令持滿，以伺其便。突厥每見帝兵，咸謂以其所爲②，疑其部落。有引帝而戰者，常不敢當，辟易而去。如此再三，衆心乃安，咸思奮擊。帝知衆欲決戰，突厥畏威，後與相逢，縱兵擊而大破之，獲其特勤所乘駿馬，斬首數百千級〔四〕。自爾厥後，突厥喪膽，深服帝之能兵，收其所部，不敢南入。

校勘記

① 驍鋭者爲别隊　黄校本、藕香零拾本句上有「□」。

② 咸謂以其所爲　「以」，藕香零拾本作「似」。

箋　證

〔二〕史記卷一一〇匈奴列傳：「其俗，寬則隨畜，因射獵禽獸爲生業，急則人習戰攻以侵伐，其天性也。其長兵則弓矢，短兵則刀鋋。利則進，不利則退，不羞遁走。苟利所在，不知禮義。」

〔三〕舊唐書卷一高祖紀：「文帝獨孤皇后，即高祖從母也，由是特見親愛。」

〔三〕舊唐書卷一高祖紀：「（大業十一年），賊帥母端兒帥衆數千薄於城下。高祖從十餘騎擊之，所射七十發，皆應弦而倒。」又卷五一高祖太穆皇后竇氏傳：「乃於門屏畫二孔雀，諸公子有求婚者，輒與兩箭射之，潛約中目者許之。前後數十輩莫能中，高祖後至，兩發各中一目。（竇）毅大悦，遂歸於我帝」，知李淵有騎射之長。

〔四〕册府元龜卷七：「時突厥犯塞，煬帝令高祖與馬邑太守王仁恭率衆備邊。會虜寇馬邑，仁恭以衆寡不敵，有懼色。高祖謂之曰：『今主上遐遠，孤城絶援，若不死戰，難以圖全。』於是親選精騎二千，出爲遊軍，居處飲食，隨逐水草，一同於突厥。見虜候騎，但馳騁畋獵，示若輕之。及與虜相遇，則犄角置陣，選善射者爲别隊，持滿以待之。虜莫能測，不敢決戰。因縱奇兵擊走之，獲其特勤所乘駿馬，斬首千餘級。」按「特勤」，原作「特勒」，據宋本改。另隋書卷六五王仁恭傳：「其年，始畢可汗率騎數萬來寇馬邑，復令二特勤將兵南過。時郡兵不滿三千，仁恭簡精鋭逆擊，破之。其二特勤衆亦潰，仁恭縱兵乘之，獲數千級，并斬二特勤。帝大悦，賜縑三千匹。」歸功於王仁恭。按册府元龜本節出自高祖實録，究其史源，蓋承自創業注，或有誇大高祖之功嫌疑。册府元龜卷四四：「太宗初從高祖破突厥於馬邑，帝手射殺特（勒）〔勤〕一人，由是賊退」，又歸功於太宗。

時有賊帥王漫天别黨，衆逾數萬，自號「歷山飛」，結營於太原之南境〔二〕，上黨西河京都道路斷絶〔二〕。煬帝後十三年①〔三〕，勑帝爲太原留守，仍遣獸唐諱虎字賁郎將王威、獸牙郎將高君雅爲副。帝遂私竊喜甚②，而謂第二子秦王等曰：「唐固吾國，太原即其地焉。今我來斯，是爲天與。與而不取，禍將斯及。然歷山飛不破，突厥不和，無以經邦濟時也。」

校勘記

① 煬帝後十三年　通鑑卷一八三繫其事於大業十二年。

② 帝遂私竊喜甚　「私」，原作「弘」，據善耕堂本、吴本、學津討原本、藕香零拾本改。

箋　證

〔一〕隋書卷四煬帝紀下：「（大業十二年四月）癸亥，魏刁兒所部將甄翟兒復號『歷山飛』，衆十萬，轉寇太原。」按王漫天本名王須拔，起於大業十一年，隋書卷四煬帝紀下：「（大業十一年二月）丙子，上谷人王須拔反，自稱漫天王，國號燕，賊帥魏刁兒自稱『歷山飛』，衆各十餘萬，北連突厥，南寇趙。」「魏刁兒」，北史卷一二煬帝紀作「魏刀兒」。舊唐書卷五四竇建德傳：「先是，有上谷賊帥王須拔自號漫天王，擁衆數萬，入掠幽州，中流矢而死。其亞將魏刀兒代領其衆，自號『歷山飛』，入據深澤，有徒十萬。」據隋書卷六四王辯傳，魏刀兒後爲王辯所敗。

〔二〕隋書卷三〇地理志中：「上黨郡　後周置潞州。統縣十，户十二萬五千五十七」；「西河郡　後魏置汾州，後齊置南朔州，後周改曰介州。統縣六，户六萬七千三百五十一。」按西河即唐汾州，元和郡縣圖志卷一三記其「東北至太原府一百七十里……東南至潞州四百四十里」，上黨即唐潞州，元和郡縣圖志卷一五記其「西南至上都一千三百三十里。南至東都四百七十里」。嚴耕望唐代交通圖考卷一長安太原驛道篇云從太原至西河後，沿汾河河谷南下，從臨汾、絳郡至河東，自蒲津渡河，進入關中，至長安。李淵太原起兵後，便循此路線入關，洛陽太原驛道篇云從太原至上黨後，南下長平，越天井關，便可進入洛陽盆地，另參唐代交通圖考卷五圖十九唐代河東太行區交通圖（南幅）。歷山飛起事後，遮斷太原至兩京的驛道。

〔三〕即指大業十三年。按是年五月甲子李淵起兵太原，十一月入長安，立代王侑，改元義寧，故創業注此後不奉煬帝正朔，僅云「後十三年」。

既而歷山飛衆數不少，劫掠多年，巧於攻城，勇於力戰。南侵上黨，已破將軍慕容將軍羅侯之兵①；北寇太原，又斬將軍潘長文首〔二〕。頻勝兩將，所向無前。於是帝率王威等及河東、太原兵馬往討之，於西河雀鼠谷口與賊相遇②〔三〕。賊衆二萬餘人，帝時所統步騎纔五六千而已。威及三軍咸有懼色，帝笑而謂威等曰：「此輩群盜，惟財是視。頻恃再勝，自許萬全。鬭力而取，容未能克；以智圖之，事無不果。所憂不戰，戰必破之，幸無憂也。」須臾，賊陣齊來，十許里間，首尾相繼，去帝漸近。帝乃分所將兵爲二陣：以羸兵居中，多張幡幟，盡以輜重繼後，從旌旗鼓角，以爲大陣；又以麾下精兵數百騎，分置左右隊爲小陣。軍中莫識所爲。及戰，帝遣王威領大陣居前，旌旗從。賊衆遥看，謂爲帝之所在，乃帥精鋭，競來赴威，及見輜馱，捨鞍争取。威怖而落馬，從者挽而得脱。帝引小陣左右二隊，大呼而前，夾而射之。賊衆大亂，因而縱擊，所向摧陷，斬級獲生，不可勝數，而餘賊黨老幼男女數萬人並來降附〔三〕。於是郡境無虞，年穀豐稔，感帝恩德，若亢陽之逢膏雨焉。

校勘記

①已破將軍慕容將軍羅侯之兵　吴本校作「已破將軍慕容羅侯之兵」。册府元龜卷七敘其事作「將軍慕容羅睺、潘長文俱爲所敗」。按舊唐書卷五五薛舉傳有「慕容羅睺」，本卷下文云「頻勝兩將」，疑「將軍羅侯」之「將軍」爲衍文。

②西河　原作「河西」，據隋書卷四煬帝紀下乙正。按隋書卷三〇地理志中西河郡永安縣下有雀鼠谷。

箋證

〔一〕隋書卷四煬帝紀下：「（大業十二年四月）癸亥……將軍潘長文討之，反爲所敗，長文死之。」劉君墓誌（拓本刊新中國出土墓誌河南叁）：「以大業十二年六月廿四日，師次晉陽，討歷山飛賊。悲夫！天長喪亂，君子道消，彼衆我寡，長虵得志。君棄馬接戰，乃爲賊所得。至廿九日，駡賊見害，春秋卌有二。」按劉君墓誌前半闕，誌蓋題「隋故馬邑太守南康郡公劉君墓誌之銘」，其或自馬邑南援太原。

〔二〕水經注卷六云汾水又南過冠爵津，注云：「汾津名也，在界休縣之西南，俗謂之雀鼠谷。數十里間道險隘，水左右悉結偏梁閣道，纍石就路，縈帶巖側，或去水一丈，或高五六尺，上戴山阜，下臨絶澗，俗謂之爲魯般橋，蓋通古之津隘矣，亦在今之地險也。」太平寰宇記卷四一汾州孝義縣下有雀鼠谷，引冀州圖云：「在縣南二十里。長一百十里，南至臨汾郡霍邑縣界。汾水出于谷内，南流入河。」參嚴耕望唐代交通圖考卷一長安太原驛道篇。

〔三〕隋書卷四煬帝紀下：「（大業十二年十二月）唐公破甄翟兒於西河，虜男女數千口。」册府元龜卷七：「會高陽賊帥歷山飛等，衆號十萬，來寇太原，將軍慕容羅睺、潘長文俱爲所敗，賊鋒益盛。高祖率步騎六千以擊之，相遇於同過水上，賊陣彌亘十餘里，埃塵漲天，戰士大懼，莫不股慄。高祖神色自若，令王威率大衆居前，所有旌旗鼓角及輜重悉配之，高祖與麾下數百騎居後。賊望威軍爲高祖，盡鋭來戰，威不能支，軍遂敗。高祖以騎翼擊之，爲賊所掩，重圍數匝，於是身先力戰。會太宗來救，因復收兵擊之，賊遂大敗，虜男女數萬口。」按同過水，魏書卷一〇六上地形志二上：「同過水出木瓜嶺，一出沾嶺，一出大廉山，一出原過祠下，五水合道，故曰『同過』，西南入汾。」水經注稱之爲「洞過水」。宋本册府元龜卷四四：「高祖拒歷山飛也，深入賊軍，重圍數匝。帝望見之，將輕騎突圍而進，弓矢亂發，殪數十人。既接短兵，所向必潰，救高祖於萬衆之中。時騎兵已散，高祖氣憤將戰，帝苦諫，乃止。適會步兵至，帝奮擊，大破之。」按舊唐書卷二太宗紀上襲之，稍有删節，知出自太宗實録，突出太宗作用。

後突厥知帝已還太原，仁恭獨留無援，數侵馬邑，帝遣副留守高君雅將兵與仁恭并力拒之〔一〕。仁恭等違帝指蹤，遂爲突厥所敗。既而隋主遠聞，以帝與仁恭不時捕虜，縱爲邊患，遂遣司直馳驛繫帝而斬仁恭①〔二〕。帝自以姓名著於圖籙〔三〕，太原王氣所在②，慮被猜忌③〔四〕，因而禍及，頗有所晦④。時皇太子在河東〔五〕，獨有秦王侍側，耳語謂王曰⑤：「隋曆將盡，吾家繼膺符命，不早起兵者，顧爾兄弟未集耳。今遭羑里之厄，爾昆季須會盟津之師，不得同受孥戮⑥，家破身亡，爲英雄所笑。」王泣而啓帝曰：「芒碭山澤，是處容人。請同漢祖，以觀時變。」帝曰：「今遇時來，逢茲錮縶⑦。雖覩機變，何能爲也。

然天命有在，吾應會昌，未必不以此相啓。今吾勵謹，當敬天之誠⑧，以卜興亡。自天祐吾，彼焉能害；天必亡我，何所逃刑？」爾後數日，果有詔使馳驛而至，釋帝而免仁恭，各依舊檢校所部〔六〕。

校勘記

① 遂遣司直馳驛繫帝而斬仁恭　通鑑卷一八三考異引創業注作「隋主遣司直姓名馳驛繫帝而斬仁恭」。按「司直」下或有脱文。

② 太原王氣所在　「王氣」，原作「王者」，據通鑑卷一八三考異引創業注改。按本卷下文云：「大業初，帝爲樓煩郡守，時有望氣者云『西北乾門有天子氣連太原，甚盛』。」

③ 慮被猜忌　「慮」，通鑑卷一八三考異引創業注作「恐」。

④ 頗有所晦　「晦」，吴本、通鑑卷一八三考異引創業注作「悔」。

⑤ 耳語謂王曰　「語」字原無，據通鑑卷一八三考異引創業注補。

⑥ 不得同受孥戮　通鑑卷一八三考異引創業注作「不可從吾同受孥戮」。

⑦ 逢兹錮縶　「縶」，藕香零拾本、通鑑卷一八三考異引創業注作「繫」。

⑧ 今吾勵謹當敬天之誠　通鑑卷一八三考異引創業注作「今吾激勵，謹當敬天之誠」。

箋證

〔一〕隋書卷六五王仁恭傳：「其後突厥復入定襄，仁恭率兵四千掩擊，斬千餘級，大獲六畜而歸。」

〔二〕册府元龜卷七：「未幾，突厥寇馬邑，高祖遣高君雅拒之。君雅頗憂罪譴，高祖亦懼煬帝節度，隋師不捷……遇煬帝遣使者馳拘高祖，送詣江都，高祖素被猜忌，及是大懼。」

〔三〕隋書卷三七李渾傳：「後帝討遼東，有方士安伽陀，自言曉圖讖，謂帝曰：『當有李氏應爲天子。』勸盡誅海内凡姓李者。」舊唐書卷一八七上夏侯端傳：「大業中，高祖帥師於河東討捕，乃請端爲副。時煬帝幸江都，盜賊日滋。端頗知玄象，善相人，説高祖曰：『金玉牀摇動，此帝座不安。參墟得歲，必有真人起於實沈之次。天下方亂，能安之者，其在明公。但主上曉察，情多猜忍，切忌諸李，强者先誅，金才既死，明公豈非其次？若早爲計，則應天福，不然者，則誅矣。』高祖深然其言。」又卷五七許世緒傳：「大業末，爲鷹揚府司馬。見隋祚將亡，言於高祖曰：『天道輔德，人事與能，蹈機不發，必貽後悔。今隋政不綱，天下鼎沸，公姓當圖籙，名應歌謡，握五郡之兵，當四戰之地。若遂無他計，當敗不旋踵。未若首建義旗，爲天下唱，此帝王業也。』高祖甚奇之，親顧日厚。」

〔四〕舊唐書卷六七李靖傳：「大業末，累除馬邑郡丞。會高祖擊突厥於塞外，靖察高祖，知有四方之志，因自鎖上變，將詣江都，至長安，道塞不通而止。」

〔五〕舊唐書卷六四隱太子建成傳：「大業末，高祖捕賊汾晉，建成攜家屬寄於河東。」

〔六〕册府元龜卷七：「時太宗從在軍中，知隋祚將亡，潛圖爲義舉，欲以安天下。因進白曰：『大人何憂之甚也！當今主上無道，百姓愁怨，城門之外，皆已爲賊。獨守小節，必旦暮死亡。若起義兵，實當民欲，人人之願。此天授之機，可因轉禍，以就功業。既天與不取，憂之何益！』高祖大驚，深拒之，太宗趨而出。明日，復進説曰：『此爲萬全之策，以救族滅之事。今王綱弛紊，盜賊徧天下，大人受命討捕，其可盡乎？賊既不盡，自當獲罪。且又世傳李氏姓應圖籙，李金才位望隆貴，一朝族滅。大人就能平賊，即有功，當不賞，以此求活，可恃乎？』高祖意少解，曰：『我日夜思量，汝言大有理。破家滅身亦繇汝，化家爲國亦繇汝。』繇是定計。遇煬帝遣使者馳拘高祖，送詣江都，高祖素被猜忌，及是大懼，謂太宗曰：『事急矣，計將安出？』太宗又進策，高祖然之，方令太宗舉兵以自濟。會有詔釋高祖，繇是止。」新唐書卷一高祖紀：「而所在盜賊益多，突厥數犯邊，高祖兵出無功，煬帝遣使者執高祖詣江都，高祖大懼。世民曰：『事急矣，可舉事！』已而煬帝復馳使者赦止高祖，其事遂已。」册府元龜卷一九：「會高祖被拘，帝流涕言於高祖曰：『奉國事家，惟忠與孝。今國亂主昏，盡忠何益，破家絶祀，非孝所宜。事急矣，便須早建大計，功若有成，當威加天下；不成，猶可山頭望廷尉。豈宜大亂之時，受執於單使，而坐見夷滅乎！』高祖悦而從之。兵臨發，會事釋而止。」舊唐書卷五七劉文靜傳：「及高君雅爲突厥所敗，高祖被拘，太宗又遣文静共寂進説曰：『易稱「知幾其神乎」，今大亂已作，公處嫌疑之地，當不賞之功，何以圖全？其裨將敗衂，以罪見歸。事誠迫矣，當須爲計。晉陽之地，士馬精强，宫監之中，府庫盈積，以兹舉事，可立大功。關中天府，代王沖幼，權豪並起，未有適從。願公興兵西入，以圖大事。何乃受單使之囚乎？』高祖然之。時太宗潛結死士，與文静等協議，克日舉兵，會高祖得釋而止。」所敘與創業注不同，係高祖、太宗實録增潤，意在凸顯太宗作用。

煬帝之幸江都也，所在路絶，兵馬討掩①，來往不通，信使行人，無能自達。惟有使自江都至于太原，不逢劫掠，依程而至，衆咸異焉。初，使以夜至太原，温彦將宿於城西門樓上②〔一〕，首先見之，喜其靈速，報兄彦弘〔二〕，馳以啓帝。帝時方卧，聞而驚起，執彦弘手而笑曰：「此後餘年，實爲天假。」退謂秦王曰：「吾聞惟神也不行而至，不疾而速。此使之行，可謂神也。天其以此使促吾，當見機而作③。」雄斷英謩，從此遂定。帝素懷濟世之略，有經綸天下之心。接待人倫，不限貴賤，一面相遇，十數年不忘。山川衝要，一覽便憶。遠近承風，咸思託附〔三〕。仍命皇太子於河東潛結英俊，秦王於晉陽密招豪友〔四〕。太子及王，俱禀聖略，傾財賑施，卑身下士。逮乎鬻繒博徒，監門厮養，一技可稱，一藝可取，與之抗禮，未嘗云倦，故得士庶之心，無不至者。

校勘記

① 兵馬討掩　「掩」，藕香零拾本作「捕」。

② 温彦將　原作「温顔將」，據藕香零拾本改。按舊唐書卷六一有温彦將傳。

③ 當見機而作　藕香零拾本句上有「吾」字。

箋證

〔一〕温彦將，名大有，太原祁人，舊唐書卷六一有傳，云：「隋仁壽中，尚書右丞李綱表薦之，授羽騎尉。尋丁憂，去職歸鄉里。」

〔二〕温彦弘，名大雅，舊唐書卷六一有傳，云：「仕隋東宫學士、長安縣尉，以父憂去職。後以天下方亂，不求仕進。」容齋隨筆四筆卷一一云：「新唐書温大雅字彦弘，弟彦博字大臨、大有字彦將。舊史不載彦博字，它皆同。三温，兄弟也，而兩人以大爲名、彦爲字，一以彦爲名、大爲字。」洪邁辨析兩種記載，認爲當名彦弘，因避高宗太子李弘諱，故稱字。

〔三〕舊唐書卷一高祖紀：「及長，倜儻豁達，任性真率，寬仁容衆，無貴賤咸得其歡心。」册府元龜卷七：「高祖御衆寬簡，結納英豪，歷居中外，皆樹恩德，由是四海之士多歸心焉。」册府元龜卷四三：「唐高祖倜儻不羈，豁達大度，率性剛直，無所矯飾。志略宏遠，寬仁容衆，凡所與遊集，無貴賤皆得其歡心。及義兵起，群盗大俠，争來歸附焉。」

〔四〕舊唐書卷二太宗紀上：「時隋祚已終，太宗潛圖義舉，每折節下士，推財養客，群盗大俠，莫不願效死力。」册府元龜卷一九：「唐太宗初爲唐國公子，隋末群盗蜂起，陰有濟時之志。遂降節下士，推財養客，無貴賤咸能得其歡心。至于群盗大俠，皆願效死。及從高祖於太原，與晉陽令劉文静善。文静坐李密親，繫獄，帝乃就禁所，與之言，陰圖舉義。于時百姓避賊，多入郡城，城中勝兵者殆將數萬人。文静爲令歲久，知其豪傑，又長孫順德、劉弘基等避遼東之役，皆隱匿從帝，遊客甚衆。」按册府元龜此則採自太宗實録，意在凸顯太宗作用，下文甚至云「於是密布腹心，陰設籌策，部置悉定，即舉兵。恐驚高祖，欲以情告，又慮不聽，沉吟者久之，未能決」，將高祖塑造成一胸無大志的平庸之輩，抹殺他在太原起兵時的主導作用。據創業注可知，太宗在晉陽招募豪傑，係奉高祖之命，另舊唐書幾不見太子建成在河東潛結英俊的事跡，亦係有意删略。又舊唐書卷五七李思行傳：「嘗避仇太原。高祖將舉義兵，令赴京城觀覘動静，及還，具論機變，深稱旨。」

十三年歲在丁亥①，正月丙子夜，晉陽宫西北有光夜明，自地屬天，若大燒火。飛焰炎赫，正當城西龍山上〔一〕，直指西南，極望竟天。俄而山上當童子寺左右有紫氣如虹〔二〕，横絶火中，上衝北斗，自一更至三更而滅。城上守更人咸見，而莫能辨之，皆不敢道。大業初，帝爲樓煩郡守〔三〕，時有望氣者云「西北乾門有天子氣連太原，甚盛。」故隋主於樓煩置宫〔四〕，以其地當東都西北，因過太原，取龍山風俗道②〔五〕，行幸以厭之云〔六〕。後又拜代王爲郡守以厭之〔七〕。

校勘記

① 歲在丁亥　按大業十三年歲在丁丑。

② 風俗　疑當作「風谷」。按通鑑卷二七五云後唐李存渥走至風谷，即其地。錢大昕通鑑注辨正卷二：「按風谷在太原縣西五里。朱彝尊曰：考北齊書段韶傳：突厥從北結陣而前，東距汾河，西被風谷。又唐創業起居注：煬帝于樓煩置宫，因過太原，取龍山風谷。則風谷之名著于載記久矣。」

箋證

〔一〕魏書卷一〇六上地形志二上：「（晉陽）西南有懸甕山，一名龍山，晉水所出，東入汾。」

〔二〕法苑珠林校注卷一四：「唐并州城西有山寺，寺名童子。有大像，坐高一百七十餘尺。」册府元龜卷一一三云高宗「（顯慶五年）二月辛巳，至并州。三月甲寅，幸童子寺，賦詩而還」，即法苑珠林載「皇帝崇敬釋教，顯慶末年，巡幸并州，共皇后親到此寺」。法苑珠林校注卷一四又云：「還京之日，至龍朔二年秋七月，内官出袈裟兩領，遣中使馳送二寺大像。其童子寺像披袈裟日，從旦至暮，放五色光，流照崖巖，洞燭山川。又入南龕小佛赫奕堂殿。道俗瞻睹，數千萬衆。城中貴賤睹此而遷善者，十室而七八焉。衆人共知，不言可悉。」按高宗幸童子寺，或與李淵太原起兵時的徵祥有關。圓仁入唐求法巡禮行記卷三記其開成五年七月廿六日到訪童子寺，云：「從石門寺向西上坂，行二里許，到童子寺。慈恩基法師避新羅僧玄測法師，從長安來，始講唯識之處也。於兩重樓殿，滿殿有大佛像，見碑文云：『昔冀州禮禪師來此山住，忽見五色光明雲從地上空而遍照。其光明雲中有四童子坐青蓮座遊戲，響動大地，巖巘頽落。岸上崩處，有彌陀佛像出現。三晉盡來致禮，多有靈異。禪師具録，申送請建寺。遂造此寺，因本瑞號爲童子寺，敬以鐫造彌陀佛像，顔容顒，皓玉端麗。趺座之體高十七丈，闊百尺。觀音、大勢各十二丈』云云。」二〇〇二至二〇〇六年，中國社科院考古所、山西省考古所、太原市考古所聯合對太原龍山童子寺遺址進行了發掘，遺址分南北兩部分，北部大佛閣遺址後有摩崖敞口式大龕，龕内爲無量壽佛、觀世音、大勢至菩薩三尊像，南部爲寺院區，崖壁上有北齊開鑿的五個洞窟，參讀中國社會科學院考古研究所邊疆考古研究中心、山西省考古研究所、太原市文物考古研究所太原市龍山童子寺遺址發掘簡報，考古二〇一〇年第七期。按童子寺興造於北齊，盛於隋唐，高洋嘗登童子寺，遠眺晉陽（北齊書卷四〇唐邕傳），又敦煌文書斯三七三諸山聖跡題詠詩叢鈔有題童子寺五言：「西登童子寺，東望晉陽城。金川千點渌，汾水一條清。」（徐俊敦煌詩集殘卷輯考）知其爲登高遠眺晉陽城的勝地。童子寺大佛高十七丈，至今仍存有高達四米的北齊燃燈石塔。又史稱北齊晉陽西山大佛，高二十丈，「一夜燃油萬盆，光照宫内」（北史卷八齊本紀下）。較之西山，龍山距離晉陽城更近，則城内自不難望見童子寺及大佛，故李淵藉此造作祥瑞。

〔三〕舊唐書卷一高祖紀：「大業初，爲滎陽、樓煩二郡太守，徵爲殿内少監。」

〔四〕隋書卷三煬帝紀上：「（大業四年）夏四月丙午，以離石之汾源、臨泉，雁門之秀容，爲樓煩郡。起汾陽宫。」大業雜記輯校：「（大業二年）七月，自江都還洛陽，敕於汾州西北四十里，臨汾水起汾陽宫，即管涔山汾河源所出之處。當盛暑日，臨河盥漱，即涼風凜然，如八月九月。宫南五十餘里，有分水嶺，上四十里，下亦四十里，嶺上有泉出，兩邊分流，闊數步。宫北三十里，即是舊秦時長城也，宫南北平林率是大樺木，高百餘尺，行從文武皆剥取皮覆菴舍，汾陽宫所出名藥數十種，附子、天雄並精好堪用。」據元和郡縣圖志卷一四，管涔山在静樂縣北一百三十里，不在汾州，大業雜記混淆兩處不同的地望。另「敕于汾州西北四十里……如八月九月」一段亦見於太平寰宇記卷四一西河縣臨汾宫條，文字有小異，知亦本自大業雜記。寰宇記句下有「其地多雨，經夏罕有晴日，一日之中倏然而雨，倏然而晴，晴雨未曾經日。雖高嶺千仞，嶺上居人掘地深二三尺，即清泉涌出」，或是大業雜記佚文。寰宇記繫其事於大業四年四月，與隋書合。隋書卷五六張衡傳：「時帝欲大汾陽宮，令衡與紀弘整具圖奏之。衡承間進諫曰：『比年勞役繁多，百姓疲敝，伏願留神，稍加折損。』帝意甚不平。」元和郡縣圖志卷一四河東道嵐州静樂縣條云：「隋汾陽故宮，在縣北一百二十里。」關於汾陽宮遺址的位置，考古學者曾對寧武周圍有初步調查，尚無明確結論，傳統意見多認爲在天池附近，元和郡縣圖志卷一四河東道嵐州静樂縣條云：「天池……隋煬帝嘗於池南置宮，每夜風雨吹破，宮竟不成」，或與營建汾陽宮有關。另參趙曙光隋汾陽宮初考，山西博物院編春華集——紀念山西博物院九十周年學術文集。

〔五〕永樂大典卷五二〇二引太原志：「風谷山，在本縣西十里，西屬交城，入樓煩路，唐北都西門之驛路也。」

〔六〕煬帝大業年間兩次巡幸樓煩，第一次是上文所云大業四年，並曾於汾陽宮大獵，事見隋書卷五九齊王暕傳。另一次在大業十一年五月，「己酉，幸太原，避暑汾陽宮」（隋書卷四煬帝紀下）。册府元龜卷二一：「大業十三年，望氣者云『龍門有天子氣連太原，甚盛』，故煬帝置離宮，數遊汾陽宮以厭之。」太平廣記卷一三五引感定録：「隋末望氣者云『乾門有天子氣連太原，甚盛』。故煬帝置離宮，數遊汾陽以厭之。後唐高祖起義兵汾陽，遂有天下。」按「龍門」疑「乾門」之訛，即本書卷三所謂「起兵西北，勢合乘乾」。按隋受禪前，庾季才曾上言曰：「今月戊戌平旦，青氣如樓闕，見於國城之上，俄而變紫，逆風西行。氣經云：『天不能無雲而雨，皇王不能無氣而立。』今王氣已見，須即應之」，事見隋書卷七八庾季才傳。所謂「西北乾門有天子氣」，蓋與此相類。

〔七〕隋書卷五恭帝紀：「（大業）十一年，從幸晉陽，拜太原太守。」

二月己丑，馬邑軍人劉武周殺太守王仁恭〔一〕，據其郡而自稱天子，國號定楊〔二〕。武周竊知煬帝於樓煩築宮厭當時之意，故稱天子，規以應之。帝聞而歎曰：「頃來群盜遍于天下，攻略郡縣，未有自謂王侯者焉。而武周豎子，生于塞上，一朝欻起，輕竊大名。可謂陳涉狐鳴，爲沛公驅除者也。」〔三〕然甚欲因此起兵，難于先發。私謂王威、高君雅等曰：「武周雖無所能，僭稱尊號。脱其進入汾源宮〔四〕，我輩不能剪除，並當滅族矣。」雅大懼，固請集兵。帝察威等情切，謬謂之曰：「待據樓煩，可微爲之備。宜示寬閑，以寧所部。」

箋證

〔一〕劉武周，舊唐書卷五五有傳，嘗從征遼東，云：「還家，爲鷹揚府校尉。太守王仁恭以其州里之雄，甚見親遇，每令率虞候屯於閤下。」隋書卷六五王仁恭傳：「于時天下大亂，百姓飢餒，道路隔絶，仁恭頗改舊節，受納貨賄，又不敢輒開倉廩，賑恤百姓。其麾下校尉劉武周與仁恭侍婢姦通，恐事泄，將爲亂，每宣言郡中曰：『父老妻子凍餒，填委溝壑，而王府君閉倉不救百姓，是何理也！』以此激怒衆，吏民頗怨之。其後仁恭正坐廳事，武周率其徒數十人大呼而入，因害之，時年六十。武周於是開倉賑給，郡内皆從之，自稱天子，署置百官，轉攻傍郡。」

〔二〕舊唐書卷五五劉武周傳：「突厥立武周爲定楊可汗，遺以狼頭纛。因僭稱皇帝，以妻沮氏爲皇后，建元爲天興。以衛士楊伏念爲左僕射，妹壻同縣人苑君璋爲内史令。」據劉武周傳，其破樓煩後，方自稱定楊可汗。故通鑑卷一八三考異云：「按唐書，武周據汾陽宫乃僭號，於時未也。」

〔三〕新唐書卷一高祖紀：「是時，劉武周起馬邑，林士弘起豫章，劉元進起晉安，皆稱皇帝；朱粲起南陽，號楚帝；李子通起海陵，號楚王；邵江海據岐州，號新平王；薛舉起金城，號西秦霸王；郭子和起榆林，號永樂王；竇建德起河間，號長樂王；王須拔起恒定，號漫天王；汪華起新安，杜伏威起淮南，皆號吴王；李密起鞏，號魏公；王德仁起鄴，號太公；左才相起齊郡，號博山公；羅藝據幽州，左難當據涇，馮盎據高羅，皆號總管；梁師都據朔方，號大丞相；孟海公據曹州，號録事；周文舉據淮陽，號柳葉軍；高開道據北平，張長遜據五原，周洮據上洛，楊士林據山南，徐圓朗據兖州，楊仲達據豫州，張善相據伊汝，王要漢據汴州，時德叡據尉氏，李義滿據平陵，綦公順據青萊，淳于難據文登，徐師順據任城，蔣弘度據東海，王薄據齊郡，蔣善合據鄆州，田留安據章丘，張青特據濟北，臧君相據海州，殷恭邃據舒州，周法明據永安，苗海潮據永嘉，梅知巖據宣城，鄧文進據廣州，俚酋楊世略據循潮，冉安昌據巴東，甯長真據鬱林，其别號諸盜往往屯聚山澤。」

〔四〕前引大業雜記云汾陽宫位於「管涔山汾河源所出之處」，按汾源宫即汾陽宫别稱，李静訓墓誌（拓本刊唐長安城郊隋唐墓）云：「大業四年六月一日遘疾終於汾源之宫。」

三月丁卯，武周南破樓煩郡〔一〕，進據汾源宫〔二〕。帝謂官僚曰：「兵可戒嚴，城可守備，糧可賑給，三者當今廢一不可。須預部分，惟諸公斷之。」〔三〕威等計無所出，拜而請帝曰：「今日太原士庶之命，懸在明公。公以爲辭，孰能預此。」帝知衆情歸己，乃更從容謂之曰：「朝廷命將出師，皆禀節度，未有閫外敢得專之。賊據離宫，自稱天子，威福賞罰，隨機相時，以此攻城，何城不克。汾源去此數百里間，江都懸隔三千餘里，關河襟帶，他賊據之，聞奏往來，還期莫測。以嬰城膠柱之兵，當巨猾豕突之勢，諮文人以救火，其可撲滅乎？公等國之爪牙，心如鐵石，欲同戮力，以除國難。公家之利，見則須爲，俾其無猜，期于報效。所以詢議，擇善行之，是非憚於治兵，敢辭戎首。」威等對曰：「公之明略，遠近備知，地在親賢，與國休戚。公不竭力，誰盡丹誠？若更逡巡，群情疑駭。」

帝若不得已而從之，衆皆悦服，懽而聽命〔四〕。

箋證

〔一〕隋書卷三〇地理志中：「樓煩郡　大業四年置。統縣三，户二萬四千四百二十七。」

〔二〕舊唐書卷五五劉武周傳：「武周自稱太守，遣使附于突厥。隋鴈門郡丞陳孝意、虎賁將王智辯合兵討之，圍其桑乾鎮。會突厥大至，與武周共擊智辯，隋師敗績。孝意奔還鴈門，部人殺之，以城降于武周。於是襲破樓煩郡，進取汾陽宫，獲隋宫人以賂突厥，始畢可汗以馬報之，兵威益振。乃攻陷定襄，復歸于馬邑。」隋書卷七一陳孝意傳：「煬帝幸江都，馬邑劉武周殺太守王仁恭，舉兵作亂。孝意率兵與武賁郎將王智辯討之，戰於下館城，反爲所敗。武周遂轉攻傍郡，百姓凶凶，將懷叛逆。前郡丞楊長仁、雁門令王確等，並桀黠，爲無賴所歸，謀應武周。孝意陰知之，族滅其家，郡中戰慄，莫敢異志。俄而武周引兵來攻，孝意拒之，每致克捷。但孤城獨守，外無聲援，孝意執志，誓以必死。每遣使江都，道路隔絶，竟無報命。孝意亦知帝必不反，每每旦暮向詔敕庫俯伏流涕，悲動左右。圍城百餘日，粮盡，爲校尉張倫所殺，以城歸武周。」

〔三〕通鑑卷一八三：「及劉武周據汾陽宫，世民言於淵曰：『大人爲留守，而盜賊竊據離宫，不早建大計，禍今至矣！』」册府元龜卷一一九：「帝又説高祖曰：『晉陽者，唐之舊國，天之命我久矣。今順天舉事，誰謂不成！且天與不取，反受其咎，臨機不斷，禍必從之。』會劉武周作亂，於是決策，誅王威、高君雅，首舉義師，奉高祖爲大將，皆太宗之謀也。」按「大將」下疑脱「軍」字。皆歸功於太宗，蓋採自太宗實録。

〔四〕册府元龜卷七：「（高祖）因集將帥而謂之曰：『武周僭號，天子在遠，賊據汾陽宫，我輩不能制，自當族滅矣。將如之何？』王威與高君雅及諸僚吏咸請集兵，高祖欲觀威等之意，乃曰：『朝廷出師，皆禀詔敕，未有閫外敢專之者。今賊據離宫，自稱尊號，近在數百里間。江都懸隔，道路艱阻，若待奏報，還期未測，夫以薪救火，豈有撲滅者哉。今進退維谷，復將何計？』威等咸曰：『公地居賢戚，務盡丹誠，國家之利，唯在平賊，逡巡聽奏，豈及事機。』高祖曰：『善。』」

帝以王威兼任太原郡丞，爲人清恕，令與晉陽宫監裴寂相知檢校倉糧〔一〕，賑給軍户口。高君雅當守高陽①〔二〕，得無失脱，遣巡行城池及捍禦器械。以兵馬鎧仗、戰守事機、召募勸賞、軍民徵發，皆須決於帝。太原左近聞帝部分募兵備邊，所在影赴，旬日之頃，少長得數千人〔三〕。兵司總帳以聞，請安營處。帝指興國寺曰：「勤王之師，不謀而至，此其興國者焉，宜于此寺安處。」〔四〕恐威、雅猜覺，亦不之問。私謂秦王等曰：「紀綱三千，足成霸業，處之興國，可謂嘉名。」〔五〕仍遣密使往蒲州〔六〕，催追皇太子等〔七〕。

校勘記

①高君雅當守高陽　「當」，疑爲「嘗」之訛。

箋　證

〔一〕裴寂，字玄真，蒲州桑泉人，舊唐書卷五七有傳，云：「大業中，歷侍御史、駕部承務郎、晉陽宫副監。高祖留守太原，與寂有舊，時加親禮，每延之宴語，間以博奕，至於通宵連日，情忘厭倦。」裴寂墓誌（拓本刊珍稀墓誌百品）云：「考績居多，遷侍御史……尋屬時網頹綎，迴耶撓棟，惡直成侣，同闔高明。膚受既行，竟疵文雅，由是左遷爲晉陽宫監……太上皇沉迹列位，韞慶靈圖；總戎式遏，韜光勿用。公迺綢繆潛德，崎嶇草昧之間；紛紜外攘，獻替經綸之始。」隋書卷三煬帝紀上：「（大業三年八月）壬寅，次太原。詔營晉陽宫」，按魏書卷一二孝静帝紀：「（武定三年正月）丁未，齊獻武王請於并州置晉陽宫」，大業中屬增葺。元和郡縣圖志卷一三：「又一城南面因大明城，西面連倉城，北面因州城，東魏孝静帝於此置晉陽宫，隋文帝更名新城，煬帝更置晉陽宫，城高四丈，周迴七里。」新唐書卷三九地理志三：「晉陽宫在都之西北，宫城周二千五百二十步，崇四丈八尺。」隋書卷二七百官志中云北齊長秋寺領「中黄門、掖庭、晉陽宫、中山宫、園池、中宫僕、奚官等署令、丞」。近年來，山西省考古研究所、太原市文物考古研究所對晉陽古城及晉陽宫遺址做了系統地調查與發掘，出版多部考古報告，參讀晉陽古城一號建築基址、晉陽古城晉源苗圃考古發掘報告、晉陽古城三號建築基址。

〔二〕隋書卷四煬帝紀下記大業九年十月乙酉詔改博陵爲高陽郡，十一年十一月乙卯，「賊帥王須拔破高陽郡」，卷八五段達傳：「高陽魏刀兒聚衆十餘萬，自號『歷山飛』」，高君雅守高陽當與鎮壓歷山飛有關。

〔三〕舊唐書卷五七劉文静傳：「乃命文静詐爲煬帝敕，發太原、西河、鴈門、馬邑人年二十已上五十已下悉爲兵，期以歲暮集涿郡，將伐遼東。由是人情大擾，思亂者益衆……太宗遣文静及長孫順德等分部募兵，以討武周爲辭；又令文静與裴寂僞作符敕，出宫監庫物以供留守資用，因募兵集衆。」卷四八食貨志上：「高祖發跡太原，因晉陽宫留守庫物，以供軍用。」

〔四〕册府元龜卷七：「乃命太宗與晉陽令劉文静及門下客長孫順德、劉弘基等各募兵，旬日之間，衆且一萬。文静頓於興國寺，順德頓於阿育王寺。」

〔五〕續高僧傳卷二八隋京師大興善寺釋道密傳云隋文帝以「其龍潛所經四十五州，皆悉同時爲大興國寺，因改般若爲其一焉」。關於隋文帝立興國寺的背景，參讀聶順新唐代佛教官寺制度研究第二章。續高僧傳卷二五唐并州大興國寺釋曇選傳：「及楊諒逆節，中外相叛，招募軍兵，繕造牟甲，以興國寺爲甲坊，以武德寺爲食坊」，知并州興國寺佔地頗廣，可充屯兵之所。廣弘明集卷三〇唐太宗謁并州大興國寺詩云：「回鑾遊福地，極目玩芳晨。梵鐘交二響，法日轉雙輪。寶刹遥承露,天花近足春。未佩蘭猶小,無絲柳尚新。圓光低月殿,碎影亂風筠。對此留餘想,超然離俗塵。」詩中「回鑾遊福地」一句,係指起兵事。永樂大典卷五二〇三引太原志:「大興國寺,本齊興國寺,隋世增大之。寺門外有晉王廟碑,第二佛殿有煬帝及蕭后塑容,後簷有李百藥大業十年碑,又有謝偃高閣銘。又西偏有木浮圖,唐謂之木塔院。」

〔六〕舊唐書卷三九地理志二:「河中府　隋河東郡。武德元年,置蒲州,治桑泉縣,領河東、桑泉、猗氏、虞鄉四縣。」

〔七〕舊唐書卷一高祖紀:「密遣使召世子建成及元吉于河東。」

是月也,朔方郡人梁師都又殺郡官而稱天子〔一〕。初,帝遣獸牙郎將高君雅與馬邑守王仁恭防遏突厥,雅違帝旨,失利而還。帝恐煬帝有責,便欲據法繩雅,雅是煬帝舊左右,慮被猜嫌,忍而弗問。雅性庸佷,不知慙屈,是時帝甚得太原内外人心①,瞻仰龍顏,疑有異志,每與王威密伺帝隟②。有鄉長劉龍者,晉陽之富人也〔二〕,先與宫監裴寂引之謁帝。帝雖知其微細,亦接待之以招客。君雅又與龍相善,龍感帝恩眄,竊知雅等密意,具以啓聞〔三〕。帝謂龍曰:「此輩下愚,闇于時事,同惡違衆,必自斃也。然卿能相報,深有至誠。幸勿有多言,我爲之所。」〔四〕

校勘記

① 是時帝甚得太原内外人心　「是時」二字原無，據學津討原本、藕香零拾本補。

② 每與王威密伺帝隙　「與」，黄校本、吴本校、藕香零拾本作「引」。

箋證

〔一〕隋書卷四煬帝紀下：「（大業十三年）二月壬午，朔方人梁師都殺郡丞唐世宗，據郡反，自稱大丞相。遣銀青光禄大夫張世隆擊之，反爲所敗。」按梁師都起兵在二月，此云三月，或繫於其稱帝時。舊唐書卷五六梁師都傳：「梁師都，夏州朔方人也。代爲本郡豪族，仕隋鷹揚郎將。大業末，罷歸。屬盜賊群起，師都陰結徒黨數十人，殺郡丞唐宗，據郡反。自稱大丞相，北連突厥。隋將張世隆擊之，反爲所敗。師都因遣兵掠定雕陰、弘化、延安等郡，於是僭即皇帝位，稱梁國，建元爲永隆。突厥始畢可汗遺以狼頭纛，號爲大度毗伽可汗。」隋書卷二九地理志上：「朔方郡　後魏置夏州，後周置總管府，大業初府廢。統縣三，户一萬一千六百七十三。」

〔二〕即劉世龍，避太宗諱省「世」字，舊唐書卷五七有傳，云：「并州晉陽人。大業末，爲晉陽鄉長。」

〔三〕舊唐書卷五七劉世龍傳：「高祖鎮太原，裴寂數薦之，由是甚見接待，亦出入王威、高君雅家，然獨歸心於高祖。義兵將起，威與君雅内懷疑貳，世龍輒探得其情，以白高祖。及誅威等，授銀青光禄大夫。從平京城，累轉鴻臚卿，仍改名義節。」

〔四〕册府元龜卷七：「威及君雅等見兵大集，相與疑懼，請高祖祈雨於晉祠，將爲不利。高祖知其謀，部勒麾下陰爲之備。」舊唐書卷一高祖紀：「威、君雅見兵大集，恐高祖爲變，相與疑懼，請高祖祈雨於晉祠，將爲不利。晉陽鄉長劉世龍知之，以告高祖，高祖陰爲之備。」唐太宗晉祠之銘并序（拓本刊北京圖書館藏中國歷代石刻拓本匯編第十一册）：「昔有隨昏季，綱紀崩淪，四海騰波，三光戢耀。先皇襲千齡之徽號，膺八百之先期，用竭誠心，以祈嘉福，爰初鞠旅，發迹神祠。」晉祠，水經注卷六晉水注云：「昔智伯之遏晉水以灌晉陽，其川上泝，後人踵其遺跡，蓄以爲沼，沼西際山枕水，有唐叔虞祠。水側有涼堂，結飛梁于水上，左右雜樹交蔭，希見曦景，至有淫朋密友，羈遊宦子，莫不尋梁契集，用相娱慰，于晉川之中，最爲勝處。」

夏五月癸亥夜，帝遣長孫順德、趙文恪等率興國寺所集兵五百人〔一〕，總取秦王部分，伏于晉陽宫城東門之左以自備。甲子旦〔二〕，命晉陽縣令劉文静導開陽府司馬劉政會①〔三〕，辭告高君雅、王威等與北蕃私通，引突厥南寇。帝集文武官僚，收威等繫獄〔四〕。丙寅，而突厥數萬騎抄逼太原〔五〕，入自羅郭北門，取東門而出。帝分命裴寂、文静等守備諸門，並令大開，不得輒閉，而城上不張旗幟。守城之人，不許一人外看，亦不得高聲，示以不測。衆咸莫知所以。仍遣首賊帥王康達率其所部千餘人〔六〕，與志節府鷹揚郎將楊毛等〔七〕，潛往北門隱處設伏。誡之待突厥過盡，抄其馬群，擬充軍用。然突厥多，帝登宮城東南樓望之，旦及日中，騎塵不止。康達所部，並是驍鋭，勇于抄劫，日可食時，謂賊過盡，出抄其馬。突厥前後夾擊，埃塵漲天，逼臨汾河。康達等既無出力，並墜汾而死，唯楊毛等一二百人浮而得脱。城内兵數無幾，已喪千人，軍民見此勢，私有危懼，皆疑王威、君雅召而至焉，恨之愈切。帝神色自若，懽甚于常，顧謂官僚曰：「當今天下賊盜，十室而九，稱帝圖王，專城據郡。孤荷文皇殊寵，思報厚恩，欲與諸賢立功王室。適欲起兵，威、雅沮衆，深相猜忌，密構異謀，欲加之罪，疑其私通境外。豈謂繫之二日甲子是十五日，丙寅是十七日，突厥果入太原。此殆天心爲孤罰罪，非天意也，何從而至？天既爲孤遣來，還應爲孤令去。彼若不去，當爲諸軍遣之，無爲慮也。」帝以見兵未多②，又失康達之輩，戰則衆寡非敵，緩恐入掠城外居民。夜設伏兵出城，以據險要，曉令他道而入，若有來援。仍誡出城將士，遥見突厥則速據險，勿與共戰。若知其戰去③，必莫追之，但送出境而還，使之莫測。爾後再宿，突厥達官自相謂曰：「唐公相貌有異，舉止不凡，智勇過人，天所與者。前來馬邑，我等已大畏之，今在太原，何可當也。且我輩無故遠來，他又不與我戰，開門待我，我不能入，久而不去，天必瞋我。我以唐公爲人，復得天意，出兵要我，盡死不疑。不如早去，無住取死。」己亥夜，潛遁〔八〕。

校勘記

① 劉政會　原作「劉正會」，據吴本校、册府元龜卷七、通鑑卷一八三、舊唐書卷一高祖紀改。按舊唐書卷五八、新唐書卷九〇有劉政會傳。本書各處同。

② 帝以見兵未多　「未多」，藕香零拾本作「本少」。

③ 若知其戰去　「知」，吴本作「與」。藕香零拾本無「戰」字。

箋證

〔一〕長孫順德，舊唐書卷五八有傳，云：「順德仕隋右勳衛，避遼東之役，逃匿於太原，深爲高祖、太宗所親委。」

趙文恪，并州太原人，舊唐書卷五七有傳，云其隋末爲鷹揚府司馬。

〔二〕册府元龜卷二一：「五月甲子，慶雲見。甲戌，有白烏飛入高祖之懷。」

〔三〕劉文静，字肇仁，自云彭城人，代居京兆之武功，舊唐書卷五七有傳，云：「隋末，爲晉陽令，遇裴寂爲晉陽宮監，因而結友……及高祖鎮太原，文静察高祖有四方之志，深自結託。」

劉政會，滑州胙城人，舊唐書卷五八有傳，隋大業中爲太原鷹揚府司馬。

〔四〕册府元龜卷七：「五月甲子旦，高祖與威及君雅等同坐視事，太宗嚴兵在外，以備非常。遣劉文静與高陽府司馬劉政會入告變，云二人謀反，陰引突厥，將覆太原。高祖佯驚曰：『豈有是耶？』徐以文書示之曰：『人告公反，宜受勘。』當即於座上執之。」按高陽府，創業注、舊唐書卷一高祖紀作「開陽府」。通鑑卷一八三胡注引新唐志云「太原有府十八，開陽其一也」，開陽，新唐書卷三九地理志三誤作「聞陽」。舊唐書卷五八劉政會傳：「太宗與劉文静謀起義兵，副留守王威、高君雅獨懷猜貳。後數日，將大會於晉祠，威與君雅謀危高祖，有人以白。太宗既知迫急，欲先事誅之，因遣政會爲急變之書，詣留守告威等二人謀反。是日，高祖與威、君雅同坐視事，文静引政會入至庭中，云有密狀，知人欲反。高祖指威等令視之，政會不肯，曰：『所告是副留守事，唯唐公得省之耳。』君雅攘袂大呼曰：『此是反人欲殺我也！』時太宗已列兵馬布於街巷，文静因令左右引威等囚于别室。」卷五七李高遷傳：「隋末，客遊太原，高祖常引之左右。及擒高君雅、王威等，高遷有功焉。」

〔五〕册府元龜卷七：「丙寅，突厥數萬騎來寇城下。高祖令開門、偃旗幟，虜不測所爲，引兵掠城外而去。高祖令軍中曰：『人言王威勾賊，此其效矣。』於是斬威、君雅以謝太原百姓。」

〔六〕按王康達生平不詳，創業注以賊帥目之，本卷上文云李淵破歷山飛後，「而餘賊黨老幼男女數萬人並來降附」，王康達或是歸降李淵的歷山飛餘部。

〔七〕冊府元龜卷九九〇：「右監門衛大將軍楊毛爲折威將軍」，新唐書卷二一五上突厥傳上有「折威將軍楊屯」。按冊府元龜卷三四五：「楊屯初仕隋，爲鷹揚郎將，遇高祖討捕于太原，屯領部兵于麾下。性謹直，勇於攻戰，高祖甚愛寵之。遇起義，以爲統軍。從太宗擊西河，平霍邑，並功居最」，疑「楊毛」「楊屯」爲一人。楊屯，冊府元龜卷三四五宋本、通鑑卷一八四作「陽屯」。新唐書卷三九地理志三河東道太原郡下有志節府。段會墓誌（拓本刊隋唐五代墓誌匯編洛陽卷）云其「武德五年，任并州志節府左車騎將軍」。

〔八〕按五月庚戌朔，無己亥。岑仲勉突厥集史云：「月内無己亥，乃乙亥之訛，兵臨近郊者已十日矣。」按通鑑卷一八三：「突厥終疑之，留城外二日，大掠而去」，又舊唐書卷一高祖紀：「甲戌，遣劉文靜使於突厥始畢可汗」，甲戌在乙亥前一日，如岑仲勉所論出使不當在退兵前，則突厥未頓兵城外近十日，己亥或爲己巳之誤。

明旦，城外覘人馳報①，帝曰：「我知之矣。」文武官入賀，帝曰：「且莫相賀，當爲諸君召而使之②。」即立自手疏與突厥書〔一〕，曰：「何所聞而來，何所見而去，自去自來，豈非天所爲也？我知天意，故不遣追；汝知天意，亦須同我。當今隋國喪亂，蒼生困窮，若不救濟，總爲上天所責。我今大舉義兵，欲寧天下，遠迎主上，還共突厥和親，更似開皇之時，豈非好事〔二〕。且今日陛下雖失可汗之意〔三〕，可汗寧忘高祖之恩也？若能從我，不侵百姓，征伐所得，子女玉帛，皆可汗有之。必以路遠，不能深入，見與和通，坐受寶玩，不勞兵馬，亦任可汗。一二便宜，任量取中。」仍命封題，署云「某啓」③〔四〕。所司報請云：「突厥不識文字，惟重貨財，願加厚遺，改『啓』爲『書』。」〔五〕帝笑而謂請者曰：「何不達之深也。自頃離亂，亡命甚多，走胡奔越，書生不少〔六〕，中國之禮，併在諸夷。我若敬之，彼仍未信，如有輕慢，猜慮愈深。古人云『屈于一人之下，伸于萬人之上。』塞外群胡，何比擬凡庸之一耳。且『啓』之一字，未直千金。千金尚欲與之，一字何容有悋。此非卿等所及。」迺遣使者馳驛送啓〔七〕。始畢得書，大喜，其部達官等曰：「我知唐公非常人也，果作異常之事。隋主前在鴈門，人馬甚衆，我輩攻之，竟不敢出。太原兵到，我等畏之若神，皆走還也。天將以太原與唐公，必當平定天下。不如從之，以求寶物。但唐公欲迎隋主，共我和好，此語不好，我不能從。隋主爲人，我所知悉。若迎來也，即忌唐公，於我舊怨，決相誅伐④。唐公以此喚我，我不能去。唐公自作天子，我則從行，覓大勳賞，不避時熱。」當日即以此意作書報帝。

校勘記

① 城外覘人馳報 「人」，原作「入」，據通鑑卷一八四考異引創業注改。

② 當爲諸君召而使之 「諸君」，原作「諸官」，據通鑑卷一八四考異引創業注改。

③ 署云某啓 「某」，藕香零拾本、通鑑卷一八四考異引創業注作「名」。

④ 決相誅伐 「伐」，黄校本、吴本校作「罰」。

箋證

〔一〕册府元龜卷七：「乃遣劉文静連和於突厥。」舊唐書卷一高祖紀：「甲戌，遣劉文静使於突厥始畢可汗，令率兵相應。」卷一九四上突厥傳上：「高祖起義太原，遣大將軍府司馬劉文静聘于始畢，引以爲援。」

〔二〕隋文帝開皇年間利用東、西突厥的分裂與内訌，採取遠交近攻的手段，各自擊破。至仁壽初，扶植啓民可汗重新統一東突厥，依附於隋。參讀吴玉貴突厥汗國與隋唐關係史研究第三章。隋書卷八四突厥傳：「（開皇十九年六月）拜染干爲意利珍豆啓民可汗，華言『意智健』也。啓民上表謝恩曰：『臣既蒙豎立，復改官名，昔日姦心，今悉除去，奉事至尊，不敢違法。』上於朔州築大利城以居之。是時安義主已卒，上以宗女義成公主妻之，部落歸者甚衆……啓民上表陳謝曰：『大隋聖人莫緣可汗，憐養百姓，如天無不覆也，如地無不載也。諸姓蒙威恩，赤心歸服，並將部落歸投聖人可汗來也。或南入長城，或住白道，人民羊馬，徧滿山谷。染干譬如枯木重起枝葉，枯骨重生皮肉，千萬世長與大隋典羊馬也。』」

〔三〕隋與東突厥互生嫌隙，始於大業中。煬帝懷疑啓民與高麗交通，大業七年，啓民可汗去世，其子咄吉世繼位，爲始畢可汗。十一年八月，始畢率大軍入寇，圍煬帝於雁門，標誌雙方關係破裂，見隋書卷八四突厥傳。

〔四〕文心雕龍卷五：「啓者，開也。高宗云：啓乃心，沃朕心。取其義也。孝景諱啓，故兩漢無稱。至魏國箋記，始云啓聞。奏事之末，或云謹啓。自晉來盛啓，用兼表奏。陳政言事，既奏之異條；讓爵謝恩，亦表之別幹。」唐六典卷一：「凡下之所以達上，其制亦有六，曰：表、狀、牋、啓、牒、辭。」小注曰：「牋、啓於皇太子，然於其長亦爲之，非公文所施。」

〔五〕文心雕龍卷五：「夫書記廣大，衣被事體，筆劄雜名，古今多品……百官詢事，則有關刺解牒；萬民達志，則有狀列辭諺：並述理於心，著言於翰，雖藝文之末品，而政事之先務也。」按書是常用文體，無高下之别。新唐書卷二一五上突厥傳上：「初，帝待突厥用敵國禮，及是，怒曰：『往吾以天下未定，厚於虜以紓吾邊。今卒敗約，朕將擊滅之，毋須姑息。』命有司更所與書爲詔若敕。」按新唐書、通鑑繫其事於武德八年。知李淵與突厥的文書往來，因雙方關係及實力對比的變化，經歷從「啓」至「詔敕」的形式變化。

〔六〕舊唐書卷一九四上突厥傳上:「始畢可汗咄吉者,啓民可汗子也。隋大業中嗣位,值天下大亂,中國人奔之者衆。」

〔七〕通鑑卷一八四考異:「按太宗云:『太上皇稱臣於突厥,』蓋謂此時,但温大雅諱之耳。」事見舊唐書卷六七李靖傳,云:「太宗初聞靖破頡利,大悦,謂侍臣曰:『朕聞主憂臣辱,主辱臣死。往者國家草創,太上皇以百姓之故,稱臣於突厥,朕未嘗不痛心疾首,志滅匈奴,坐不安席,食不甘味。今者暫動偏師,無往不捷,單于款塞,恥其雪乎!』」隋書卷八四突厥傳:「隋末亂離,中國人歸之者無數,遂大强盛,勢陵中夏。迎蕭皇后,置於定襄。薛舉、竇建德、王世充、劉武周、梁師都、李軌、高開道之徒,雖僭尊號,皆北面稱臣,受其可汗之號。使者往來,相望於道也。」時北方群雄起兵多臣附於突厥,引以爲援,陳寅恪論唐高祖稱臣於突厥事(寒柳堂集)據此推斷唐高祖起兵之初,亦曾稱臣於突厥,亦有學者認爲高祖未嘗稱臣,參讀李樹桐唐高祖稱臣於突厥考辨,唐史考辨。

使人往還,不踰七日。使至,前日所賀官僚,舞蹈稱慶。帝開書歎息久之,曰:「非有天命,此胡寧豈如此?但孤爲人臣須盡節,主憂臣辱,當未立功,欲舉義兵①,欲戴王室,大名自署,長惡無君,可謂階亂之人,非復尊隋之事。本慮兵行以後,突厥南侵,屈節連和,以安居者。不謂今日所報,更相要逼,乍可絶好蕃夷,無有從其所勸。」突厥之報帝書也，謂使人曰：「唐公若從我語，即宜急報，我遣大達官，往取進止。」官僚等以帝辭色懍然，莫敢咨諫。興國寺兵知帝未從突厥所請，往往偶語曰：「公若更不從突厥，我亦不能從公。」裴寂、劉文静等知此議，以狀啓聞。帝作色曰：「公等並是隋臣，方來共事，以此勸孤，臣節安在？」裴寂等對曰：「儻使伊吕得盡誠于桀紂，即不爲湯武之臣。寂等改以事君，不敢拘于小節。且今士衆已集，所乏者馬，蕃人未是急須，胡馬待之如渴。若更遲留，恐其有悔。」帝曰：「事不師古，鮮能克成。諸賢宜更三思，以謀其次。」

校勘記

① 欲舉義兵　善耕堂本句上有「先」字。

六月己卯①，太子與齊王至自河東，帝懽甚〔一〕。裴寂等乃因太子、秦王等入啓，請依伊尹放太甲、霍光廢昌邑故事，廢皇帝而立代王，興義兵以檄郡縣，改旗幟以示突厥，師出有名，以輯夷夏。帝曰：「如此所作，可謂掩耳盜鍾，事機相迫，不得不爾。雖失意于後主〔二〕，幸未負于先帝。衆議既同，孤何能易。所恨元首叢脞，股肱墮哉！」〔三〕欷歔不得已。裴寂等曰：「文皇傳嗣後主，假權楊素〔四〕，亡國喪家，其來漸矣。民怨神怒，降兹禍亂，致天之罰，理亦其宜。」於是遣使以衆議馳報突厥〔五〕。始畢依旨，即遣其柱國康鞘利②、級失、熱寒〔六〕、特勤③、達官等，送馬千匹來太原交市，仍許遣兵送帝往西京，多少惟命〔七〕。

校勘記

①六月己卯　按六月庚辰朔，無己卯，五月庚戌朔，己卯爲三十日。

②康鞘利　舊唐書卷五七劉文静傳同，舊唐書卷一高祖紀、卷一九四上突厥傳上作「康稍利」。本書各處同。

③熱寒特勤　按舊唐書卷一九四上突厥傳上有「使者特勤熱寒」，此處疑有訛倒。

箋證

〔一〕舊唐書卷六四隱太子建成傳：「義旗初建，遣使密召之，建成與巢王元吉間行赴太原。」卷五八柴紹傳：「義旗建，紹自京間路趣太原。時建成、元吉自河東往，會於道，建成謀於紹曰：『追書甚急，恐已起事。隋郡縣連城千有餘里，中間偷路，勢必不全，今欲且投小賊，權以自濟。』紹曰：『不可。追既急，宜速去，雖稍辛苦，終當獲全。若投小賊，知君唐公之子，執以爲功，徒然死耳。』建成從之，遂共走太原。入雀鼠谷，知已起義，於是相賀，以紹之計爲得。」按李淵起兵後，隋購捕家屬甚急，雖建成、元吉、柴紹等僥倖得脱，幼子智雲因此罹難。舊唐書卷六四楚王智雲傳：「智雲本名稚詮，大業末，從高祖於河東。及義師將起，隱太子建成潛歸太原，以智雲年小，委之而去。因爲吏所捕，送于長安，爲陰世師所害，年十四。」另通鑑卷一九〇考異引高祖實録：「建成幼不拘細行，荒色嗜酒，好畋獵，常與博徒遊，故時人稱爲任俠。高祖起義于太原，建成時在河東，本既無寵，又以今上首建大計，高祖不之思也，而今上白高祖，遣使召之，盤遊不即往。今上急難情切，遽以手書諭之，建成乃與元吉間行赴太原，隋人購求之，幾爲所獲。及義旗建而方至，高祖亦喜其獲免，因授以兵。」與創業注相較，不難發現實録粉飾改寫的痕跡。

〔二〕李淵太原起兵後，創業注即改稱煬帝爲後主，知李淵雖表面尊隋，實黜煬帝正統。

〔三〕册府元龜卷七：「六月己卯，裴寂、殷開山等請稱義兵，准伊尹放太甲、霍光廢昌邑故事，尊煬帝爲太上皇，立代王以安隋室，傳檄諸郡，以彰義舉。高祖可之。」

〔四〕楊素，字處道，弘農華陰人，隋開國功臣，率軍平陳，隋書卷四八有傳，云：「王卑躬以交素。及爲太子，素之謀也。」楊廣、楊素合謀傾覆楊勇太子之位，事詳隋書卷四五房陵王勇傳。

〔五〕按所遣者即劉文靜。舊唐書卷五七劉文靜傳：「文靜勸改旗幟以彰義舉，又請連突厥以益兵威，高祖並從之。因遣文靜使于始畢可汗，始畢曰：『唐公起事，今欲何爲？』文靜曰：『皇帝廢冢嫡，傳位後主，致斯禍亂。唐公國之懿戚，不忍坐觀成敗，故起義軍，欲黜不當立者。願與可汗兵馬同入京師，人衆土地入唐公，財帛金寶入突厥。』」

〔六〕舊唐書卷一九四上突厥傳上：「（武德四年）高祖嘉之，放其使者特勤熱寒、阿史德等還蕃，賜以金帛」，即其人。

〔七〕舊唐書卷五七劉文静傳：「始畢大喜，即遣將康鞘利領騎二千隨文静而至，又獻馬千匹。高祖大悦，謂文静曰：『非公善辭，何以致此。』」

康鞘利將至，軍司以兵起甲子之日，又符讖尚白，請建武王所執白旗〔一〕，以示突厥。帝曰：「誅紂之旗，牧野臨時所仗，未入西郊①，無容預執，宜兼以絳，雜半續之。」諸軍稍旙皆放此②。營壁城壘，幡旗四合，赤白相映若花園。開皇初，太原童謡云：「法律存，道德在，白旗天子出東海。」常亦云③：「白衣天子。」故隋主恒服白衣，每向江都，擬于東海〔二〕。常修律令〔三〕，筆削不停，并以綵畫五級木壇自隨以事道。又有桃李子歌曰：「桃李子，莫浪語，黄鵠繞山飛，宛轉花園裏。」〔四〕案：李爲國姓，桃當作陶，若言陶唐也。配李而言，故云桃。花園宛轉，屬旌幡。汾晉老幼，謳謌在耳。忽睹靈驗，不勝懽躍。帝每顧旗幡，笑而言曰：「花園可爾，不知黄鵠如何。吾當一舉千里，以符冥讖。」自爾已後，義兵日有千餘集焉。二旬之間，衆得數萬。裴寂等啓曰：「義軍漸大，宜有司存。官僚所統，須有隸屬④。」帝曰：「布衣之士，或假名竊位。孤實將軍，居唐大宇，近捨于此，更欲何求！」裴寂等請進位大將軍，以隆府號，不乖古今，權藉威名。帝曰：「卿以二立相期⑤，欲孤爲霍光之任，威在將軍，何關大也。必須仍舊，亦任加之，署置府僚，長史已下，功次取之，量能受職。」裴寂等又請置諸軍并兵士等總號，帝曰：「諸侯三軍，春秋所許，孤今霸業，差擬晉文。可作三軍，分置左右，謀簡統帥，妙選其人。諸軍既是義兵，還可呼爲義士。昔周武克殷，義士非其薄德。況今未有所克，敢忘義士者乎。」

校勘記

①未入西郊　「入」，善耕堂本作「及」。

②諸軍稍旛皆放此　「皆放此」，黄校本、藕香零拾本作「類皆放此」。

③常亦云　黄校本、藕香零拾本作「亦云」。

④須有隸屬　「隸」，原作「肆」，據黄校本改。

⑤卿以二立相期　「二」，黄校本、吴本校、藕香零拾本作「廢」。

箋　證

〔一〕史記卷四周本紀：「二月甲子昧爽，武王朝至于商郊牧野，乃誓。武王左杖黄鉞，右秉白旄，以麾。」

〔二〕按東海出天子之謡，自北朝末期便已流行。如北史卷八九沙門靈遠傳：「神武待靈遠以殊禮，問其天文人事。對曰：『齊當興，東海出天子。今王據勃海，是齊地。』」只是各種解説附會的地點不同，如高歡附會於勃海，煬帝應之於江都，皆取濱海地域，李淵起兵時復附會於晉陽，頗爲牽强，蓋據當時流行的謡讖重加編排，預爲起兵之號召。此即陳寅恪所云「夫歌謡讖緯，自可臨時因事僞造，但不如因襲舊有之作稍事改换，更易取信於人」（論唐高祖稱臣於突厥事，寒柳堂集）。白衣天子，亦是當時常見讖言，白衣寓意爲何，歷來聚訟不已。唐長孺認爲與彌勒信仰有關（白衣天子試釋，山居存稿三編），柳存仁以爲受摩尼教影響（唐代以前拜火教摩尼教在中國之遺痕，和風堂文集），近年楊繼承檢索史籍中的用例，指出白衣一詞多指庶民，所謂白衣天子即指天子起自布衣（服制、符命與星占：中古「白衣」名號再研究，魏晉南北朝隋唐史資料第三十六輯）。理解這一謡讖的關鍵是李淵將常見的白衣天子替换爲白旗天子，作爲太原起兵的號召，白旗象征爲何，衆家之説皆難確詁，據本書上下文，仍以陳寅恪提出的結好突厥説（論唐高祖稱臣於突厥事，寒柳堂集），可能性較大。

〔三〕通鑑卷一八〇：「（大業二年）帝以高祖末年，法令峻刻，冬，十月，詔改脩律令。」隋書卷三煬帝紀上：「（大業三年四月）甲申，頒律令，大赦天下，關内給復三年」，「（大業四年十月）乙卯，頒新式於天下」。卷二五刑法志：「（大業）三年，新律成。凡五百條，爲十八篇。詔施行之，謂之大業律……其五刑之内，降從輕典者，二百餘條。其枷杖決罰訊囚之制，並輕於舊。是時百姓久厭嚴刻，喜於刑寬。」知大業初修訂律令，崇尚寬簡。隋書卷二五刑法志又云：「後帝乃外征四夷，内窮嗜慾，兵革歲動，賦斂滋繁。有司皆臨時迫脅，苟求濟事，憲章遐棄，賄賂公行，窮人無告，聚爲盜賊。帝乃更立嚴刑，敕天下竊盜已上，罪無輕重，不待聞奏，皆斬。百姓轉相群聚，攻剽城邑，誅罰不能禁。帝以盜賊不息，乃益肆淫刑。九年，又詔爲盜者籍没其家。自是群賊大起，郡縣官人，又各專威福，生殺任情矣。及楊玄感反，帝誅之，罪及九族。其尤重者，行轘裂梟首之刑。或磔而射之，命公卿已下，臠噉其肉。百姓怨嗟，天下大潰。」卷二八百官志下：「帝自三年定令之後，驟有制置，制置未久，隨復改易。」至大業末，刑罰嚴苛，頻繁改易。另參高明士律令法與天下法第一章。

〔四〕隋書卷二二五行志上：「大業中，童謡曰：『桃李子，鴻鵠遶陽山，宛轉花林裏。莫浪語，誰道許。』其後李密坐楊玄感之逆，爲吏所拘，在路逃叛。潛結群盜，自陽城山而來，襲破洛口倉，後復屯兵苑内。莫浪語，密也。宇文化及自號許國，尋亦破滅。誰道許者，蓋驚疑之辭也。」又通鑑卷一八三：會有李玄英者，自東都逃來，經歷諸賊，求訪李密，云「斯人當代隋家」。人問其故，玄英言：「比來民間謡歌有桃李章曰：『桃李子，皇后繞揚州，宛轉花園裏。勿浪語，誰道許！』『桃李子』，謂逃亡者李氏之子也；皇與后，皆君也；『宛轉花園裏』，謂天子在揚州無還日，將轉於溝壑也；『莫浪語，誰道許』者，密也。」按歌謡中「桃李子，莫浪語」「宛轉花園裏」等皆是套語，唯「黄鵠繞山飛」一句多被改寫，故可分别爲李密、李淵、宇文化及所利用。舊唐書卷三七五行志：「隋末有謡云：『桃李子，洪水繞楊山。』煬帝疑李氏有受命之符，故誅李金才。後李密據洛口倉以應其讖。」李金才被誅事詳見隋書卷三七李渾傳。按高祖諱淵，洪水隱喻其名，反映歌謡文本入唐後的進一步改寫與定型。另隋唐嘉話卷上：「隋文帝夢洪水没城，意惡之，乃移都大興。術者云：『洪水，即唐高祖之名也。』」此處洪水暗指李淵，隋唐嘉話多取材國史，恐亦是太原起兵後造作的讖言。

太原遼山縣令高斌廉拒不從命〔一〕，仍遣使間行往江都，奏帝舉兵。煬帝惡李氏據有太原，聞而甚懼，乃勑東都西京嚴爲備禦。西河不時送款。帝曰：「遼山守株，未足爲慮。西河繞山之路，當吾行道，不得留之。」〔二〕

箋證

〔一〕高斌廉，見舊唐書卷五七裴寂傳，云：「時太宗將舉義師而不敢發言，見寂爲高祖所厚，乃出私錢數百萬，陰結龍山令高斌廉與寂博戲，漸以輸之。」按裴寂傳云其爲龍山令，隋書卷三〇地理志中：「晉陽　後齊置，曰龍山，帶太原郡。開皇初郡廢，十年改縣曰晉陽」，則隋太原郡下無龍山縣。遼山，見隋書卷三〇地理志中太原郡，「遼山　後魏曰遼陽，後齊省。開皇十年置，改名焉。十六年屬遼州，并置交漳縣。大業初廢州，并罷交漳入焉」，元和郡縣圖志卷一三：「隋開皇十六年改置遼山縣，因縣西北遼山爲名。皇朝因之。」疑舊唐書誤。

〔二〕按遼山在太原郡東南，偏居一隅。西河，即汾州。周書卷三七韓褒傳：「（保定）三年，出爲汾州刺史。州界北接太原，當千里徑。」元和郡縣圖志卷一三記其「東北至太原府一百七十里」，扼太原南下之要路。另參嚴耕望唐代交通圖考卷五圖十九唐代河東太行區交通圖（南幅）。

六月甲申，乃命大郎、二郎率衆取之〔二〕，除程命賫三日之糧。時文武官人並未署置，軍中以次第呼太子、秦王爲大郎、二郎焉。臨行，帝語二兒曰：「爾等少年，未之更事。先以此郡，觀爾所爲，人具爾瞻，咸宜勉力。」〔三〕大郎、二郎跪而對曰：「兒等早蒙弘訓，禀教義方，奉以周旋，不敢失墜。家國之事，忠孝在焉。故從嚴令，事須稱旨。如或有違，請先軍法。」帝曰：「爾曹能爾，吾復何憂。」于時義師初會，未經講閱，大郎等慮其不攻，以軍法爲言。三軍聞者，人皆自肅，兵向西河。大郎、二郎在路，一同義士，等其甘苦，齊其休息。風塵警急，身即前行。民間近道果菜已上，非買不食。義士有竊取者，即遣求主爲還價，亦不詰所竊之人。路左有長老或進蔬食壺漿者，重傷其意，非共所見軍人等同分，未嘗獨受。如有牛酒饋遺、案輿來者，勞而遣之曰：「此隋法也，吾不敢。」頗慮前人有限①，遂爲終日不食以謝之。於是將士見而感悦，人百其勇。

校勘記

① 吾不敢頗慮前人有限　黄校、藕香零拾本作「吾不敢煩，慮前人有限」。

箋　證

〔一〕通鑑卷一八四考異：「創業注云：『命大郎、二郎率衆討西河。』高祖、太宗實録但云『命太宗徇西河』，蓋史官没建成之名耳。」按舊唐書卷六四隱太子建成傳云其「引兵略西河郡」，卷五八殷嶠傳：「從隱太子攻克西河。」另參李樹桐唐隱太子建成軍功考，唐史考辨。

〔二〕舊唐書卷六一温大有傳：「從太宗擊西河，高祖謂曰：『士馬尚少，要資經略，以卿參謀軍事，其善建功名也！事之成敗，當以此行卜之。若克西河，帝業成矣。』」

至西河城下，大郎、二郎不甲，親往喻之。城外欲入城人，無問男女小大，並皆放入。城内既見義軍寬容至此，咸思奔赴，唯有郡丞高德儒執迷不反。己丑，以兵臨之，飛梯纔進，衆皆争上。郡司法書佐朱知瑾等從城上引兵而入，執德儒以送軍門。德儒即隋之見鸞人也〔一〕，大郎、二郎等數之曰：「卿逢野鳥，謬道見鸞。佞惑隋侯，以爲祥瑞。趙高指鹿爲馬，何相似哉。義兵今獎王室，理無不殺趙高之輩。」仍命斬焉。自外不戮一人，秋毫不犯。往還九日，西河遂定〔二〕。師歸，帝聞喜曰：「以此用兵，天下横行可也。」是日，即定入關之策。

箋證

〔一〕通鑑卷一八二：「（大業十一年三月）有二孔雀自西苑飛集寶城朝堂前，親衛校尉高德儒等十餘人見之，奏以爲鸞，時孔雀已飛去，無可得驗，於是百僚稱賀。詔以德儒誠心冥會，肇見嘉祥，擢拜朝散大夫，賜物百段，餘人皆賜束帛；仍於其地造儀鸞殿。」唐會要卷二八：「顯慶四年八月二十五日，司勳員外郎源行守家毛桃樹生李桃，太子詹事李寬等上表陳賀。上謂侍臣曰：『凡厥休祥，雖云美事，若其不實，取笑後人。朕嘗見先朝説隋煬帝好聞祥瑞，嘗有野雀集於殿上，校尉唱云：此是鸞鳥。有衛士報云：村野之中，大有此物。校尉乃笞衛士，仍奏爲鸞，煬帝不究真虚，即以爲瑞，仍名此殿爲儀鸞，嗤笑至今未弭。』」

〔二〕册府元龜卷四一三：「唐王長諧，隋末從太宗舉義，平西河郡，遂爲太守。」通鑑卷一八四：「諮議譙人劉贍領西河通守。」文館詞林卷四五九荆州都督劉贍碑銘一首并序：「聖上別總輕鋭，出定西河，令公權攝行軍長史。西河平，進授銀青光禄大夫，仍留公檢校西河郡通守，得便宜從事。仍令催督軍糧，招集士馬。」

癸巳，以世子爲隴西公，爲左領軍大都督，左三統軍等隸焉；二郎爲燉煌公，爲右領軍大都督，右三統軍等隸焉〔一〕。世子仍爲太原郡守，命裴寂、劉文静爲大將軍府長史、司馬〔二〕。以殷開山〔三〕、劉政會〔四〕、温大雅〔五〕、唐儉〔六〕、權弘壽〔七〕、盧階、思德平〔八〕、武士彠等爲掾屬〔九〕、記室、參佐等官①，以鷹揚王長諧②〔一〇〕、姜寶誼〔一一〕、楊毛③〔一二〕、京兆長孫順德〔一三〕、竇琮〔一四〕、劉弘基等分爲左右統軍、副統軍〔一五〕。自外文武職員，隨才詮用。

校勘記

① 以殷開山劉政會温大雅唐儉權弘壽盧階思德平武士彠等爲掾屬記室參佐等官　「參佐」，原作「參左」，據黄校本、吴本、藕香零拾本改。

② 王長諧　原作「王長階」，據本書卷二、新唐書卷一高祖紀、通鑑卷一八四改。

③ 楊毛　原作「揚毛」，據善耕堂本、學津討原本、藕香零拾本及本卷上文改。

箋證

〔一〕册府元龜卷七：「癸巳……始置三軍，分爲左右：以公子建成爲隴西公、左領大都督，左三軍悉隸焉；命太宗爲燉煌公、右領大都督，右三軍悉隸焉。開倉庫以賑窮乏，遠近響應。」舊唐書卷六四隱太子建成傳：「拜左領軍大都督，封隴西郡公，引兵略西河郡。」卷二太宗紀上：「及義兵起，乃率兵略徇西河，克之。拜右領大都督，右三軍皆隸焉，封燉煌郡公。」

〔二〕册府元龜卷七：「癸巳，建大將軍府，以裴寂爲長史，劉文静爲司馬，具設官屬。」舊唐書卷五七裴寂傳：「大將軍府建，以寂爲長史，賜爵聞喜縣公。」裴寂墓誌：「義師爰集，蒙授金紫光禄大夫；霜朝初建，擢爲大將軍府長史。」舊唐書卷五七劉文静傳：「高祖開大將軍府，以文静爲軍司馬。」

〔三〕殷開山，名嶠，以字行，舊唐書卷五八有傳，云：「義兵起，召補大將軍府掾，參預謀略，授心腹之寄，累以軍功拜光禄大夫。」

〔四〕舊唐書卷五八劉政會傳：「大將軍府建，引爲户曹參軍。」

〔五〕舊唐書卷六一温大雅傳：「義兵起，引爲大將軍府記室參軍，專掌文翰。」

〔六〕唐儉字茂約，并州晉陽人，舊唐書卷五八有傳，云：「及開大將軍府，授儉記室參軍。」唐儉墓誌（拓本刊新中國出土墓誌陝西壹）：「於時太武皇帝發號晉陽，公之戾止，若合符契。以石投水，百中之策無遺；言聽計從，千里之勝斯決。釁鼓爰始，莫府初開，引拜大將軍府記室，加位正議大夫。」

〔七〕舊唐書卷一八五上權懷恩傳：「祖弘壽，大業末爲臨汾郡司倉書佐。高祖鎮晉陽，引判留守事。以從義師之功，累轉秦王府長史，太宗遇之甚厚。又從平王世充，拜太僕卿，累封盧國公卒，謚曰恭。」宋本册府元龜卷一三八：「故太僕卿、贈兵部尚書權弘壽贈太子少師。」

〔八〕思德平，未見其人。册府元龜卷七六六：「田德平，太原晉陽人，隋末補鷹陽府正。高祖留守太原，引爲兵。大蒙任寄。義師起，拜銀青光禄大夫。歷大將軍兵曹參軍，封漁陽縣公。」按「兵」，疑當作「司兵」，舊唐書卷五八武士彠傳有留守司兵田德平，疑即其人。

〔九〕武士彠，并州文水人，舊唐書卷五八有傳，云：「義旗起，以士彠爲大將軍府鎧曹。」

〔一〇〕册府元龜卷四一三：「唐王長諧……平西河郡，遂爲太守。召募得數千人，與大軍西會，以爲右一統軍，從破宋老生，進授光禄大夫。」

〔一一〕册府元龜卷三四五：「姜寶誼，天水人。隋末以軍功致位通議大夫、鷹揚郎將，以其府兵從高祖討捕于太原。及義兵起，授左統軍，平西河，下霍邑，皆有功焉。」

〔一二〕册府元龜卷三四五：「楊屯初仕隋，爲鷹揚郎將……遇起義，以爲統軍。從太宗擊西河。」

〔一三〕舊唐書卷五八長孫順德傳：「義兵起，拜統軍。」

〔一四〕竇琮，舊唐書卷六一有傳，云：「（竇）軌弟琮，亦有武幹，隋左親衛。大業末，犯法，亡命奔太原，依於高祖……及將義舉，琮協贊大謀。大將軍府建，爲統軍，從平西河。」

〔一五〕通鑑卷一八四：「癸巳，建大將軍府；以寂爲長史，劉文静爲司馬，唐儉及前長安尉温大雅爲記室，大雅仍與弟大有共掌機密，武士彠爲鎧曹，劉政會及武城崔善爲、太原張道源爲户曹，晉陽長上邽姜謩爲司功參軍，太谷長殷開山爲府掾，長孫順德、劉弘基、竇琮及鷹揚郎將高平王長諧、天水姜寶誼、陽屯爲左右統軍；自餘文武，隨才授任。」除上述諸位，在此前後位至統軍者尚有趙文恪、李思行、李高遷等。舊唐書卷五七趙文恪傳：「義師之舉，授右三統軍。」卷五七李思行傳：「授左三統軍。從破宋老生，平京城，累授嘉州刺史，封樂安郡公。」卷五七李高遷傳：「授右三統軍。從平霍邑，圍京城，力戰功最，累遷左武衛大將軍，封江夏郡公。」

其平旦，有僧俗姓李氏，獲白雀而獻之。至日未時，又有白雀來止帝牙前樹上，左右復捕獲焉。明旦，有紫雲見于天，當帝所坐處，移時不去。既而欲散，變爲五色，皆若龍獸之象。如此三朝，百姓咸見，文武謁賀，帝皆抑而不受〔一〕。

箋證

〔一〕册府元龜卷二一：「既舉義師，旦日，太宗所居處有紫雲當其上，俄變爲五色，狀如飛龍。」按册府元龜此則文字襲自創業注，或係太宗實録將高祖的符瑞移花接木至太宗身上。

丙申，突厥柱國康鞘利等并馬而至，舍之於城東興國玄壇〔一〕。鞘利見老君尊容皆拜。道士賈昴見而謂同郡温彦將曰：「突厥來詣唐公，而先謁老君，可謂不失尊卑之次。非天所遣，此輩寧知禮乎？」

箋證

〔一〕元和郡縣圖志卷一三太原縣條云：「潛丘，在縣南三里。爾雅曰：『晉有潛丘。』隋開皇二年於其上置大興國觀。」永樂大典卷五二〇四引太原志：「興國玄壇。隋開皇二年置，在潛丘上。唐爲開元觀，在尚信坊。」按隋書卷二八百官志下：「郡縣佛寺，改爲道場，道觀改爲玄壇，各置監、丞。」

丁酉，帝引康鞘利等禮見於晉陽宫東門之側舍，受始畢所送書信。帝僞貌恭①，厚加饗賄。鞘利等大悦，退相謂曰：「唐公見我蕃人，尚能屈意，見諸華夏，情何可論。敬人者，人皆敬愛，天下敬愛，必爲人主。我等見之，人不覺自敬。」從此以後，帝每見，鞘利等愈加敬畏，不失蕃臣之禮。其馬千疋，唯市好者，而取其半。義士等咸自出物，請悉買之。帝曰：「彼馬如羊，方來不已，吾恐爾輩不能買之。胡人貪利，無厭其欲，少買且以見貧，示其非急于馬。吾當共之貢市，不用爾物，毋爲迫役②，自費家財。」

校勘記

① 帝僞貌恭　「僞」，原作「爲」，據黄校本、吴本、藕香零拾本改。

② 毋爲迫役　「役」，吴本作「促」。

已而高陽郡靈壽賊帥郄士陵①以其黨數千人款附〔一〕，即授鎮東將軍，封燕郡公，仍置鎮東府，具補僚屬，以招撫山東郡縣。乙巳，康鞘利等還蕃，乃命司馬劉文静報使，並取其兵。静辭，帝私誡之曰：「胡兵相送，天所遣來，敬煩天心，欲存民命。突厥多來，民無存理。數百之外，無所用之。所防之者，恐武周引爲邊患。又胡馬牧放，不煩粟草。取其聲勢，以懷遠人。公宜體之，不須多也。」

校勘記

① 郄士陵　黄校本、通鑑卷一八四作「郗士陵」。

箋證

〔一〕隋書卷三〇地理志中恒山郡下有靈壽縣。隋書卷四煬帝紀下記大業九年十月乙酉詔改博陵爲高陽郡。按博陵與恒山相鄰，隋書卷八五段達傳：「高陽魏刀兒聚衆十餘萬，自號『歷山飛』」，創業注云郄士陵爲高陽郡賊帥，其或是先前活動於河北的歷山飛餘部，故李淵假以官爵，命他招撫山東。

大唐創業起居注卷之二

唐陝東道大行臺工部尚書上柱國樂平郡開國公臣温大雅撰

起自太原至京城凡一百二十六日

秋七月，壬子，以四郎元吉爲太原郡守，留守晉陽宫，文武後事並委焉〔一〕。義師欲西入關，移營於武德南〔二〕。癸丑，將引帝立軍門，仗白旗而大號誓衆〔三〕，文曰：

箋證

〔一〕舊唐書卷一高祖紀：「秋七月壬子，高祖率兵西圖關中，以元吉爲鎮北將軍、太原留守。」册府元龜卷七：「七月壬子，以公子元吉爲姑臧公、太原留守。」舊唐書卷六四巢王元吉傳：「義師起，授太原郡守，封姑臧郡公。」

〔二〕續高僧傳卷二五唐并州大興國寺釋曇選傳：「及楊諒逆節，中外相叛，招募軍兵，繕造牟甲，以興國寺爲甲坊，以武德寺爲食坊」，知武德寺爲晉陽城中大寺。續高僧傳卷一二唐并州武德寺釋慧覺傳：「大隋受禪，闡隆像法。以文皇在周，既摠元戎，躬履鋒刃，兵機失捷，逃難于并城南澤，後飛龍之日追惟舊壤，開皇元年，乃於幽憂之所置武德寺焉。地惟泥濕，遍以石鋪，然始增基，通於寺院，周閭千計，廊廡九重，靈塔雲張，景臺星布。」寺院佔地頗廣，疑武德南係指武德寺南。

〔三〕册府元龜卷七：「高祖以兵西圍關中，精甲三萬。高祖仗白旗誓衆於太原之野，引師即路。」

夫天地定位，否泰迭其盛衰；日月著明，虧昃貶其貞滿。惟神莫測，尚乃盈虛，矧茲王道，能無悔悋。克先帝世，炎漢商周，撥亂乘乾，多歷年所。厥嗣墜緒，時屬艱危，則其股肱宰衡，藩屏親戚，戮力同獎，推心翼戴。顛或可扶，糾合而奔官守；惡不可救，廢放而安宗社。伊霍桓文，並其人也。率爾踵武，代有其事，布在方策，可得而言。日者蒼精云謝，炎運將啓，上天眷命，屬乎隋室。於是我高祖文皇帝，以后父之尊，周親入相。豹變陝左，龍飛漢東，誅尉迥於韓魏，則神鉦遏響；勦王謙於巴蜀，則靈山斯鏤。四罪咸服，九有樂推，經綸帷幄之間，揖讓巖廊之内。造我區夏，不更朞月。舜禹以來，受終未有如斯之易者。以故臨朝恭己，庶績爲心，親覽萬機，平章百姓。兢兢慎于馭朽，翼翼懼於烹鮮。齊六合爲一家，等黔黎于赤子。有陳不率，殄虐政於江湖；獯醜相屠，降封虜于沙漠。其吊民也如彼，其和戎也若兹。散馬牛於山林，鑄劍戟爲農器。求瘼恤隱，訟息刑清。輕徭薄賦，家給人足。倉庫流衍于里閭，職貢委輸于帑藏。豈獨水衡貫朽，常平粟紅而已哉。加以愛民治國，節用而敦本；深根固蒂，因河而踐華。肆覲朝宗，止於京邑；玄覽縱觀，弗踰岐下。遐邇叶和，内外禔福。凱澤洋溢，休祥紹至。一世之氓，咸賴仁壽；二紀之治，可謂隆平。揚搉往初，歷選前辟，詩書所美，莫之能尚。

然聖人千慮，失於知子，以正萬國，輕易元良，廢守器之長，立不才之庶。兆亂之萌，於是乎在。異哉今上之行己也，獨智自賢，安忍忌刻，拓狂悖爲混沌，苟鴆毒爲恣睢。飾非好佞，拒諫信讒，敵怨誠良，仇讎骨肉。巡幸無度，窮兵極武，喜怒不恒，親離衆叛。御河導洛，肆舳艫而達江；馳道緣邊，徑長城而傍海。離宫别館之所在，車轍馬跡之所向，咸塹山而陻谷，畢結瑶而構瓊。遼水屢征，殲丁壯於億兆；伊谷轉輸，斃老幼於百萬。禽荒罄於飛走，蠶食窮於水陸，征税盡於重斂，民力殫於勞止。十分天下，九爲盜賊，荆棘旅于闕廷，豺狼充於道路。帶牛佩犢，輟耕者連孤竹而寇潢池；鋤耰棘矜，大呼者聚雚蒲而起芒澤。青羌白狄，剽夷道而□□；黄巾赤眉，屠間左而竊號。曝骸如莽，僵尸若麻，敵國滿畫鷁之舟，胡越繞和鑾之轂。四海波振而冰泮，五嶽塵飛而土崩。踞積薪以待然，鉗衆口而寄坐。明明皇祖，貽厥無人，赫赫宗隋，滅爲亡國。某以庸虚①，謬蒙嘉惠，承七葉之餘慶，資五世之克昌。遂得地臣戚里，家稱公室，典驍衛之禁兵，守封唐之大宇。義無坐觀綴旒之絶，不舉勤王之師。苟利社稷，專之可也，廢昏立明，敢遵故實。今便興甲晉陽，奉尊代邸，掃定咸雒，集寧寓縣，放後主于江都，復先帝之鴻績。固配天于圜寢，存司牧于蒼生。豈謂一朝，言及於此，事不獲已，追增感欷。凡厥士民，義旅豪傑，敏究時難，曉達權謀，家怨國耻，雪乎今日，從我同盟，無爲貳志。有渝此盟，神其殛之。

仍命以此誓辭，檄喻所在郡縣，并命檄書勿得因循，妄論軍勢。

校勘記

① 某以庸虚　「虚」，黄校、藕香零拾本作「愚」。

帝性簡質，大度豁如，前代自矜遠嫌之事，皆以恕實行之，不爲欺紿，自然反經合義，妙盡機權，類皆如此。其義士等各以名到先後爲次第，汎加宣惠、綏德二尉官〔一〕。帝謂行之等曰①：「吾未特爲此官，示宣行惠，知綏撫以德②。使遠者知有征無戰，見我心焉。」

校勘記

① 帝謂行之等曰 「行之」，疑爲「行人」之訛。

② 吾未特爲此官示宣行惠知綏撫以德 藕香零拾本作「吾特爲此官，示宣行以惠，綏撫以德」。

箋證

〔一〕隋書卷二八百官志下：「建節、正六品。奮武、從六品。宣惠、正七品。綏德、從七品。懷仁、正八品。守義、從八品。奉誠、正九品。立信從九品。等八尉，以爲散職。」

是夕，次於清源〔二〕。牧馬置營，皆據高險，老弱樵採，丁壯休息。虞候覘守之地，飛鳥不通，勿論人也。帝乃將世子及敦煌公等，率家僮十數，巡行營幕。次比器仗精粗，坐卧飲食，糧禀升斗，馬驢饑飽，逮乎僕隸，皆親閲之。如有不周，即令從人借助，亦不責所屬典司。顧謂二兒曰：「天下神器，聖人大寶，非符命所屬，大功濟世，不可妄居。所以納揆試艱①，虞登帝位；櫛風沐雨，夏會諸侯。自時厥後，膺圖甚衆。啓基創業，未有無功而得帝王者也。吾生自公宮，長于貴戚，牧州典郡，少年所爲。晏樂從容，懽娱事極，饑寒賤役，見而未經②，險阻艱難，聞而不冒。在茲行也，並欲備嘗，如弗躬親，恐違天旨。爾等從吾，勿欲懈怠。今欲不言而治，故無所尤，庶愚者悦我寬容，智者慙而改過。」世子及敦煌公請曰：「經綸機務，一日萬端，取決英蓍。四方輻輳，麾下驅馳，兒等承乏③。自餘常事，請付司存。巨細以聞，恐疲神思。又慮將佐等不被委任，頗以自疑。」帝曰：「是何言與？是何言與？華夷不附，爵賞不行，吾之責也。摧鋒蹈刃，斬將搴旗，爾之務也。深溝高壘，談笑從容，將吏之逸也。吾憂責爾急於務逸樂，推下功名與之，賢自當内省，不賢吾無所愧。然晉陽從我，可謂同心之人，俱非致命之士。漢初有蕭曹而無爾輩，今我有爾輩而無蕭曹。天道平分，乃復如是。行矣自愛，吾知爾懷。」

校勘記

① 所以納揆試艱 「艱」，黄校本作「難」。

② 見而未經 「未」，原作「朱」，據黄校本、吴本、學津討原本、藕香零拾本改。

③ 兒等承乏 「乏」，原作「之」，據黄校本、吴本、藕香零拾本改。

箋證

〔一〕隋書卷三〇地理志中云開皇十六年太原郡下曾置清源縣，大業初省併入晉陽縣。舊唐書卷三九地理志二云武德元年復置。元和郡縣圖志卷一三記其「東北至府三十九里」。

自是以後，記室奉命宣旨稱「教」〔一〕。部伍間事，給付一物，軍書羽檄，賞罰科條，接撫初附，慰悦遠近。帝或口陳事緒，手疏意謂，發言折中，下筆當理，非奉進旨，所司莫能裁答。義旗之下，每日千有餘人，請賞論勳，告冤申屈，附文希旨，百計千端，來衆如雲，觀者如堵。帝處斷若流，嘗無疑滯。人人得所，咸盡懽心，皆嘆神明，謂爲天下主也。

箋證

〔一〕文選卷三六李善注引蔡邕獨斷：「諸侯言曰教。」文心雕龍卷四：「教者，效也，言出而民效也。契敷五教，故王侯稱教。」唐六典卷一：「凡上之所以逮下，其制有六，曰：制、敕、册、令、教、符。」小注曰：「親王、公主曰教。」

壬寅①，遣通議大夫張綸等率師經略稽胡〔一〕，離石〔二〕、龍泉〔三〕、文城〔四〕等諸郡②〔五〕。丙辰，至于西河，引見民庶等。禮敬耆老，哀撫煢獨，賑貸窮困③，擢任賢能，平章獄訟，日昃而罷，罔有所遺。顧謂左右曰：「向之五條，惟皇要道，聰明文思，以之建極，孤所以自强不息，爲義兵之先聲也。」仍自注授老人七十已上通議、朝請、朝散三大夫等官④〔六〕。教曰：「乞言將智，事屬高年，耄耋杖鄉，禮宜優異。老人等年餘七十，匍匐壘壁⑤，見我義旗，懽踚擊壤。筋力之禮，知不可爲⑥，肉帛之資，慮其多闕。式加榮秩，以賙其養。節級並如前授。」自外當土豪儁，以資除授各有差⑦〔七〕。官之大小，並帝自手注。量才敘效，咸得厥宜，口問功能，筆不停輟，所司唯給告身而已。爾後遂爲恒式。帝特善書⑧，工而且疾，真草自如⑨，不拘常體，而草跡韶媚可愛〔八〕。嘗一日注授千許人官，更案遇得好紙，走筆若飛，食頃而訖。得官人等不敢取告符〔九〕，乞寶神筆之跡，遂各分所授官名而去。

校勘記

①壬寅　吴本作「甲寅」。册府元龜卷七、通鑑卷一八四、新唐書卷一高祖紀繫其事於甲寅。按是月己酉朔，甲寅爲初六，無壬寅。

②離石龍泉文城等諸郡　「文城」，原作「文成」，據册府元龜卷七、新唐書卷一高祖紀及本卷下文改。按隋書卷三〇地理志中有文城郡。册府元龜卷七敘其事作「下離石、(隴)〔龍〕泉、文城三郡」，新唐書卷一高祖紀作「遣將張綸徇下離石、龍泉、文城三郡」，句上疑有脱文。

③賑貸窮困　「窮困」，黄校本、吴本校作「貧窮」。

④仍自注授老人七十已上通議朝請朝散三大夫等官　黄校本、吴本校、藕香零拾本「自」下有「筆」字。

⑤匍匐壘壁　「壁」，黄校本作「和」。

⑥知不可爲　黄校本、藕香零拾本作「知其不爲」。

⑦以資除授各有差　「資」，黄校本、藕香零拾本作「次」。

⑧帝特善書　「特」，黄校本、吴本、藕香零拾本作「時」。

⑨真草自如　「自如」二字原無，據黄校本、吴本校、藕香零拾本補。

箋證

〔一〕張綸，事跡散見兩唐書、册府元龜，除收離石、龍泉、文城三郡外，另見册府元龜卷三五七：「張綸，以左驍騎衛將軍爲絳州道行軍總管。武德元年，討叛胡，平之。」册府元龜卷四五記「（武德二年十一月）於是遣劉弘基、張綸進逼西河，而晉、澮城堡並來歸附，賊轉輸路絶，其衆遂餒」，敗宋金剛。通鑑卷一八八、舊唐書卷五六劉季真傳云武德三年三月西河公張綸與真鄉公李仲文迫降石州劉季真。

魏晉以降，汾水西岸的呂梁山區便是稽胡聚居活動的地域。周書卷四九稽胡傳：「自離石以西，安定以東,方七八百里,居山谷間,種落繁熾。」續高僧傳卷二五唐隰州沙門釋法通傳:「(釋法通)於即遊化稽胡,南自龍門,北至勝部,嵐、石、汾、隰,無不從化。」因此離石、龍泉、文城三郡皆有稽胡分佈,叛服不常,隋書卷四七韋沖傳云北周末年:「于時稽胡屢爲寇亂,沖自請安集之,因拜汾州刺史。」時因隋末動亂復起。舊唐書卷五六劉季真傳:「劉季真者,離石胡人也。父龍兒,隋末擁兵數萬,自號劉王,以季真爲太子。龍兒爲虎賁郎將梁德所斬,其衆漸散。」另參唐長孺魏晉雜胡考,魏晉南北朝史論叢,嚴耕望佛藏中之世俗史料,嚴耕望史學論文集下册。

〔二〕隋書卷三〇地理志中:「離石郡　後齊置西汾州,後周改爲石州。統縣五,户二萬四千八十一。」按離石即唐石州,元和郡縣圖志卷一四記其「西南至上都一千二百五十里。東南至東都一千九十里。東南至汾州一百六十里。西渡河至綏州二百三十里。正南微東至隰州二百五十里。北至嵐州二百五十里」。

〔三〕隋書卷三〇地理志中:「龍泉郡　後周置汾州。開皇四年置西汾州總管,五年改爲隰州總管。大業初府廢。統縣五,户二萬五千八百三十。」按龍泉即唐隰州,元和郡縣圖志卷一二記其「西南取慈州路至上都八百八十五里。東南至東都八百八十里。東南至晉州汾西縣一百六十里。西至延州三百六十里。北至石州二百五十里。南至河一百四十里。東北至汾州二百七十里。東南至河中府六百里」。

〔四〕隋書卷三〇地理志中：「文城郡　東魏置南汾州，後周改爲汾州，後齊爲西汾州。後周平齊，置總管府。開皇四年府廢，十六年改爲耿州，後復爲汾州。統縣四，户二萬二千三百。」按文城即唐慈州，元和郡縣圖志卷一二記其「西南至上都六百八十五里。東南至東都七百二十五里。北至隰州二百里。西北至丹州一百八十里。東南至絳州太平縣一百九十里。西至龍門縣一百八十里。東南至晉州二百四十里。正西至黄河六十五里。東南至絳州二百四十里」。

〔五〕元和郡縣圖志卷一三記汾州「西北至石州一百六十里……西南至隰州二百七十里」。按離石、龍泉、文城三郡皆在西河以西，李淵克西河後，欲進一步取臨汾、絳郡、河東，渡河進入關中，故命張綸率偏師取三郡，以免側翼之虞。

〔六〕隋書卷二八百官志下：「舊都督已上，至上柱國，凡十一等，及八郎、八尉、四十三號將軍官，皆罷之。并省朝議大夫。自一品至九品，置光禄、從一品。左右光禄、左正二品，右從二品。金紫、正三品。銀青光禄、從三品。正議、正四品。通議、從四品。朝請、正五品。朝散從五品。等九大夫……以爲散職。」

〔七〕按汾陽市博物館藏墓誌選編曾刊佈多方參與李淵起兵的西河士人墓誌，既包括當地豪强任氏、郭氏家族，如任騭墓誌：「屬九五龍飛，策名幕府，蕩兇寇，翦奸訛，立元勳，叙芳列，蒙授朝請大夫，擬樂平丞」，亦有學界討論較多的粟特人曹怡，此輩或即是李淵招募的「當土豪雋」。另參王永平粟特後裔與太原元從——山西汾陽出土唐曹怡墓誌研究，山西大學學報二〇一九年第四期。

〔八〕法書要録卷六引竇臮述書賦：「我巨唐之膺休，一六合而闡幽。武功定，文德修，高祖運龍爪，陳睿謀。自我雄其神貌，冠梁代之徽猷。」注云：「又王右軍書柱作爪形，時觀者號爲龍爪書。高祖師王褒，得其妙，故有梁朝風格焉。」

〔九〕告符或是告身與簽符的合稱。舊唐書卷一七六楊虞卿傳：「南曹令史李賓等六人，僞出告身籤符，賣鑿空僞官。」另參吴麗娱唐高宗永隆元年文書中「簽符」、「樣人」問題再探，敦煌學輯刊一九九一年第一期。

乙丑，張綸等下離石郡，其太守楊子崇爲亂兵所害〔一〕。崇即後主從弟也〔二〕，頗有學識性理〔三〕，帝甚惜之。崇性怯而無謨，故及於難。入自雀鼠谷，次于靈石縣〔四〕。壬戌，霖雨甚，頓營於賈胡堡〔五〕。去霍邑五十餘里〔六〕，此縣西北抗汾水〔七〕，東拒霍太山〔八〕，守險之衝，是爲襟帶〔九〕。西京留守代王遣驍將獸牙郎將宋老生〔一〇〕，率精兵二萬拒守。又遣左武候大將軍屈突通〔一一〕，將遼東兵及驍果等數萬餘人據河東，與老生相影響。仍命臨汾以東諸郡〔一二〕，所在軍民城守，並隨便受老生、屈突等徵發。帝聞而笑曰：「億兆離心，此何爲也。老生乳臭，未知師老之謀；屈突膽薄，嘗無曲突之慮。自防輕敵，二子有之；閫外相時①，俱非其事。且屈突嘗破玄感〔一三〕，時人謂其能兵；老生數勝群盜，自許堪當勍敵。無識之徒，因相諂附，謂其必能制我，不遣援兵。我若緩以持之，彼必以吾爲怯，出其不意，不過一兩月間，並當擒之。吾無憂也。」于時秋霖未止，道路泥深。帝乃命府佐沈叔安〔一四〕、崔善爲〔一五〕等間遣羸兵往太原②，更運一月糧，以待開霽。

校勘記

① 閫外相時　「時」，疑爲「持」之訛。

② 帝乃命府佐沈叔安崔善爲等間遣羸兵往太原　「間」，黄校本、藕香零拾本「簡」。

箋　證

〔一〕楊子崇，隋書卷四三有傳。大業十一年自侯衛將軍出爲離石郡守（通鑑卷一八二），本傳云：「所將左右，既聞太原有兵起，不復入城，遂各叛去。子崇悉收叛者父兄斬之。後數日，義兵夜至城下，城中豪傑復出應之。城陷，子崇爲讎家所殺。」楊炯集卷八瀘州都督王湛神道碑記王湛父王綽：「離石郡通守、晉陽侯，皇朝石州刺史。逆賊劉武周攻陷郡城，因而遇害，贈代州總管，謚曰烈侯，禮也。」其即新唐書卷一高祖紀「離石胡劉季真叛，陷石州，刺史王儉死之」中「王儉」，另陳子昂集卷六申州司馬王府君墓誌云：「祖儉，隋離石郡守、唐石州刺史，贈岳州總管、廣武烈侯」，亦此人。按通守爲郡守副貳，疑王綽（儉）在此役中降唐，故繼任石州刺史。

〔二〕隋書卷四三楊子崇傳云其爲高祖族弟，非煬帝。

〔三〕隋書卷四三楊子崇傳：「子崇少好學，涉獵書記，有風儀，愛賢好士。」

〔四〕隋書卷三〇地理志中西河郡下有靈石縣，云：「靈石　開皇十年置。有介山，有靖巖山。」元和郡縣圖志卷一三：「靈石縣，上。北至州一百二十里。開元户三千七百三十一。鄉八。本漢介休縣地，隋開皇十年，因巡幸開道得瑞石，遂於谷口置縣，因名靈石。皇朝因之。」

〔五〕册府元龜卷七：「丙辰，師次霍邑。隋虎牙郎將宋老生陳兵拒險，義師不得進，屯軍於賈胡堡。」舊唐書卷一高祖紀：「丙辰，師次靈石縣，營於賈胡堡。」按本書云丙辰次西河，壬戌頓於賈胡堡，是月己酉朔，丙辰爲初八，壬戌爲十四日，當得其實。册府元龜、舊唐書高祖紀所記干支不確，或係删削致誤。

元和郡縣圖志卷一三：「賈胡堡，在縣南三十五里。」讀史方輿紀要卷四一：「賈胡堡，州東北五十里，在霍山蛤蟆嶺上。」

〔六〕隋書卷三〇地理志中臨汾郡下有霍邑縣，云：「霍邑　後魏曰永安，并置永安郡。開皇初郡廢。十六年置汾州，十八年改爲吕州，縣曰霍邑。大業初州廢。有霍山。有彘水。」讀史方輿紀要卷四一：「州太嶽鎮其東，汾水經其西，據山川之勝，爲阨要之所，争衡於太原、平陽間，未有不以州爲孔道者也。」

〔七〕太平寰宇記卷四一：「汾水，在縣北十步。深一丈，闊三丈。北自汾州介休縣界流入，經絳郡西南流入河。」

〔八〕周禮職方：「冀州，其山鎮曰霍山」。史記卷二夏本紀：「既脩太原，至于嶽陽。」司馬貞索隱：「嶽，太嶽，即冀州之鎮霍太山也。」水經注卷六：「汾水又南與彘水合，水出東北太岳山，禹貢所謂岳陽也。即霍太山矣。」漢書卷二八上地理志上云霍太山在彘縣東，元和郡縣圖志卷一二：「霍山，一名太岳，在縣東三十里。」史記卷四周本紀正義引括地志云：「太行、恒山連延，東北接碣石，西北接嶽山。」

〔九〕太平寰宇記卷四一：「隋開皇十年因巡幸，傍汾開道，取其平直，得石文曰『大道好吉』，因分置靈石縣，以今縣西獲瑞石爲名。今縣東南有高壁嶺、雀鼠谷、汾水關，皆汾西險固之所。」按此爲太原往來關中之要隘，周武帝伐齊，即循此路，周書卷六武帝紀下：「（建德五年十月）癸亥，帝至晉州，遣齊王憲率精騎二萬守雀鼠谷，陳王純步騎二萬守千里徑。」據北齊書卷二一封子繪傳，霍山，舊號千里徑。金石續編卷一一河東節度高壁鎮新建通濟橋記敘其周邊形勢云：「固晉川之一隅，通汾水之千派，金流洶湧，林麓森沈。東控介巒，西連白壁，峰巔萬仞，壁峭千尋。足食足兵，有威有固。」讀史方輿紀要卷三九：「蓋霍山崎嶇險峻，介并、晉二州之間，實控扼之要矣。」另參靳生禾、謝鴻喜隋唐雀鼠谷古戰場考察報告，山西古戰場野外考察與研究。

〔一〇〕代王侑，元德太子之子，隋書卷五恭帝紀：「大業三年，立爲陳王。後數載，徙爲代王，邑萬户。」煬帝幸江都，以代王侑留守西京。李淵克長安後，立代王爲帝，遥尊煬帝爲太上皇。

〔一一〕屈突通，雍州長安人，舊唐書卷五九有傳，云：「煬帝幸江都，令通鎮長安。義兵起，代王遣通進屯河東。」屈突通墓誌（拓本刊千唐誌齋藏誌）：「授左光禄大夫，遷右驍、左候二衛大將軍。」

〔一二〕隋書卷三〇地理志中：「臨汾郡　後魏置唐州，改曰晉州。後周置總管府，開皇初府廢。統縣七，户七萬一千八百七十四。」讀史方輿紀要卷四一：「府東連上黨，西略黄河，南通汴、洛，北阻晉陽，辛孔所云『景霍以爲城，汾、河、涑、澮以爲淵』，而子犯所謂『表裏河山』者也。」按臨汾當李淵南下之要路，爲唐、隋兩方必争之地。

〔一三〕隋書卷四煬帝紀下：「（大業九年）六月乙巳，禮部尚書楊玄感反於黎陽……遣左翊衛大將軍宇文述、左候衛將軍屈突通等馳傳發兵，以討玄感。」又卷七〇楊玄感傳：「帝遣武賁郎將陳稜攻元務本於黎陽，武衛將軍屈突通屯河陽，左翊衛大將軍宇文述發兵繼進，右驍衛大將軍來護兒復來赴援。玄感請計於前民部尚書李子雄，子雄曰：『屈突通曉習兵事，若一渡河，則勝負難決，不如分兵拒之。通不能濟，則樊、衛失援。』玄感然之，將拒通。子蓋知其謀，數擊其營，玄感不果進。通遂濟河，軍於破陵。玄感爲兩軍，西抗衛玄，東拒屈突通。子蓋復出兵，於是大戰，玄感軍頻北。」按屈突通雖有曉習兵事之稱，然平楊玄感之亂，實未立首功，故本傳及墓誌中皆未及，其當時的名望，或來自之後在關中討平群盜。舊唐書卷五九屈突通傳：「時秦隴盜賊蜂起，以通爲關内討捕大使。有安定人劉迦論舉兵反，據雕陰郡，僭號建元，署置百官，有衆十餘萬。稽胡首領劉鷂子聚衆與迦論相影響。通發關中兵擊之，師臨安定，初不與戰，軍中以通爲怯，通乃揚聲旋師而潛入上郡。迦論不之覺，遂進兵南寇，去通七十里而舍，分兵掠諸城邑。通候其無備，簡精甲夜襲之，賊衆大潰，斬迦論并首級萬餘，於上郡南山築爲京觀，虜男女數萬口而還。」屈突通墓誌：「十一年，煬帝省方江濱，詔公持節關右。公此行也，用討不亭。既而振威玉門，揚旌紫塞，肅秋霜而伐叛，布春露而懷遠。攻城若摧朽，制敵如燎原，斬獲居多，勳庸莫貳。」

〔一四〕沈叔安，事跡散見兩唐書、唐會要，入唐仕至刑部尚書，唐會要卷四五記武德已來實封陪葬配饗功臣名跡崇高者有「刑部尚書吴興郡公沈叔安」，位列第三等。舊唐書卷四七經籍志下有沈叔安集二十卷。寶刻叢編卷一〇引京兆金石録有唐潭州都督吴興郡公沈叔安碑。關於其生平事跡，參陶敏全唐詩作者小傳補正「沈叔安」條。其妻陳浄玲墓誌近年出土，參湯燕新出唐沈叔安妻陳浄玲墓誌及沈叔安世系勘誤，唐研究第二十一卷。

〔一五〕崔善爲，貝州武城人，舊唐書卷一九一有傳，云：「仁壽中，稍遷樓煩郡司户書佐。高祖時爲太守，甚禮遇之。善爲以隋政傾頽，乃密勸進，高祖深納之。義旗建，引爲大將軍府司户參軍，封清河縣公。」

甲子，有白衣野老，自云霍太山遣來，詣帝請謁。帝弘達至理，不語神怪，逮乎佛道，亦以致疑，未之深信。門人不敢以聞。此老乃伺帝行營，路左拜見。帝戲謂之曰：「神本不測，卿何得見？卿非神類，豈共神言。」野老對曰：「某事山祠〔一〕，山中聞語：『遣語大唐皇帝云：若往霍邑，宜東南傍山取路。八月初雨止，我當爲帝破之，可爲吾立祠廣也①。』」帝試遣案行，傍山向霍邑，道路雖峻，兵枉行而城中不見。若取大路，去縣十里，城上人即遥見兵來〔二〕。帝曰：「行逢滯雨，人多疲濕，甲仗非精，何可令人遠見？且欲用權譎，難爲之巧②，山神示吾此路，可謂指蹤。雨霽有徵，吾從神也。然此神不欺趙襄子〔三〕，亦應無負於孤。」顧左右笑以爲樂③。

校勘記

① 可爲吾立祠廣也　「廣」，黄校本、藕香零拾本作「廟」。

② 難爲之巧　「巧」，原作「朽」，據黄校本、藕香零拾本改。

③ 顧左右笑以爲樂　「笑以爲樂」，藕香零拾本作「以爲笑樂」。

箋證

〔一〕魏書卷一〇六上地形志二晉州永安縣下有霍山祠。水經注卷六汾水注云：「霍太山有岳廟，廟甚靈，鳥雀不棲其林，猛虎常守其庭，又有靈泉以供祭祀，鼓動則泉流，聲絶則水竭。」按霍山古爲岳鎮，地位崇高，先秦以來即有祠祀傳統。史記卷五秦本紀：「是時蜚廉爲紂石北方，還，無所報，爲壇霍太山而報，得石棺，銘曰『帝令處父不與殷亂，賜爾石棺以華氏』。死，遂葬於霍太山。」集解引皇甫謐云：「去彘縣十五里有冢，常祠之。」隋時被納入岳鎮海瀆體系，隋書卷七禮儀志二：「開皇十四年閏十月，詔東鎮沂山，南鎮會稽山，北鎮醫無閭山，冀州鎮霍山，並就山立祠……其霍山，雩祀日遣使就焉。十六年正月……東鎮、晉州霍山鎮，若修造，並準西鎮吴山造神廟。」

〔二〕北齊書卷二一封子繪傳：「晉州北界霍太山，舊號千里徑者，山坂高峻，每大軍往來，士馬勞苦。子繪啓高祖，請於舊徑東谷别開一路。高祖從之，仍令子繪領汾、晉二州夫修治，旬日而就。高祖親總六軍，路經新道，嘉其省便，賜穀二百斛。」按至霍邑有新舊兩道，本書所謂大路，或即封子繪所開新道，路程省便，舊路崎嶇險峻。

〔三〕史記卷四三趙世家：「襄子立四年，知伯與趙、韓、魏盡分其范、中行故地……請地韓、魏，韓、魏與之。請地趙，趙不與，以其圍鄭之辱。知伯怒，遂率韓、魏攻趙。趙襄子懼，乃奔保晉陽。原過從，後，至於王澤，見三人，自帶以上可見，自帶以下不可見。與原過竹二節，莫通。曰：『爲我以是遺趙毋卹。』原過既至，以告襄子。襄子齊三日，親自剖竹，有朱書曰：『趙毋卹，余霍泰山山陽侯天使也。三月丙戌，余將使女反滅知氏。女亦立我百邑，余將賜女林胡之地。至于後世，且有伉王，赤黑，龍面而鳥噣，鬢麋髭頿，大膺大胸，脩下而馮，左袵界乘，奄有河宗，至于休溷諸貉，南伐晉別，北滅黑姑。』襄子再拜，受三神之令。三國攻晉陽，歲餘，引汾水灌其城，城不浸者三版……襄子懼，乃夜使相張孟同私於韓、魏。韓、魏與合謀，以三月丙戌，三國反滅知氏，共分其地……於是趙北有代，南并知氏，彊於韓、魏。遂祠三神於百邑，使原過主霍泰山祠祀。」正義引括地志云：「三神祠今名原過祠，今在霍山側也。」

丙寅，突厥始畢使達官、級失特勤等先報，已遣兵馬上道，計日當至。帝曰：「地名賈胡，知胡將至。天其假吾此胡，以成王業也。」

己巳，滎陽賊帥李密遣使送款致書〔一〕，請與帝合從。帝大悦，謂大郎、二郎等曰：「桀賊南柔，强胡北附，所憂此輩，今並歸心。主上志在過江，京都憂死不暇，天下可傳檄而定。何樂如之！」初，李密與楊玄感同逆〔二〕，感誅而密亡命〔三〕，投東郡賊帥翟讓〔四〕。讓知密是蒲山公之子〔五〕，頗讀漢書〔六〕，納而禮之，推爲謀主〔七〕。密以百姓饑弊，説來據洛口倉，屯守武牢之險〔八〕。密自復舊封爲魏公，號翟讓爲司徒公〔九〕。讓所部兵，並齊濟間漁獵之手〔一〇〕，善用長槍〔一一〕。華騮、龍厩、細馬所向江都者，多爲讓所劫，故其兵鋭於他賊。加以密是逃刑之人，同守衝要，隋主以李氏當王，又有桃李之歌，謂密應於符讖，故不敢西顧，尤加憚之。密雖爲讓所推〔一二〕，恐其圖己，恭儉自勵，布衣蔬食。所居之室，積書而已，子女珍玩，一無所取。賑貸貧乏，敬禮賓客〔一三〕，故河汴間絶糧之士多往依之〔一四〕。

箋證

〔一〕李密，字法主，一字玄邃，隋書卷七〇、舊唐書卷五三有傳。隋書卷三〇地理志中：「滎陽郡 舊鄭州。開皇十六年置管州。大業初復曰鄭州。統縣十一，户十六萬九百六十四。」又卷七〇李密傳：「滎陽太守郇王慶及通守張須陁以兵討讓。讓數爲須陁所敗，聞其來，大懼，將遠避之。密曰：『須陁勇而無謀，兵又驟勝，既驕且狠，可一戰而擒。公但列陣以待，保爲公破之。』讓不得已，勒兵將戰，密分兵千餘人於林木間設伏。讓與戰不利，軍稍却，密發伏自後掩之，須陁衆潰。與讓合擊，大破之，遂斬須陁於陣。」因此密得據滎陽。

〔二〕隋書卷七〇李密傳：「及楊玄感在黎陽，有逆謀，陰遣家僮至京師召密，令與弟玄挺等同赴黎陽。玄感舉兵而密至，玄感大喜，以爲謀主。」文苑英華卷九四八唐故邢國公李密墓誌銘：「曁有隋二世，肆虐黔首，三象霧塞，五岳塵飛。妖災所臻，匪唯血落星隕；怨讟所動，寧止石言鬼哭。轍迹遍于天下，徭戍窮于海外，冤魂塞宇宙，白骨蔽原野。墳壟發掘，城郭丘墟，萬里蕭條，人烟斷絶。公與楚公叶契，共拯横流，未息溟海之波，幾及昆岡之火。」

〔三〕隋書卷七〇李密傳：「玄感敗，密間行入關，與玄感從叔詢相隨，匿於馮翊詢妻之舍。尋爲鄰人所告，遂捕獲，囚於京兆獄。是時煬帝在高陽，與其黨俱送帝所。在途謂其徒曰：『吾等之命，同於朝露，若至高陽，必爲菹醢。今道中猶可爲計，安得行就鼎鑊，不規逃避也？』衆咸然之。其徒多有金，密令出示使者曰：『吾等死日，此金並留付公，幸用相瘞。其餘即皆報德。』使者利其金，遂相然許。及出關外，防禁漸弛，密請通市酒食，每讌飲喧譁竟夕，使者不以爲意。行次邯鄲，夜宿村中，密等七人皆穿牆而遁。」

〔四〕通鑑卷一八三：「韋城翟讓爲東都法曹，坐事當斬。獄吏黄君漢奇其驍勇，夜中潛謂讓曰：『翟法司，天時人事，抑亦可知，豈能守死獄中乎！』讓驚喜曰：『讓，圈牢之豕，死生唯黄曹主所命。』君漢即破械出之。讓再拜曰：『讓蒙再生之恩則幸矣，奈黄曹主何！』因泣下。君漢怒曰：『本以公爲大丈夫，可救生民之命，故不顧其死以奉脱，柰何反效兒女子涕泣相謝乎！君但努力自免，勿憂吾也！』讓遂亡命於瓦崗爲群盗。同郡單雄信，驍健，善用馬槊，聚少年往從之。離狐徐世勣家於衛南，年十七，有勇略，説讓曰：『東郡於公與勣皆爲鄉里，人多相識，不宜侵掠。

滎陽、梁郡，汴水所經，剽行舟，掠商旅，足以自資。』讓然之，引衆入二郡界，掠公私船，資用豐給，附者益衆，聚徒至萬餘人。」文館詞林卷四五九有夔州都督黄君漢碑銘。另李勣墓誌（拓本刊新中國出土墓誌陝西壹）：「年甫十七，情圖九萬。授手爲念，擁膝長懷，志欲清於天下，聲已馳於海内。乃與同郡翟讓、單雄信等籌咨權略，董率英豪。」

〔五〕隋書卷七〇李密傳：「父寬，驍勇善戰，幹略過人，自周及隋，數經將領，至柱國、蒲山郡公，號爲名將。」文苑英華卷九四八唐故邢國公李密墓誌銘：「父寬，隋上柱國、大將軍、涼州總管、蒲山郡公。」

〔六〕隋書卷七〇李密傳：「後更折節，下帷耽學，尤好兵書，誦皆在口。師事國子助教包愷，受史記、漢書，勵精忘倦，愷門徒皆出其下。」

〔七〕舊唐書卷五三李密傳：「會東郡賊帥翟讓聚黨萬餘人，密往歸之。或有知密是玄感亡將，潛勸讓害之，讓囚密於營外。密因王伯當以策干讓曰：『當今主昏於上，人怨於下，鋭兵盡於遼東，和親絶於突厥，方乃巡遊揚越，委棄京都，此亦劉項奮起之會。以足下之雄才大略，士馬精勇，席卷二京，誅滅暴虐，則隋氏之不足亡也。』讓深加敬慕，遽釋之。」通鑑卷一八三：「有賈雄者，曉陰陽占候，爲讓軍師，言無不用。密深結於雄，使之託術數以説讓；雄許諾，懷之未發。會讓召雄，告以密所言，問其可否，對曰：『吉不可言。』又曰：『公自立恐未必成，若立斯人，事無不濟。』讓曰：『如卿言，蒲山公當自立，何來從我？』對曰：『事有相因。所以來者，將軍姓翟，翟者，澤也，蒲非澤不生，故須將軍也。』讓然之，與密情好日篤。」

〔八〕隋書卷七〇李密傳：「密復説讓曰：『昏主蒙塵，播蕩吴越，蝟毛競起，海内饑荒。明公以英桀之才，而統驍雄之旅，宜當廓清天下，誅剪群凶，豈可求食草間，常爲小盜而已！今東都士庶，中外離心，留守諸官，政令不一。明公親率大衆，直掩興洛倉，發粟以賑窮乏，遠近孰不歸附。百萬之衆，一朝可集，先發制人，此機不可失也。』……密與讓領精兵七千人，以大業十三年春，出陽城，北踰方山，自羅口襲興洛倉，破之。」通鑑卷一八三考異引革命記：「密説讓曰：『洛口倉米逾巨億，請公發一札之令，使密奉之，告諸道英雄，就倉喫米，必當雲合響應，受命於公，然後稱帝號以定中原』云云。讓曰：『就倉食米，實是上計。自顧庸賤，寧敢別創餘心；必如此謀，願奉公爲主。』密懷懼，改容而拜，讓亦拜。於是言宴盡歡，各恨相知之晚。即日，讓作書與密，散告諸處賊頭，並剋期定日，令總會洛口倉食米。」隋書卷四煬帝紀下：「（大業十三年二月）庚寅，賊帥李密、翟讓等陷興洛倉。越王侗遣武賁郎將劉長恭、光禄少卿房崱擊之，反爲所敗，死者十五六。……（四月）癸巳，李密陷迴洛東倉。」按李密二月先取洛口倉，四月再克回洛東倉。通鑑卷一八〇：「（大業二年）置洛口倉於鞏東南原上，築倉城，周回二十餘里，穿三千窖，窖容八千石以還，置監官并鎮兵千人。十二月，置回洛倉於洛陽北七里，倉城周回十里，穿三百窖。」隋書卷三

○地理志中河南郡鞏縣下有興洛倉，知興洛倉即洛口倉，另參王伊同隋黎陽、河陽、常平、廣通、興洛、回洛六倉考，王伊同學術論文集。二〇〇四年洛陽市文物部門在洛陽市東北郊瀍河鄉小李村以西、邙山大渠以南的空地發現隋代倉窖遺址，經學者考證即回洛倉，目前已進行了兩次發掘。參見洛陽市文物工作隊河南洛陽市東北郊隋代倉窖遺址的發掘，考古二〇〇七年第十二期。洛陽市文物考古研究院洛陽隋代回洛倉遺址 2012～2013 年考古勘探發掘簡報，洛陽考古二〇一四年第二期。

〔九〕隋書卷四煬帝紀下：「（大業十三年二月）庚子，李密自號魏公，稱元年，開倉以振群盜，衆至數十萬，河南諸郡相繼皆陷焉。」舊唐書卷五三李密傳：「讓於是推密爲主，號爲魏公。二月，於鞏南設壇場，即位，稱元年，其文書行下稱行軍元帥魏公府。以房彥藻爲左長史，邴元真爲右長史，楊得方爲左司馬，鄭德韜爲右司馬。拜翟讓爲司徒，封東郡公。單雄信爲左武候大將軍，徐世勣爲右武候大將軍，祖君彥爲記室，其餘封拜各有差。於是城洛口周迴四十里以居之。」按「楊得方」，隋書卷七〇李密傳作「楊德方」。李勣墓誌：「及李密歸於翟讓，公乃推爲盟主。」

〔一〇〕隋書卷三〇地理志中：「齊郡　舊曰齊州。　統縣十，户十五萬二千三百二十三」；「濟北郡　舊置濟州。　統縣九，户十萬五千六百六十。」隋書卷四煬帝紀下：「（大業九年）二月己未，濟北人韓進洛聚衆數萬爲群盜……（五月）己卯，濟北人甄寶車聚衆萬餘，寇掠城邑……（十月）齊人孟讓、王薄等衆十餘萬，據長白山，攻剽諸郡，清河賊張金稱衆數萬，渤海賊帥格謙自號燕王，孫宣雅自號齊王，衆各十萬，山東苦之。」齊濟一帶蓋隋末農民起事的發源地。又隋書卷七〇李密傳：「我之所部，並山東人。」

〔一一〕隋書卷二四食貨志：「舉天下之人十分，九爲盜賊，皆盜武馬，始作長槍，攻陷城邑。」卷六四來護兒傳：「諸賊甚憚之，爲作歌曰：『長白山頭百戰場，十十五五把長槍，不畏官軍十萬衆，只畏榮公第六郎。』」

〔一二〕隋書卷七〇李密傳：「讓曰：『僕起隴畝之間，望不至此。必如所圖，請君先發，僕領諸軍，便爲後殿。得倉之日，當別議之。』……讓於是推密爲主。」

〔一三〕舊唐書卷五三李密傳：「密軍陣整肅，凡號令兵士，雖盛夏皆若背負霜雪。躬服儉素，所得金寶皆頒賜麾下，由是人爲之用。」

〔一四〕隋書卷七〇李密傳：「自羅口襲興洛倉，破之。開倉恣民所取，老弱繦負，道路不絶。」通鑑卷一八三：「於是趙魏以南，江淮以北，群盜莫不響應，孟讓、郝孝德、王德仁及濟陰房獻伯、上谷王君廓、長平李士才、淮陽魏六兒、李德謙、譙郡張遷、魏郡李文相、譙郡黑社、白社、濟北張青特、上洛周比洮、胡驢賊等皆歸密。密悉拜官爵，使各領其衆，置百營簿以領之。道路降者不絶如流，衆至數十萬。」李密全盛時控制的範圍參讀楊長玉李密政權勢力範圍考——隋末唐初群雄轄境考察之一，歷史地理第三十四輯。

密又形儀眇小，讓弗之忌，遂謀殺讓而并其衆〔一〕。密以煬帝不來，翟讓已死，坐對敖倉，便有自矜之志。作書與帝〔二〕，以天下爲己任，屢有大言〔三〕。其書多不録①，大略云欲帝爲盟津之會，殪商辛於牧野，執子嬰于咸陽。其旨以殺後主、執代王爲意②〔四〕。帝覽書，抵掌謂所親曰：「密誇誕不達天命，適所以爲吾拒東都之兵、守成皋之阨，更覓韓彭，莫如用密。宜卑辭推獎，以驕其志，使其不虞於我。得入關，據蒲津而屯永豐，阻崤函而臨伊洛。東看群賊鷸蚌之勢，吾然後爲秦人之漁父矣。」記室承旨報密書曰〔五〕：「頃者崐山火烈，海水群飛，赤縣丘墟，黔黎塗炭。布衣戍卒，櫌鋤棘矜，爭帝圖王，狐鳴蠭起。翼翼京洛，强弩圍城；膴膴周原，僵屍滿路。主上南巡③，泛膠舟而忘返；匈奴北熾，將被髮於伊川。輦上無虞，群下結舌。大盜移國，莫之敢指。忽焉至此，自貽伊戚，七百年之基，窮於二世。周齊以往，書契以還，邦國淪胥，未有如斯之酷者也。則我高祖之業，幾墜於地。吾雖庸劣，幸承餘緒〔六〕，出爲八使〔七〕，入典八屯④。位未爲高，足成非賤，素飡當世，僶俛叨榮，從容平勃之間，誰云不可。但顛而不扶，通賢所責，主憂臣辱，無義徒然，等袁公而流涕，極賈生之慟哭。所以仗旗投袂，大會義兵，綏撫河朔，和親蕃塞⑤，共匡天下，志在尊隋。以弟見機而作，一日千里，鷄鳴起舞，豹變先鞭，御宇當塗，聿來中土。兵臨郟鄏，將觀周鼎；營屯敖倉⑥，酷似漢王。前遣簡書，屈爲唇齒；今辱來旨，莫我肯顧。天生蒸民，必有司牧，當今爲牧，非子而誰？老夫年踰知命，願不及此，欣戴大弟，攀鱗附翼。惟冀早膺圖籙⑦，以寧兆庶。宗盟之長，屬籍見容，復封于唐，斯榮足矣⑧。殪商辛於牧野，所不忍言；執子嬰於咸陽，非敢聞命。汾晉左右，尚須安輯，盟津之會，未暇卜期。今日鑾輿南幸，恐同永嘉之勢。顧此中原，鞠爲茂草，興言感歎，實疚于懷。脱知動静，遲數貽報。未面虚襟⑨，用增勞軫。名利之地，鋒鏑縱横。深慎垂堂，勉兹鴻業。」密得帝書甚悦，示其部下曰：「唐公見推，天下不足定也。」遂注意東都，無心外略。

校勘記

① 其書多不録　藕香零拾本此句爲雙行小注。

② 其旨以殺後主執代王爲意　「殺」，舊唐書卷五三李密傳作「弑」。

③ 主上南巡　「主上」，壺關録作「昭王」。

④ 入典八屯　「八」，通鑑卷一八四引此文作「六」。胡注：「隋制，六軍十二衛，唐公嘗爲將軍，

故云。」

⑤和親蕃塞　「蕃塞」，通鑑卷一八四引此文作「北狄」。

⑥營屯敖倉　「敖倉」，黄校本、吴本校、藕香零拾本作「敖庾」。

⑦惟冀早膺圖籙　「冀」，通鑑卷一八四引此文作「弟」。

⑧斯榮足矣　原作「斯足榮矣」，據黄校本、藕香零拾本、壺關録、通鑑卷一八四引此文改。

⑨未面虚襟　「虚襟」，舊唐書卷五三李密傳作「靈襟」。

箋證

〔一〕隋書卷七〇李密傳：「翟讓所部王儒信勸讓爲大冢宰，總統衆務，以奪密權。讓兄寬復謂讓曰：『天子止可自作，安得與人？汝若不能作，我當爲之。』密聞其言，有圖讓之計……明日，讓與數百人至密所，欲爲宴樂。密具饌以待之，其所將左右，各分令就食。諸門並設備，讓不之覺也。密引讓入坐，有好弓，出示讓，遂令讓射。讓引滿將發，密遣壯士蔡建自後斬之，殞於牀下。遂殺其兄寬及王儒信，并其從者亦有死焉……乃令徐世勣、單雄信、王伯當分統其衆。」按「蔡建」，通鑑卷一八四作「蔡建德」。

〔二〕通鑑卷一八四考異：「壺關録云：『高祖屯壽陽，遣右衛將軍張仁則齎書招李密。』蒲山公傳：『密答書曰：「使至，辱今月十九日書」』，按長曆是月己酉朔，十九日丁卯，不應己巳還至霍邑，又發書曰不應猶在壽陽。今皆不取。」按本卷上文云：「己巳，滎陽賊帥李密遣使送款致書」，己巳爲二十一日，雙方書信往復不至如此迅捷。

〔三〕舊唐書卷五三李密傳：「及義旗建，密負其强盛，欲自爲盟主，乃致書呼高祖爲兄，請合從以滅隋。」通鑑卷一八四：「密自恃兵强，欲爲盟主，己巳，使祖君彦復書曰：『與兄派流雖異，根系本同。自唯虚薄，爲四海英雄共推盟主。所望左提右挈，戮力同心，執子嬰於咸陽，殪商辛於牧野，豈不盛哉！』且欲使淵以步騎數千自至河内，面結盟約。」按通鑑溢出部分當取材於壺關録。

〔四〕李密報李淵書見本書所附壺關録，文繁不録。

〔五〕舊唐書卷五三李密傳：「令記室温大雅作書報密曰。」

〔六〕舊唐書卷一高祖紀：「皇祖諱虎，後魏左僕射，封隴西郡公，與周文帝及太保李弼、大司馬獨孤信等以功參佐命，當時稱爲『八柱國家』，仍賜姓大野氏。」

〔七〕通鑑卷一八四胡注：「漢順帝遣八使。唐公使山西、河東，故云然。」按此係指李淵「奉詔爲太原道安撫大使。郡文武官治能不稱職者，並委帝黜陟選補焉。河東已來兵馬仍令帝徵發，討捕所部盜賊」，事見本書卷一。唯胡注未及八使之名在當時的令典，隋常遣官員巡省四方，如隋書卷一高祖紀上「（開皇元年二月乙丑）遣八使巡省風俗」，卷三煬帝紀上「（大業元年正月）戊申，發八使巡省風俗」。

劉文静之使蕃也，來遲，而突厥兵馬未至。時有流言者云：突厥欲與武周南入，乘虚掩襲太原。帝集文武官人及大郎、二郎等而謂之曰：「以天贊我而言，應無此勢；以人事見機而發，無有不爲。此行遣吾當突厥、武周之地①，何有不來之理。諸公意謂何②？」議者以「老生、突厥相去不遥③，李密譎誑，奸謀難測。突厥見利則行，武周事胡者也〔一〕。太原一都之會〔二〕，義兵家屬在焉。愚夫所慮，伏聽教旨。」〔三〕帝顧謂大郎、二郎等曰④：「爾輩如何⑤？」對曰：「武周位極而志滿，突厥少信而貪利，外雖相附，内實相猜。突厥必欲遠離太原，寧肯近亡馬邑⑥，武周悉其此勢，必未同謀⑦。又朝廷既聞唐國舉兵，憂虞不暇，京都留守，特畏義旗，所以驍將精兵，鱗次在近。今若却還，諸軍不知其故，更相恐動，必有變生。營之内外，皆爲勍敵。於是突厥、武周，不謀同至；老生、屈突，追奔競來。進闕圖南，退窮自北，還無所入，往無所之。畏溺先沉，近于斯矣。且今來禾菽被野，人馬無憂，坐足有糧⑧，行即得衆。李密戀于倉米，未遑遠略〔四〕，老生輕躁，破之不疑。定業取威，在兹一決。諸人保家愛命，所謂言之者也；兒等捐軀力戰，可謂行之者也。耕織自有其人，請無他問。雨罷進軍，若不殺老生而取霍邑，兒等敢以死謝。」帝喜曰：「爾謀得之，吾其決矣。三占從二，何籍輿言。懦夫之徒，幾敗乃公事耳。」丙子，太原運糧人等至。

校勘記

①此行遣吾當突厥武周之地　「此行」，通鑑卷一八四考異引創業注作「借」。

②諸公意謂何　通鑑卷一八四考異引創業注作「諸公謂云何」。

③議者以老生突厥相去不遥　通鑑卷一八四考異引創業注作「老生、屈突通相去不遠」。

④帝顧謂大郎二郎等曰　通鑑卷一八四考異引創業注無「等」字。

⑤爾輩如何　通鑑卷一八四考異引創業注作「爾輩何如」。

⑥突厥必欲遠離太原寧肯近亡馬邑　通鑑卷一八四考異引創業注作「突厥必欲求利太原，寧肯近忘馬邑」。

⑦必未同謀　通鑑卷一八四考異引創業注作「未必同謀同志」。

⑧坐足有糧　「足」，通鑑卷一八四考異引創業注作「即」。

箋證

〔一〕舊唐書卷五五劉武周傳：「突厥立武周爲定楊可汗，遺以狼頭纛。」

〔二〕隋書卷三〇地理志中：「太原山川重複，實一都之會，本雖後齊别都，人物殷阜，然不甚機巧。俗與上黨頗同，人性勁悍，習於戎馬。」

〔三〕册府元龜卷七：「時有訛言云突厥將襲太原，又軍糧盡，高祖命旋師，太宗切諫乃止。」册府元龜卷一九：「及師次賈胡堡，會霖雨糧盡，高祖僉謀於衆，將返太原。帝進諫曰：『本興大義以救蒼生，奮不顧身以安百姓，當須先據咸陽，號令天下。今遇小敵便即班師，將恐從義之徒一朝解體。還守太原一城之地，此爲賊耳，何以自全！』高祖不納，促令發引。帝遽將復諫，會暝，高祖已寢，帝不得入。夜漸久，遂於外號泣，聲聞於内。有命引入，問其故，對曰：『今者兵以義動，進戰則尅，退還則散。兵散於前，敵乘其後，死亡須臾而至，是以悲耳。』高祖乃悟，曰：『兵馬已去，如何？』帝曰：『初遣兵之使，世民並執於堡外矣。所領右軍，嚴而未發，左軍雖去，猶應不遠，今請自追之。』高祖笑曰：『吾成敗在汝，知復何言。任汝也。』帝親與公子建成分路追兵。時方中夜，帝馳入深谷，遂失道，下馬步上，久而得路。」舊唐書卷二太宗紀上敍事稍簡，唯將與謀者指爲裴寂。按通鑑卷一八四考異：「太宗實録盡以爲太宗之策，無建成名，蓋没之耳」，已指出其偏頗。今檢裴寂墓誌：「於是白旄南𩥆，朱旗西指。行届霍邑，乃遇隨師，猶且吠堯，莫知謳舜。聖情仁惻，不忍戰民，欲偃伯於參墟，冀夙沙之自縛。公又扣馬切諫，必請乘黎，揮刃斷鞅，固争迴旆。遂奮威略，一鼓就擒，整衆通行，萬里無累。」唐儉墓誌：「於時龍庭密邇，馬邑未賓，醜類有徒，長氛壓境。群情危駭，物議不同。公與太宗興言暗合，請率麾下承虚入關。高祖然之，衆方僉伏。是日趨駕，暢轂南轅，略野開疆，長驅西向。次賈狐堡，淫潦爲灾，外絶盈粮，内無半菽。皓城憑岨，聳堞臨雲。湯池險固，深隍肆景。人無鬭志，議欲退還。公頓首馬前，述寒膠之可折;請遵龍戰,剋倒戈之有期。」當時臣僚中主張不退還太原者,大有人在,非僅建成、世民兩人,太宗實録不但將此事全歸功於世民,太宗紀更誣裴寂爲主張退兵者,係刻意改篡所致,至於太宗哭於帳外等戲劇性情節,恐亦不可憑信。

〔四〕舊唐書卷五三李密傳:「柴孝和説密曰:『秦地阻山帶河,西楚背之而亡,漢高都之而霸。如愚意者,令仁基守迴洛,翟讓守洛口,明公親簡精鋭,西襲長安,百姓孰不郊迎,必當有征無戰。既克京邑,業固兵强,方更長驅崤函,掃蕩東洛,傳檄指撝,天下可定。但今英雄競起,實恐他人我先,一朝失之,噬臍何及!』密曰:『君之所圖,僕亦思之久矣,誠乃上策。但昏主尚存,從兵猶衆,我之所部,並是山東人,既見未下洛陽,何肯相隨西入?諸將出於群盜,留之各競雄雌。若然者,殆將敗矣!』」

八月己卯,霖止。帝指霍太山而言曰:「此神之語,信而有徵。封内名山,禮許諸侯有事。」乃命所部鄉人設祠致祭焉〔一〕。庚辰,命諸軍曝行裝、整鎧仗。辛巳旦①,發引,取傍山道而趨霍邑。七十餘里,初行,霧甚,俄而秋景澄明〔二〕。帝謂大郎、二郎曰:「今日之行,在卿兩將。景色如此,天似爲人。唯恐老生怯而不戰,閉門城守,其若之何?」大郎、二郎啓帝曰:「老生出自寒微,勇而無智,討捕小盜,頗有聲名。今來居此,必當大蒙賞勞。若不出戰，死在不疑，輕騎挑之，無憂不出。如其固守，便可誣其相引，謬爲誠節。彼無識解，不知遠大，爲其左右，體悉凡庸。群小相猜，自成疑阻，無妨密相表奏，不廢傳首京都。小慧之人，思此解事②，以此量之，來戰不惑。」帝曰：「老生不能逆戰賈胡，吾知無能爲也。爾等籌之，妙盡其實。」〔三〕

校勘記

① 辛巳旦 「旦」，原作「且」，據黄校本、吴本、藕香零拾本、通鑑卷一八四改。

② 思此解事 黄校本、藕香零拾本作「解思此事」。

箋證

〔一〕册府元龜卷七：「八月己卯，雨果霽，高祖大悦，以太牢祭霍山。」於是有唐一代，祀霍山不絶。元和郡縣圖志卷一四河東道晉州趙城縣條云：「霍山廟，在縣東南三十里霍山上，甚有靈驗，貞觀五年勅令修理。」唐會要卷二二：「開元十一年四月二十六日敕：『霍山宜崇飾祠廟，秩視諸侯，蠲山下十户，以爲洒埽；晉州刺史，春秋致祭。』」除了常祀外，安史之亂平定後，代宗特意遣使祭霍山，可見其在唐代的特殊地位，册府元龜卷三四載廣德二年三月丙午敕：「三代之初，皆有神降，監其德也，天實啓之。恭惟王業之初，師及霍邑，堅城未下，大將阻兵，連雨積旬，糧儲不給。

有白衣老父，忽詣軍門，稱霍山之神謁大唐皇帝，云東南取路，八月雨止，助帝破敵，盡如其言。巖巖霍山，九州之鎮。興雲致雨，功已洽於生人；親道輔德，力更宣於王室。朕纘承大寶，膺受鴻休，肸蠁之間，誠明可接，永言幽贊，兹謂有孚，惟天命神，據我斯意。宜令禮儀使判官、司封員外郎薛頎即往霍山致祭，正詞以薦，稱朕意焉。」按「八月」，原作「八日」，據唐大詔令集卷七四遣官祭霍山敕改。全唐文卷三七一吕諲霍山神傳：「隋氏之末，民罹塗炭，聖唐啓運，高祖執義旗，救寰宇。神靈幽贊，引翼王師，爰定大業於關中。」另參蔡宗憲唐代霍山的神話與祭祀——兼論霍山中鎮地位的確立，政大歷史學報第四十七期。

〔二〕册府元龜卷七：「辛巳，引師從傍山道趨霍邑，去城十餘里，有陣雲起軍北，東西竟天。高祖謂裴寂曰：『雲色如此，必當有慶。』」

〔三〕册府元龜卷七：「又謂諸將曰：『老生若嬰城自守，當即攻之。主客勢懸，卒難致力，其計若何？』太宗進曰：『老生勇而無謀，請以輕兵挑之，必出戰，則成擒矣。』高祖從之。」按此則出自高祖實録，較之創業注，隱没建成之名。另舊唐書卷五八柴紹傳：「將至霍邑，紹先至城下察宋老生形埶，白曰：『老生有匹夫之勇，我師若到，必來出戰，戰則成擒矣。』及義師至，老生果出，紹力戰有功。」

是日未時，帝將麾下左右輕騎數百，先到霍邑城東，去五六里①，以待步兵至。方欲下營，且遣大郎、二郎各將數十騎逼其城，行視戰地。帝分所將人爲十數隊，巡其城東南而向西南，往往指麾，似若安營而攻城者，仍遣殷開山急追馬步等後軍。老生在城上，遥見後軍欲來，真謂逼其城置營。乃從南門、東門兩道引兵而出，衆將三萬許人。帝慮其背城不肯遠鬭，乃部勒所將騎兵馬左右軍，大郎領左軍，擬屯其東門，二郎將右軍，擬斷其南門之路。仍命小縮，僞若避之〔一〕。既而老生見帝兵却，謂爲畏己，果引兵更前，去城里餘而陣。殷開山等所追步兵，前軍統到方陣以當老生②，中軍、後軍相續而至。未及戰，帝命大郎、二郎依前部分，馳而向門，義兵齊呼而前③，紅塵暗合，鼓未及動，鋒刃已交，響若山崩，城樓皆振。帝乃傳言：已斬宋老生。所部衆聞而大亂，捨仗而走，争奔所出之門，門已大郎、二郎先所屯守，懸門不發。老生取入不得，城上人下繩引之，老生攀繩欲上，去地丈餘，軍頭盧君諤所部人等跳躍及而斬之，傳首詣帝〔二〕。於是兵隨所向奮擊，禁不可止。數里之間，血流蔽地，僵屍相枕。日欲將落，帝見戰士心鋭，仍命登城。時無攻具，肉薄而上。自申至酉，遂平霍邑〔三〕。

校勘記

①去五六里　善耕堂本作「去城六里」。

②前軍統到方陣以當老生　「統到」，吴本作「統列」，黄校本、藕香零拾本作「列統」。

③義兵齊呼而前　「呼」，原作「乎」，據吴本、學津討原本、藕香零拾本改。

箋證

〔一〕册府元龜卷七：「太宗以數騎詣其城下，舉鞭指麾，若將圍城者。老生果怒，開城門出。太宗馳白高祖曰：『事諧矣。』高祖因謂隴西公建成曰：『汝看兩陣將交，引左軍直趨東門。』命太宗引右軍直趨南門，以斷其歸路。」按「詣」，原作「指」，據通典卷一五六改。

〔二〕册府元龜卷七：「老生之軍背城而陣，高祖以中軍與建成合陣於城東，太宗及柴紹陣於城南。老生麾兵疾進，先薄高祖，而建成墜馬，老生乘之，中軍與左軍卻。太宗自南原遥見塵起，知義師退，率二百騎馳下峻坂，殺一賊將，遂横斷其軍，出陣後，表裏齊譟，響若摧山。隋師大潰，各捨仗而走。懸門發，老生不得入城，乃棄馬投塹，甲士斬之，致其首於麾下。」按「賊將」，原作「賊」，據御覽卷三一一引唐書、通典卷一五六改。盧君諤，新唐書卷一高祖紀：「（武德四年）四月壬寅，齊王元吉及王世充戰于東都，敗績，行軍總管盧君諤死之」，即其人。另金石萃編卷五七唐故大將軍上柱國郭君碑：「於是薦名相府，委質戎場。揮霜劍而斬老生，奮長戟而摧霍邑。殊勳克著，授公上儀同三司。」郭某或是盧君諤部下斬殺宋老生者。舊唐書卷五八劉弘基傳：「老生率衆陣於城外，弘基從太宗擊之，老生敗走，棄馬投塹，弘基下斬其首，拜右光禄大夫」，云斬宋老生者爲劉弘基，與創業注記事不同。又唐儉墓誌：「隨將宋老生背城而陣，流湯巨躍，不救天命之移；億兆夷人，無當十亂之策。蒼雉雲集，勢若霆霓；爛魚川潰，俄然亂轍。懸門阻發，遂剋其城。在此一戎，永清四海，首建長算，公之力焉。」似唐儉亦在此役中立下大功。

〔三〕册府元龜卷七：「流血數里，僵屍相枕。四面乘勝進薄其城，時無攻具，士卒緣稍而上，一時攀堞無敢當者，遂平霍邑，撫其餘衆而用之。」

帝視戰地，愴然謂左右曰：「河東已來，孤之所使，百姓見義旗有誠節。老生所逼，至于塗炭。亂兵之下，善惡不分，火燒崐山，誰論玉石。無妨死人之内，大有赤心於我者也。取來不得，及此戰亡，生未被知，没有餘恨，静而思之，良深痛惜〔一〕。從今已去，當以文德來之，不復用兵戈矣。其破霍邑，攻戰人等有勳者，並依格賞受①。」〔二〕事不踰日，惟有徒隸一色，勳司疑請。教曰：「義兵取人，山藏海納，逮乎徒隸，亦無棄者。及著勳績，所司致疑，覽其所請，可爲太息。豈有矢石之間，不辯貴賤，庸勳之次，便有等差。以此論功，將何以勸，黥而爲王，亦何妨也。賞宜從重，吾其與之。諸部曲及徒隸征戰有功勳者，並從本色勳授。」

校勘記

①並依格賞受　「賞受」，黄校本、藕香零拾本作「受賞」。

箋證

〔一〕舊唐書卷一八七上常達傳：「常達，陝人也。初仕隋爲鷹揚郎將，數從高祖征伐，甚蒙親待。及義兵起，達在霍邑，從宋老生來拒戰。老生敗，達懼，自匿不出。高祖謂達已死，令人閲屍求之。及達奉見，高祖大悦，以爲統軍。」

〔二〕因克霍邑而獲勳賞者，除史傳所記外，亦散見碑誌。除前引金石萃編卷五七唐故大將軍上柱國郭君碑外，如文館詞林卷四五三左武候將軍龐某碑序：「以平霍邑之功，蒙授開府儀同三司。」按龐某即龐卿惲，舊唐書卷五七有傳。温綽及妻趙氏墓誌（拓本刊西安東郊唐温綽、温思諫墓發掘簡報，文物二〇〇二第十二期）：「爰於委質，匡翼義旗。以公文武兼隆，任左一軍總管。初平霍邑，預有大勳，授上儀同，兼知内營檢校。」八瓊室金石補正卷三五左監門大將軍樊興碑：「義旗肇建，乃授朝請大夫，隨班例也。尋破西河，授通議大夫。又平霍邑，加金紫光禄大夫。」是爲一太原元從因軍功累積，散官漸次擢升的案例。

壬午，帝引霍邑城内老生文武長幼，見而勞之曰：「老生之外，孤無所咎。縱卿不誠于孤，亦當以赤心相仰。」乃節級授官①，與元從人齊等。其丁壯勝兵者，即遣從軍，配左右領軍大都督，還取其同色同黨自相統處之，不爲疑異。俘降之徒，不勝喜躍，欣若再生。其有關中人欲還者，即授五品散官放還〔一〕。内外咸悦，咸思報效。仍命葬宋老生以本官之禮。自是以後，未歸附者，無問鄉村堡塢、賢愚貴賤，咸遣書招慰之，無有不至〔二〕。其來詣軍者，帝並節級授朝散大夫以上官〔三〕。至于逸民道士，亦請效力。教曰：「義旗撥亂，庶品來蘇，類聚群分，無思不至。乃有出自青溪，遠辭丹竈，就人間而齊物，從戎馬以同塵，咸願解巾，負兹羈韘。雖欲勿用，重違其請。逸民道士等，誠有可嘉，並依前授。」人或以授官太高諫帝者，帝曰：「不悋爵賞，漢氏以興，比屋可封，唐之盛德。吾方稽古，敢不遵行。天下之利，義無獨饗，率土皆貴于我，豈不益尊乎？且皇隋敗壞，各歸於此。鴈門解圍之效，東都援臺之勳，在難即許授大夫，免禍則惟加小尉。所以士無鬬志，將有墮心，版蕩分崩，至于今日。覆車明鑒，誰敢效尤。然亦使外寇覬覦之徒，賞授無過此也②。又加官慰撫，何如用兵殺戮？好生任賞，吾覺其優。當以不日而定天下，非卿等小見所及。」

校勘記

①乃節級授官　「乃」，黄校本、藕香零拾本作「仍」。

②賞授無過此也　「賞」，原作「嘗」，據藕香零拾本改。

箋證

〔一〕授五品散官放還，謂歸關中者與前來投軍者一樣，授予朝散大夫以上散官，按隋書卷二八百官志下記朝請大夫正五品，朝散大夫從五品。

〔二〕册府元龜卷七六六：「盧赤松，隋末爲河東令。與高祖有舊，聞義師至霍邑，棄縣迎接，拜行臺兵部郎中。」盧赤松墓誌（拓本刊邙洛碑誌三百種）云其隋末爲河東長。子盧承慶，傳見舊唐書卷八一，云其父「武德中，累轉率更令，封范陽郡公，尋卒」。

〔三〕如欒方及妻程氏墓誌（拓本刊隋唐五代墓誌匯編山西卷）：「君獨照潛機，先歸有道，以功授朝散大夫。」盧亞輝墓葬所見唐建國元從及其後裔（唐宋歷史評論第四輯）枚舉隋末歸附李淵，蒙授朝散大夫者二十餘例，皆出身不高。亦有授通議大夫、正議大夫等較高散官階者，如狄本墓誌（拓本刊秦晉豫新出墓誌蒐佚三編）：「隨大業十三年歸義，授通議大夫，加金紫光禄大夫。」李才仁墓誌（拓本刊隋唐五代墓誌匯編北京卷）：「應接義旗，蒙授正議大夫、戎昭果毅。」

丙戌，入臨汾郡，勞撫任用郡內官民，一如霍邑〔一〕。庚寅，宿于絳郡西北之鼓山〔二〕。此山帝爲討捕大使時舊停營所，故逗而宿焉。去絳十餘里，絳城不下。是日曉，鼓山西北有大浮雲，色或紫或赤，似華蓋樓闕之形。須臾，有暴風吹來，向營而臨帝所居帳上〔三〕。帝指絳城而謂傍侍曰：「風雲如此見從，彼何不達之甚。」仍命廚人，明日下城而後進食。辛卯，帝觀兵于絳城，將士等争欲先登，因而縱上。自卯及巳，遂取之〔四〕，而食于正平縣令李安遠之宅〔五〕。通守陳叔達已下〔六〕，面縛請罪，並捨而不問，待之如初。餘依臨汾郡部分。

箋證

〔一〕宋本册府元龜卷七六六：「蘭（藺）謨，仕隋爲鷹陽郎將，留守臨汾。高祖義旗建，帥所部來降，授銀青光禄大夫。」

〔二〕隋書卷三〇地理志中：「絳郡　後魏置東雍州，後周改曰絳州。統縣八，户七萬一千八百七十六。」

〔三〕册府元龜卷二一：「庚寅，次古堆，去絳郡二十餘里，有紫雲如華蓋樓闕之形，正臨高祖之上。」水經注卷六汾水注云：「汾水又西與古水合，水出臨汾縣故城西黄阜下，其大若輪，西南流，故溝橫出焉，東注于汾，今無水。」新唐書卷三九地理志三絳郡曲沃縣條云：「東北三十五里有新絳渠，永徽元年，令崔翳引古堆水溉田百餘頃。」司馬公文集卷六六題絳州鼓堆祠記：「鼓堆在州治所西北二十五里。樊紹述守居記作『古』，州之圖志作『鼓』。鼓者，人馬踐之，逢逢如鼓狀，蓋水原充滿石下而然云。紹述之文，其必有據，然今以耳目驗之，則圖志亦未可全廢也。堆之西山曰馬首，其東長陵纚屬，相傳以爲晉之九原。其北水出澤堂，別名清泉堆，周圍四里，高三丈，穹隆而圓，狀如覆釜。水原數十環之，觱沸雜發，匯於其南，溶爲深淵。中多魚鼉蝌鱓，水極清潔，可鑑毛髮，盛寒不冰，大旱不耗，霪雨不溢。其南釃爲三渠，一載高地入州城，周吏民園沼之用；二散布田間，灌溉萬餘頃，所餘皆歸於汾。田之所生，禾麻稌穱，肥茂薌甘，異它水所溉。」按古堆、鼓山、鼓堆係同地異名。

〔四〕舊唐書卷五八柴紹傳：「下臨汾，平絳郡，並先登陷陣，授右光禄大夫。」裴寂墓誌：「前次絳州，邇于桑井，迺馳一札，喻此百城。老幼相攜，如歸景亳，繈負俱至，若就岐陽。」皇甫璧墓誌（拓本刊隋唐五代墓誌匯編洛陽卷）：「鷹揚絳郡，既遇明社，先應義旗，績著聲華，優授朝散」，蓋於絳郡降唐。

〔五〕册府元龜卷七：「丙戌，下臨汾郡。時臨汾郡通守陳叔達堅守不下，高祖謂廚人曰：『吾明日下城，然後朝膳。』辛卯，引兵攻城，自旦及辰而破，高祖乃食。」舊唐書卷六一陳叔達傳：「大業中，拜内史舍人，出爲絳郡通守。義師至絳郡，叔達以郡歸款」，則陳叔達係絳郡通守，册府元龜云臨汾郡通守，係删節實録致誤。李安遠，夏州朔方人。隋雲州刺史徹之子，舊唐書卷五七有傳，云：「後爲正平令。及義兵攻絳郡，安遠與通守陳叔達嬰城自守。城陷，高祖與安遠有舊，馳至其宅撫慰之，引與同食。」按隋書卷三〇地理志中，正平縣即絳郡之治所。李安遠祖李和，傳見周書卷二九，父徹，隋雲州刺史，於李淵同出關隴，因而有舊。李譽墓誌（拓本刊秦晉豫新出墓誌蒐佚續編）云安遠名譽，「隨大業中，以功臣之子，授正平縣令……尋而帝將遷德，情切樂推。舉全邑而會兵幾，寧唯仗劍；命前驅而清馳道，是用分麾。拜銀青光禄大夫、絳郡太守」，則李淵剋絳郡後，以李安遠爲太守。

〔六〕陳叔達，字子聰，陳宣帝第十六子，舊唐書卷六一有傳。

癸巳，至于龍門縣〔一〕。劉文静、康鞘利等來自北蕃，突厥五百人、馬二千疋從鞘利等至。帝喜其兵少而來遲，藉之以關隴，謂劉文静曰：「吾已及河，突厥始至。馬多人少，甚愜本懷。」〔二〕先是帝使時，于此縣界見河水清，皇太子又于此界獲玄狐〔三〕。於往縣西南宴見鞘利①，并與縣内道俗等敘舊，極歡。

校勘記

① 於往縣西南宴見鞘利　黄校本、藕香零拾本無「往」字。

箋證

〔一〕隋書卷三〇地理志中河東郡下有龍門縣，云：「後魏置，并置龍門郡。開皇初郡廢。」元和郡縣圖志卷一二龍門縣條云：「隋開皇三年廢郡，以縣屬絳州，十六年割屬蒲州。」又云：「大禹祠，在縣西二十五里龍門山上。隋末摧毁，貞觀九年奉敕更令修理。高祖神堯皇帝廟，在禹廟南絶頂之上，畫行幸儀衛之像，蓋義寧初義旗至此也。」

〔二〕册府元龜卷七：「癸巳，次龍門縣。突厥始畢可汗遣康稍利率兵五百人、馬二千匹，以會於軍所。」舊唐書卷一九四上突厥傳上：「始畢遣其特勤康稍利等獻馬千匹，會于絳郡，又遣二千騎助軍，從平京城。」

〔三〕册府元龜卷二二：「癸巳，次龍門縣，河水變清，白狐見。」隋書卷二三五行志下：「（大業）十二年，龍門又河清。後二歲，大唐受禪。」

丙申，至汾陰〔一〕。遣書招馮翊賊帥孫華〔二〕，華所部强兵，至餘數千①，積年劫掠，非常富實，灤水以北〔三〕，莫敢當之〔四〕。帝書到，華喜而從命〔五〕。

校勘記

①至餘數千　「餘」，黄校本、藕香零拾本作「於」。

箋　證

〔一〕隋書卷三〇地理志中河東郡下有汾陰縣，云：「舊置汾陰郡，開皇初郡廢。有龍門山。」冊府元龜卷三四五：「盧士良，瀛州刺史士叡之弟，仕隋爲右親衛。大業末，見天下已亂，不求仕進，潛結英豪。及義師西上，與兄士叡同舉兵，得百人，來謁高祖於汾陰，甚蒙接遇，以爲軍頭。」舊唐書卷六九盛彦師傳：「大業中，爲澄城長。義師至汾陰，率賓客千餘人濟河上謁，拜銀青光禄大夫、行軍總管。」周護神道碑（拓本刊昭陵碑石）：「俄而聖曆龍興，神兵電發，甫次河曲，將定關中。公赴八百之期，膺三傑之運，杖策而謁天子，借箸以算諸侯。一見龍顔，即同魚水，蒙授正議大夫、行軍總管。」按周護世居華州，係關中豪族。薛君繡墓誌（拓本刊新中國出土墓誌河南壹）：「洎隨室分崩，生人塗炭，瞻烏未定，鳳龍尚潛。君辯丹書於豐户，識黄星於沛國，爰率宗族，先赴義旗。唐神堯皇帝受命于天，嘉兹懿德，遂授泰州録事參軍，轉汾陰郡主簿。綱紀是司，榮同衣錦，從容待問，價重惟桑。大業十三年教曰：惟裴與薛，河東豪右，異人奇士，斯焉取斯。」據此及前引裴寂墓誌、舊唐書薛大鼎傳，知李淵進軍河東後，頗得裴氏、薛氏等地方豪强之響應，這或與其預先「命皇太子於河東潛結英俊」部署有關。

〔二〕册府元龜卷七六六：「孫華，隋末坐事逃歸山賊郭伏願，侵掠馮翊。」隋書卷二九地理志上：「馮翊郡　後魏置華州，西魏改曰同州。統縣八，户九萬一千五百七十二。」

〔三〕欒水，疑傳寫有誤。本卷下文云李虎故宅在同州，「景皇帝宅居州城西北而面欒水」，太平寰宇記卷二八同州馮翊縣條云：「渭、洛、河三水，皆經郡界」，又云：「洛水，自西北澄城縣界流入，亦曰沮水」，知此處係指北洛水。辛德勇云大唐創業起居注原文洛水之「洛」書作「濼」，應屬異寫。（隋唐時期陝西航運之地理研究，舊史輿地文録）按洛，盧各切，濼，盧谷切，或音近致訛。北洛水，史記卷一一〇匈奴列傳索隱：「晉灼曰：『洛水在馮翊懷德縣，東南入渭。』又案：水經云出上郡雕陰泰昌山，過華陰入渭，即漆沮水也。」按水經注北洛水部分已佚，陳橋驛水經注地名匯編附録相關佚文。

〔四〕隋書卷四煬帝紀下：「（大業十二年七月）戊辰，馮翊人孫華自號總管，舉兵爲盜。」

〔五〕舊唐書卷五九任瓌傳：「義師起，瓌至龍門謁見，高祖謂之曰：『隋氏失馭，天下沸騰。吾忝以外戚，屬當重寄，不可坐觀時變。晉陽是用武之地，士馬精强，今率驍雄，以匡國難。卿將家子，深有智謀，觀吾此舉，將爲濟否？』瓌曰：『後主殘酷無道，征役不息，天下恟恟，思聞拯亂。公天縱神武，親舉義師，所下城邑，秋毫無犯，軍令嚴明，將士用命。關中所在蜂起，惟待義兵，仗大順，從衆欲，何憂不濟。壞在馮翊積年，人情諳練，願爲一介之使，銜命入關，同州已東，必當款伏。於梁山船濟，直指韓城，進逼郃陽，分取朝邑。且蕭造文吏，本無武略，仰懼威靈，理當自下；孫華諸賊，未有適從，必當相率而至。然後鼓行整衆，入據永豐，雖未得京城，關中固已定矣。』高祖曰：『是吾心也。』乃授銀青光禄大夫。遣陳演壽、史大奈領步騎六千趨梁山渡河，使壞及薛獻爲招慰大使。高祖謂演壽曰：『閫外之事，宜與任壞籌之。』孫華、白玄度等聞兵且至，果競來降，并具舟于河，師遂利涉。」按孫華之降蓋因盧士叡兄弟招誘。册府元龜卷七六六：「盧士叡，高祖與之有舊。及義兵起，士叡率數百人，謁高祖於汾陰。令其兄子師治諭賊帥孫華應時歸附。」

己亥，進營，停于壺口〔一〕，分遣諸軍問津。水濱之人，具舟争進，日有數百，仍署水軍焉〔二〕。

箋證

〔一〕漢書卷二八上地理志上：「冀州既載，壺口治梁及岐」，顔師古注曰：「壺口山在河東。梁山在夏陽。岐山在美陽，即今之岐州岐山縣箭括嶺也。」水經注卷四河水注：「孟門，即龍門之上口也。寔爲河之巨阸，兼孟門津之名矣。此石經始禹鑿，河中漱廣，夾岸崇深，傾崖返捍，巨石臨危，若墜復倚。」隋書卷三〇地理志中文城郡昌寧縣下有壺口山，此即一般所説的壺口。然考李淵行軍路綫及日程，八月丙申至汾陰，三日後恐不及北上至文城郡之壺口，且本卷下文記九月乙卯，張綸方下文城。按壺口蓋因地形而得名，多有重名者，史念海曾考山西境内有四壺口（壺口雜考，河山集四集）。李廣潔中古時期龍門渡口别稱「壺口」考，山河形勝：山西歷史軍事地理，據周書卷二文帝紀下「齊神武懼，率衆十萬出壺口，趨蒲坂，將自后土濟」的記載，結合李淵進軍的路綫，認爲北朝唐初龍門亦可稱壺口，可從。

〔二〕册府元龜卷七：「九月己亥，營於孤窟，去河東六十里。先是，春夏旱，麥不熟，穀米踊貴，人相食。及義師起，澍雨應時，至是大熟，禾稼滿野，義兵資之，無所匱乏。論者以爲天贊。〔隋驍衛大將軍屈突通鎮（河東）〕，時津梁爲其所斷，關中向義者頗以爲阻，於是水濱居人競進船，不謀而至者前後數（里）〔百〕人。乃置水軍焉。」按括號中文字據舊唐書卷一高祖紀改補。「孤窟」，宋本作「狐窟」。唐六典卷七：「凡天下造舟之梁四……巨梁十有一，皆國工修之。其餘皆所管州縣隨時營葺」，小注曰：「河三，洛一。河則蒲津，大陽，盟津，一名河陽。洛則孝義也……大陽、蒲津竹索，每年令司竹監給竹，令津家、水手自造。其供橋雜匠，料須多少，預申所司，其匠先配近橋人充。浮橋脚船，皆預備半副，自餘調度，預備一副……大陽、蒲津橋於嵐、石、隰、勝、慈等州採木，送橋所造。河陽橋置水手二百五十人，大陽橋水手二百人，仍各置木匠十人，蒲津橋一十五人。」此雖唐制，仍可推斷隋蒲津渡口亦有官方負責維護的大型浮橋，時遭屈突通破壞，故李淵軍隊不得不改以舟渡河。

辛丑，太原獲青石，龜形，文有丹書四字，曰「李治萬世」①〔一〕，齊王遣使獻之。翠石丹文，天然映徹，上方下鋭，宛若龜形。神工器物，見者咸驚奇異。帝初弗之信也，乃令水漬磨以驗之。所司浸而經宿，久磨其字，愈更鮮明。於是内外畢賀，帝曰：「上天明命，貺以萬吉，恭承休祉，須安萬方。孤以寡德，寧堪預此。既爲人下，不容以之頒告。宜以少牢祀石龜，而爵送龜人，用彰休慶。」〔二〕是日，又有獲嘉禾而獻者，教曰：「嘉禾爲瑞，聞諸往策，逮乎唐氏，世有兹祥。放勛獲之於前，叔虞得之於後。孤今糾合，復逢靈貺，出自興平〔三〕，來因善樂，休徵偉兆，何其美與。顧循虚薄，未堪當此，呈形之處，須表天休。送嘉禾人興平孔善樂宜授朝散大夫，以旌嘉應。」

校勘記

① 曰李治萬世　「李治萬世」，新唐書卷三九地理志三、太平廣記卷一三五引廣德神異記、卷一六三引太原事跡雜記作「李淵萬吉」。

箋證

〔一〕冊府元龜卷二一：「太宗以晉王仁孝，又以太原瑞石文云『李治萬吉』，乃與長孫無忌、房玄齡、李勣、褚遂良等定計，立爲皇太子。」即此石。按此石雖係李淵造作，後又成爲高宗繼位的祥瑞。

〔二〕太平廣記卷一六三引太原事跡雜記云因立受瑞壇，新唐書卷三九地理志三記倉城中有受瑞壇。太平寰宇記卷四〇：「受瑞壇，在州理倉城中。唐義旗初，高祖受瑞石于此壇，文曰『李理萬吉』。」

〔三〕按隋無興平。舊唐書卷三八地理志一：「興平　隋始平縣……景龍四年，中宗送金城公主入蕃，别於此，因改金城縣。至德二年十月，改興平縣。」肅宗時方改。隋書卷二九地理志上京兆郡下有始平縣。

壬寅，孫華率其腹心輕騎數十，至自郃陽〔一〕。華年餘弱冠，言容質直。帝見而輕之，華每殷勤誠款，請先立效。帝乃厚加撫遇，甚得其情〔二〕。謂華曰：「卿能渡河，遠來相見，吾當貴卿，不減鄧仲華也。關中卿輩不少，名並劣卿，卿今率先從我，群雄當相繼而至。」於是拜華左光禄大夫，封武鄉縣公〔三〕，加馮翊郡守〔四〕。從其來者，仍委華以次授官，頒賜各有差。仍命華先濟，爲西道主人，華大悦而去。仍命左右統軍王長諧、劉弘基并左領軍大都督府長史陳演壽等〔五〕，率師次華而渡，據河西岸以待大兵〔六〕。

箋證

〔一〕隋書卷二九地理志上馮翊郡下有郃陽縣。

〔二〕宋本册府元龜卷七六六：「高祖見華貌寢，初輕之，及與語，大悦，握手引與同坐。謂之曰：『吾昨夜夢乘白龍，以濟黄河。卿將白玄度來，又具舟檝，何與吾夢之相符也！』因拜爲光禄大夫、前軍總管。」

〔三〕隋書卷二九地理志上馮翊郡下有馮翊縣，云：「後魏曰華陰。西魏改爲武鄉，置武鄉郡。開皇初郡廢，大業初改名馮翊，置馮翊郡。」通鑑卷一八四胡注：「今以開皇舊縣名封華。」

〔四〕金石萃編卷五〇韓仲良碑：「我高祖乘時撫運，出震握圖，膺五運之寶符，定九牧之神鼎。玄冠紫綬，賁帛嘉於琳瑯；裂土剖符，寵命屬於翹楚。乃授公銀青光禄大夫、馮翊郡丞。」

〔五〕陳演壽，事跡見舊唐書卷五九任瓌傳。通鑑卷一八四胡注：「陳演壽，建成府元僚。」

〔六〕册府元龜卷七：「壬寅，馮翊賊帥孫華、土門賊帥白玄度率其衆來降。高祖命華及王長諧等引兵先渡。」

九月乙卯，張綸自離石道下龍泉、文城等郡，獲文城太守莘公鄭元璹送焉〔一〕。帝見元璹，釋而遣之。初，王長諧、劉弘基、陳演壽之濟河也，帝誡之曰：「屈突通今在河東，精兵不少，相去五十餘里而不敢來，足驗人情不爲之用。然通雖不武，久在戎行，守法懼罪，終無坐位，不妨伺便，時相邀襲，宜爲之備，以折要衝。通若不入關，河東自然歸我；分兵向彼，我即擊其河東。通若全兵守城，卿其絶其橋道①。可謂前扼其喉，後撫其背，首尾相救，非通所堪。若不走之，必成擒矣。吾且按兵觀其進退。」至是，通聞孫華導長諧等渡河，果遣獸牙郎將桑顯和率驍果精騎數千人，夜馳掩襲長諧等軍營。諧及孫華等奉教備預，故並覺之，伺和赴營，設伏分擊，應時摧散，追奔至于飲馬泉，斬首獲生，略以千計〔二〕。顯和走入河東城，僅以身免，仍撤斷蒲津橋。帝聞而謂官屬曰：「屈突遣兵此行②，事不獲已，今若進逼圍之，必不敢出。使劉弘基、孫華等至關門，斷其行路，然後吾於壺口朝服濟河。利涉大川，斯之謂矣。」〔三〕

校勘記

① 卿其絶其橋道　吴本、藕香零拾本作「卿即絶其橋道」。

② 屈突遣兵此行　「此行」，吴本作「行此」。

箋證

〔一〕鄭元璹，隋沛國公鄭譯之子，舊唐書卷六二有傳，云：「少以父功拜儀同大將軍，襲爵沛國公。累轉右武候將軍，改封莘國公。大業中，出爲文城郡守。義師至河東，元璹以郡來降，徵拜太常卿。」册府元龜卷六八六：「鄭元璹，隋末爲文城郡守。高祖起義太原，遣將張綸西略地至文城，元璹堅守不下。攻拔其城，擒致軍門。」

〔二〕册府元龜卷七：「高祖命（孫）華及王長諧等引兵先渡，因戒之曰：『屈突通去此五十餘里，不敢與我争鋒，其人守法懼罪，必當伺便襲卿，可宜爲之備。』通果遣虎牙郎將桑顯和率精兵數千夜襲長諧，義軍不利，隋人逐北，華將走，太宗以遊騎掩其後，顯和敗績，僅以身免，悉虜其衆。」「桑顯和」，原作「辛顯和」，據舊唐書卷一高祖紀改。按較之册府元龜，創業注隱先敗後勝過程，册府元龜節録高祖實録，歸功於太宗，亦似有誇飾。通鑑卷一八四考異：「唐高祖本紀云：『義師不利，太宗以遊騎數百掩其後，顯和潰散。』按太宗時未過河西。」舊唐書卷五八柴紹傳：「隋將桑顯和來擊，孫華率精鋭渡河以援之，紹引軍直掩其背，與史大奈合勢擊之，顯和大敗」，卷一九四下突厥傳下：「特勤大奈，隋大業中與曷薩那可汗同歸中國。及從煬帝討遼東，以功授金紫光禄大夫。後分其部落於樓煩。會高祖舉兵，大奈率其衆以從。隋將桑顯和襲義軍於飲馬泉，諸軍多已奔退，大奈將數百騎出顯和後，掩其不備，擊大破之，諸軍復振」，則立功者爲柴紹與史大奈。

又舊唐書卷五九任瓌傳云其「與諸將進擊飲馬泉」，册府元龜卷七六六：「(盧士叡)又與劉弘基敗隋將桑顯和於飲馬泉。」

〔三〕李淵「然後吾於壺口朝服濟河。利涉大川，斯之謂矣」云云，係掩飾之詞，蓋因蒲津關、橋已爲屈突通所扼，李淵不得不改從龍門渡河，此即嚴耕望唐代交通圖考卷一長安太原驛道篇考同州有支線東北行至龍門渡河。其道由同州，或州東之朝邑縣，循河之西側，北經郃陽、韓城，至龍門山約二百五十里。地臨大河，河廣八十步，至險峻。夾河置關、戍、倉，皆以龍門名。史記卷二夏本紀正義引三秦記云：「龍門水懸船而行，兩旁有山，水陸不通，龜魚集龍門下數千，不得上，上則爲龍，故云暴鰓點額龍門下。」知龍門雖亦可渡，然地勢險峻，河水湍急，對大軍渡河殊不利。

戊午，帝親率諸軍圍河東郡〔一〕，分遣大郎、二郎、長史裴寂勒兵各守一面。帝登城東原上，西望城内所爲，屈突果不敢出兵，閉門自守，城高甚峻①，不易可攻。帝觀義士等志，試遣登之，南面千餘人應時而上。時值雨甚，帝命旋師。軍人既得上城，遂不時速下②。帝曰：「屈突宿衛舊人，解安陣隊，野戰非其所長，嬰城善爲捍禦。我師常勝，人必輕之，驍鋭先登，恐無還路。今且示威而已，未是攻城之時。殺人得城，如何可用。」③乃還④，命諸將移營河渚〔二〕。文武將佐等已下定河北、衆餘十數萬，今欲入關，請兼置公府、勸領太尉⑤、增選僚屬。帝曰：「兵臨蒲坂〔三〕，諸君欲以舜職見推，此意可知，未煩如此。必爲僚屬增府，任從便宜加置。」於是復領太尉〔四〕。

校勘記

①城高甚峻　通鑑卷一八四考異引創業注作「城甚高峻」。

②軍人既得上城遂不時速下　通鑑卷一八四考異引創業注作「軍人時速上城，不時速下」。

③如何可用　通鑑卷一八四考異引創業注作「知何所用」。

④乃還　通鑑卷一八四考異引創業注作「乃命還」。

⑤勸領太尉　「勸」，原作「觀」，據册府元龜卷七改。

箋證

〔一〕舊唐書卷一八五上薛大鼎傳：「薛大鼎，蒲州汾陽人……義旗初建，於龍門謁高祖，因說：『請勿攻河東，從龍門直渡，據永豐倉，傳檄遠近，則足食足兵。既總天府，據百二之所，斯亦拊背扼喉之計。』高祖深然之。時將士咸請先攻河東，遂從衆議。」

〔二〕册府元龜卷七：「戊午，高祖率衆攻屈突通於河東，士卒登城南面者已千餘人，高祖在東原，望之而不見。會雨暴至，鳴角止軍，由是不尅。或勸遂攻之，高祖曰：『屈突通習兵而無勇，若決戰非其所長。嬰城難以必勝，此自守虜耳，不足爲虞。』遂收軍，營於河渚。」按「收」，原作「守」，據宋本改。通鑑卷一八四考異引唐高祖實録略同。舊唐書卷一高祖紀：「戊午，高祖親率衆圍河東，屈突通自守不出，乃命攻城，不利而還。」創業注對此敗績實有所隱，通鑑卷一八四考異：「温大雅因爲虚美耳。」

〔三〕元和郡縣圖志卷一二河中府河東縣下有蒲坂關，云：「一名蒲津關，在縣西四里……今造舟爲梁，其制甚盛，每歲徵竹索價謂之橋脚錢，數至二萬，亦關河之巨防焉。」按蒲津扼河東通往長安之要路，隋書卷二四食貨志：「諸州調物，每歲河南自潼關，河北自蒲坂，達于京師，相屬於路，晝夜不絶者數月。」卷四五楊諒傳記裴文安之謀：「率其精鋭，直入蒲津。文安請爲前鋒，王以大軍繼後，風行電擊，頓於霸上，咸陽以東可指麾而定。」張説蒲津橋贊：「隔秦稱塞，臨晋名關。關西之要衝，河東之輻湊，必由是也。其舊制，横絙百丈，連艦十艘，辮修笮以維之，繫圍木以距之，亦云固矣。」讀史方輿紀要卷三九：「隋都長安，亦於蒲津起河橋以通河中，置中潬城以守固河橋。」周書卷三九韋瑱傳云其以本官鎮蒲津關，帶中潬城主。蒲津關於黄河兩岸分置關城，河之中渚置中潬城，河橋連鎖三城，如河陽三城之制，參嚴耕望唐代交通圖考卷一長安太原驛道篇。文苑英華卷三一六薛能題河中亭子「河擘雙流島在中，島中亭上正南空」一句，對此形勢有生動描繪。蒲津關、橋現皆已有考古發掘，發現唐代鐵牛、鐵人，參讀劉永生主編黄河蒲津渡遺址。

册府元龜卷七六六：「靳孝謨，仕隋朝邑縣法曹。及義兵濟河，以蒲津、中潬二城歸義，授正議大夫。」

〔四〕册府元龜卷七：「文武將吏勸領太尉，加置僚佐，高祖從之。」

丙辰〔一〕，馮翊太守蕭造率官屬舉郡歸義〔二〕，相繼有華陰縣令李孝常據永豐倉〔三〕，遣子弟妹夫竇軌等送款〔四〕，仍便應接河西關上兵馬。又京兆萬年、醴泉等諸縣〔五〕，皆遣使至〔六〕。帝曰：「吾未濟者，正須此耳。今既事辦，可以濟乎！」〔七〕乃命所司以少牢祀河。庚申，率諸軍以次而渡〔八〕。

箋證

〔一〕本卷上文敍戊午事，按是月己酉朔，丙辰爲初八，戊午爲初十，創業注敍事有顛倒，册府元龜卷七已訂正其先後。

〔二〕册府元龜卷三〇七：「唐蕭造，隋大業時以后族歷太府卿、巴東太守。所在之職，多以黷貨聞，緣於外戚，累原其罪。」舊唐書卷五九任瓌傳：「且蕭造文吏，本無武略，仰懼威靈，理當自下。」通鑑卷一八四：「造，脩之子也」，胡注：「梁宜豐侯。『脩』，一作『循』。」因話録卷三：「梁高祖武皇帝，父諱順之，齊書有傳。武帝受禪，武尊文帝。文帝第三子恢，封鄱陽王，薨謚忠烈。恢生宜豐侯循。循生唐太子太保造。」蕭翹墓誌（拓本刊漢魏南北朝墓誌集釋圖版五〇五）云其：「梁武帝第十弟司徒公、鄱陽忠烈王恢之孫，太保公、宜豐王循之第四子。」南史卷五二蕭脩傳：「字世和，封宜豐侯……敬帝立，遥授脩太尉，遷太保。」蕭洛賓墓誌（拓本刊隋唐五代墓誌匯編洛陽卷）：「高祖造，刑禮二部尚書、太子太保、上柱國、梁郡開國公。」

〔三〕册府元龜卷三八四：「李孝常，隋末爲華陰令。率兵守永豐倉，陰圖附義，以倉城來降，拜爲左衛大將軍。從平薛仁杲，力戰有功。高祖又念以其倉歸義，手敕褒美，進爵義安王，邑三千户，着屬籍宗正。高祖臨朝，每賜同榻而坐。其寵遇如此。」據册府元龜卷九二二，李孝常爲隋兵部尚書李圓通之子。

隋書卷二四食貨志：「開皇三年……又於衛州置黎陽倉，洛州置河陽倉，陝州置常平倉，華州置廣通倉，轉相灌注。漕關東及汾晉之粟，以給京師。」其後關中連年大旱，「又命司農丞王亶，發廣通之粟三百餘萬石，以拯關中」，可見其規模。大業初因避煬帝諱改名永豐。參王伊同隋黎陽、河陽、常平、廣通、興洛、回洛六倉考，王伊同學術論文集。唐因之，唐六典卷一九：「太原、永豐、龍門等諸倉，每倉監一人，正七品下。」元和郡縣圖志卷二華州華陰縣下有永豐倉，云：「在縣東北三十五里渭河口，隋置。義寧元年因倉又置監。」

〔四〕竇軌，字士則，周雍州牧、鄭國公恭之子，舊唐書卷六一有傳，云：「隋大業中，爲資陽郡東曹掾，後去官歸于家。義兵起，軌聚衆千餘人，迎謁於長春宮。高祖見之大悦，降席握手，語及平生，賜良馬十四，使掠地渭南。軌先下永豐倉，收兵得五千人。」文館詞林卷四五九洛州都督竇軌碑銘并序：「軍次蒲城，便仗劍請謁。太上皇見公大悦，言及平生，備獻誠款。雖盧綰之出入卧內，鄧禹之止宿禁中，不能過也。命公爲渭南道大使招撫，得以便宜從事。取永豐之粟，甚漢卒之食敖倉；下華陰諸縣，同周師之據脩武。」

〔五〕隋書卷二九地理志上京兆郡下有萬年縣、醴泉縣。按隋之萬年乃唐櫟陽，舊唐書卷三八地理志一：「改大興爲萬年，萬年爲櫟陽。」本卷下文云「過櫟陽」，即其地。

〔六〕册府元龜卷七六六：「崔幹，隋末爲醴泉縣令。高祖義兵入關，以縣來降。」按「崔幹」，原作「崔幹略」，據舊唐書卷六〇淮安王神通傳改。另册府元龜卷一六四：「既入關，鄠縣令段確以縣來降，拜御史大夫。」

〔七〕舊唐書卷五七裴寂傳：「從至河東，屈突通拒守，攻之不下，三輔豪傑歸義者日有千數。高祖將先定京師，議者恐通爲後患，猶豫未決。寂進説曰：『今通據蒲關，若不先平，前有京城之守，後有屈突之援，此乃腹背受敵，敗之道也。未若攻蒲州，下之而後入關。京師絶援，可不攻而定矣。』太宗曰：『不然。兵法尚權，權在於速。宜乘機早渡，以駭其心。我若遲留，彼則生計。且關中群盜，所在屯結，未有定主，易以招懷，賊附兵强，何城不克？屈突通自守賊耳，不足爲虞。若失入關之機，則事未可知矣。』高祖兩從之，留兵圍河東，而引軍入關。」裴寂墓誌：「而蒲州負阻，情未反迷，獨爲匪民，尚嬰窮壘。武臣争奮，志在攻屠。公乃請箸爲籌，引衣獻策，緩前禽而趨牧野，縱困獸而赴咸陽。」本傳與墓誌所述恰好相反，舊唐書裴寂傳敘事貶裴寂而褒太宗，恐未可信據。

〔八〕舊唐書卷五九姜謩傳：「監督大軍濟河。時兵士争渡，謩部勒諸軍，自昏至曉，六軍畢濟，高祖稱歎之。」隴右金石録卷二姜謩墓誌：「仍授委蒲津，監度兵馬。」

甲子，舍于朝邑長春宮〔一〕。三秦士庶、衣冠子弟、郡縣長吏豪族，弟兄老幼相攜來者如市〔二〕。帝皆引見，親勞問，仍節級授官。教曰：「義旗濟河，關中響應，轅門輻湊，赴者如歸。五陵豪傑，三輔冠蓋，公卿將相之緒餘，俠少良家之子弟，從吾投刺，咸畏後時，扼腕連鑣，争求立效。縻之好爵，以永今朝。」於是秦人大悦，更相語曰：「真吾主也，來何晚哉。」咸願前驅，以死自效。

箋證

〔一〕隋書卷二九地理志上馮翊郡下有朝邑縣，云：「後魏曰南五泉，西魏改焉。有長春宮。」太平寰宇記卷二八同州朝邑縣條云：「長春宫，在强梁原上。周武帝保定五年，宇文護所築，初名晉城。武帝建德二年置長春宫。隋文帝開皇十二年增構殿宇。煬帝大業十三年，高祖起義兵，自太原赴京師，九月大軍濟河，舍于此宫，休甲養士，而西定京邑。自後凡牧此州，多帶長春宫使。」

〔二〕册府元龜卷七：「甲子，舍於長春宫。三秦士庶至者有萬數，高祖禮之，並過所望，人人喜悦，更相謂曰：『真吾主也。』」「萬數」，舊唐書卷一高祖紀作「千數」。册府元龜卷一九：「及次河東，關中豪傑争來附義。帝請進師入關，取永豐倉以賑窮乏，收群盗以圖京師，高祖皆曰『善』。帝以前軍濟河，先定渭北，略地於三輔，自同、華、幽、雍吏人及賊盗争赴軍門請自效者相繼不絶，扶攜老幼，滿於麾下。千里之間，軍糧日至。收納英俊，以備僚列，遠近聞者，咸自託焉。」按册府元龜卷一九此節出自太宗實録，歸美於太宗。舊唐書卷六五長孫無忌傳：「少與太宗友善，義軍渡河，無忌至長春宫謁見，授渭北道行軍典籤。」卷七三顔師古傳：「及起義，師古至長春宫謁見，授朝散大夫。」卷七七楊纂傳：「義軍渡河，于長春宫謁見。」卷七八于志寧傳：「高祖將入關，率群從於長春宫迎接，高祖以其有名於時，甚加禮遇，授銀青光禄大夫。」按長孫無忌、楊纂、于志寧等皆出身關隴貴戚，瑯琊顔氏雖世仕江左，自師古祖顔之推北奔後，三代定居關中，亦被目爲關中士人。裴爽墓誌（拓本刊秦晉豫新出墓誌蒐佚三編）：「義旗之次於長春宫也，乃間行杖劍，投刺轅門，特蒙引納，遣從太宗文皇帝。」

丙寅，遣世子隴西公將司馬劉文静、統軍王長諧姜寶誼竇琮諸軍數萬人屯永豐倉①，守潼關，備他盜〔一〕，慰撫使人竇軌等受節度焉〔二〕。遣燉煌公率統軍劉弘基、長孫順德、楊毛等諸軍數萬人往高陵道②〔三〕，定涇陽、雲陽、武功、盩厔、鄠諸縣等〔四〕，慰撫使人掾殷開山等受節度焉〔五〕。

校勘記

① 竇琮　原作「竇悰」，據本書卷一改。按舊唐書卷六一有竇琮傳。

② 楊毛　黄校本作「楊屯」。

箋　證

〔一〕册府元龜卷四二八：「王長諧爲西河太守，從太宗下長春宫，與劉文静先據永豐倉。時隋將劉綱戍潼關，屈突通欲依綱以守險。長諧揣知其計，率衆先襲都尉南城，拔之，斬劉綱，以兵據守。及通軍至，不得入，退保北城。長諧與通頻戰，皆克。」

元和郡縣圖志卷二關内道華州華陰縣下有潼關。云：「上躋高隅，俯視洪流，盤紆峻極，實謂天險。河之北岸則風陵津，北至蒲關六十餘里。河山之險，邐迤相接，自此西望，川途曠然，蓋神明之奧區，帝宅之戶牖，百二之固，信非虛言也。」太平寰宇記卷二九云「今關即隋大業七年移于南北鎮城間坑獸檻谷以置」。

〔二〕文館詞林卷四五九洛州都督竇軌碑銘并序云竇軌時爲渭南道大使招撫。

〔三〕隋書卷二九地理志上京兆郡下有高陵縣。

〔四〕隋書卷二九地理志上京兆郡下有涇陽、雲陽、武功、盩厔、鄠諸縣。按李淵佔據永豐倉後，令建成據守，命李世民率軍徇行渭北，進而略取長安北、西、南三面各縣，形成合圍之勢。舊唐書卷一高祖紀：「丙寅，遣隴西公建成、司馬劉文靜屯兵永豐倉，兼守潼關，以備他盜。太宗率劉弘基、長孫順德等前後數萬人，自渭北徇三輔，所至皆下。」冊府元龜卷七：「丁卯，以師渡渭川，略定鄠杜，至於盩厔。」舊唐書卷五八劉弘基傳：「師至河東，弘基以兵千人先濟河，進下馮翊，爲渭北道大使，得便宜從事，以殷開山爲副。西略地扶風，有衆六萬。」

〔五〕舊唐書卷五八殷嶠傳：「太宗爲渭北道元帥，引爲長史。時關中群盜往往聚結，衆無適從，令嶠招慰之，所至皆下。」

先是，帝從弟趙興公神通起兵鄠縣〔一〕，有衆數千，聞義旗渡河，遣使迎帝。又賊帥李仲文遣兄仲威送款，仲文則魏公密之從父也①〔二〕。以密反於滎陽，緣坐亡命，招集無賴，抄劫鄠縣之間〔三〕，衆將四五千。盩厔賊帥何潘兒②、向善志等〔四〕，亦各率衆數千歸附。宜君賊帥劉旻又率其黨數千人降③〔五〕。帝並以不次封，遣書勞之，仍令各於當界率衆，便受燉煌公部署。旬日間，京兆諸賊四面而至，相繼歸義，罔有所遺〔六〕。商農工賈，各安其業。京城留守代王及尚書衛文昇〔七〕、將軍陰世師〔八〕、京兆丞骨儀等〔九〕，以帝威德遐振，民願所從，恐京邑之人一旦去盡，乃閉門拒守，運糧入宫。帝聞而歎曰：「吾既平戎於王，翼尊隋室，欲立孺子以報高皇。今被見疑，拒不相納，方知邵奭不悦於周旦，非徒言耳。陰衛群小，負我之深。」

校勘記

① 仲文則魏公密之從父也　「公」字原無，據黄校、藕香零拾本補。

② 何潘兒　册府元龜卷七、舊唐書卷一高祖紀作「何潘仁」。

③ 劉旻　新唐書卷一高祖紀作「劉炅」。

箋　證

〔一〕李神通，名壽，以字行，舊唐書卷六〇有傳，云：「淮安王神通，高祖從父弟也。父亮，隋海州刺史，武德初追封鄭王。神通，隋末在京師。義師起，隋人捕之，神通潛入鄠縣山南，與京師大俠史萬寶、河東裴勣柳崇禮等舉兵以應義師，遣使與司竹賊帥何潘仁連結。潘仁奉平陽公主而至，神通與之合勢，進下鄠縣，衆踰一萬。自稱關中道行軍總管，以史萬寶爲副，裴勣爲長史，柳崇禮爲司馬，令狐德棻爲記室。高祖聞之大悦，授光禄大夫。」李壽墓誌（拓本刊新中國出土墓誌陝西貳）：「及皇家撥亂，肇自太原。九夷之衆猶起，八百之期方會，迺眷西顧，將定鎬京。蠢爾逆徒，擁兵作孽，依託城社，屯守宮禁。惡直醜正，剥喪忠良，禍若發機，計不旋踵。王託處家巷，去來郊郭，應變無方，出其不意。遂乃密運奇策，潛應義師，遠被寵章，即委綏緝。拜光禄大夫，封趙興郡開國公，食邑二千户，仍爲招慰大使。」舊唐書卷七三令狐德棻傳：「及義旗建，淮安王神通據太平宮，自稱總管，以德棻爲記室參軍。」元和郡縣圖志卷二京兆府鄠縣條云：「隋太平宮，在縣東南三十一里，對太平谷，因名之。」

〔三〕册府元龜卷一六四：「渭北賊帥李仲文遣使歸附，拜上柱國，襲父真爵爲普寧鄉公。」按舊唐書卷五六劉季真傳、卷五七趙文恪傳皆記「真鄉公李仲文」，北史卷六〇李弼傳云其子衍「字拔豆，少專武藝，慨慷有志略。仕周，爲義州刺史，封真鄉公……後拜安州總管，以疾還京，卒。子仲威嗣。」崔仲方妻李麗儀墓誌（拓本刊隋代墓誌銘彙考）：「第四叔，上大將軍、敷虢隴介四州刺史、真鄉公衍」，即其人。知李仲文、仲威兄弟父名衍，封真鄉公，册府元龜所記有誤。李衍係李密祖李耀(一作曜)之弟,故李仲文爲密之從父。

〔三〕隋書卷二九地理志上扶風郡下有郿縣,云:「郿舊曰平陽縣,西魏改曰郿城,後周廢入周城縣。開皇十八年改周城爲渭濱,大業二年改爲郿。」

〔四〕册府元龜卷三四五:「何潘仁,西域胡人。父渾邪,通商中國,隋初,始居盩厔,家富於財。潘仁厚自奉養,引致賓客。煬帝時爲幕士,鬱鬱不得志。後嘗犯法,懼罪,遂亡入司竹園中,鳩集亡命,衆至數萬。執隋前尚書左丞李綱爲長史,長安以西城邑多爲所破。及義兵起,求得平陽公主而奉之,以應義師。」按「西域」,原作「西城」,據御覽卷八二四引唐書改。

〔五〕隋書卷二九地理志上京兆郡下有宜君縣。

册府元龜卷七:「高祖第三女柴氏、從父弟神通舉義於司竹,至是以兵來會,郿賊帥丘師利、李仲文,盩厔賊帥何潘仁、向善志,宜君賊帥劉旻等,各率衆數千來降。」「神通」,原作「神道」,據明鈔本改。册府元龜卷一九:「師次於涇陽,勝兵九萬,胡賊劉鷂子擁兵而至,未即歸款。太宗親率精騎襲擊,破之,遂并其衆。因趣司竹,李仲文、何潘仁、向善志等歸附之,衆頓阿城,獲兵十三萬。長安父老齎牛酒詣旌門者不可勝紀,並勞而遣之,一無所受。軍令嚴肅,秋毫無所犯。先是,避盗入南山者,襁負皆出,軍中有列肆如都邑焉。」舊唐書卷五八平陽公主傳:「公主乃歸鄠縣莊所,遂散家資,招引山中亡命,得數百人,起兵以應高祖。時有胡賊何潘仁聚衆於司竹園,自稱總管，未有所屬。公主遣家僮馬三寶説以利害，潘仁攻鄠縣，陷之。三寶又説群盜李仲文、向善志、丘師利等，各率衆數千人來會。時京師留守頻遣軍討公主，三寶、潘仁屢挫其鋒。公主掠地至盩厔、武功、始平，皆下之。每申明法令，禁兵士無得侵掠，故遠近奔赴者甚衆，得兵七萬人。公主令間使以聞，高祖大悦。及義軍渡河，遣紹將數百騎趨華陰，傍南山以迎公主。時公主引精兵萬餘與太宗軍會於渭北，與紹各置幕府，俱圍京城，營中號曰『娘子軍』」。丘師墓誌（拓本刊洛陽新獲七朝墓誌）：「公鞠旅豳岐，屯兵涇渭。承問使傳，接引義兵。」册府元龜卷七六六：「段綸，仕隋爲左親衛。隱太子見而悦之，妻以琅琊長公主。舍高祖之舊第，數聞鼓吹之音，視之無所睹。綸謂主曰：『聞圖讖，李氏當王，今於第内，有此禎祥，必而家應籙之徵也。』及義兵西邁，綸於藍田聚結兵馬，得萬餘人，迎接大軍。」段綸女段蕳璧墓誌（拓本刊昭陵碑石），云其後歷蜀郡太守、劍南道招慰大使、益蒲二州都督、熊州刺史、秘書監、宗正卿、禮部尚書、三爲工部尚書，尚高密大長公主，封紀國公。

〔六〕按關中群雄相繼歸附，成爲李淵奪取關中的一大助力，但仍有不少人馬嘯聚山林，至武德初仍爲唐肘腋之患。舊唐書卷七五韋雲起傳：「京邑初平，物情未附，鼠竊狗盜，猶爲國憂。盩厔、司竹，餘氛未殄；藍田、谷口，群盜實多。朝夕伺間，極爲國害。雖京城之内，每夜賊發。」如册府元龜卷三五七：「武德元年，賊帥吕寶生衆七千人破盩厔縣，（趙）欽擊之，斬首百餘級。」武德二年張子惠等起兵，聲勢浩大，册府元龜卷四四三：「武德二年正月，(王)老德捕山賊張子惠，爲賊所敗，徵還」，新唐書卷一高祖紀：「(武德二年二月)乙卯……左屯衛將軍何潘仁及山賊張子惠戰于司竹，死之……庚申，驍騎將軍趙欽、王娑羅及山賊戰于盩厔，死之。」四月，太子建成親率軍至司竹，疑即與此事有關。舊唐書卷六四隱太子建成傳：「(武德)二年，司竹群盜祝山海有衆一千，自稱護鄉公，詔建成率將軍桑顯和進擊山海，平之。」另武德元年關中有稽胡起事，通鑑卷一八五：「四月，稽胡寇富平，將軍王師仁擊破之。又五萬餘人寇宜春，相國府諮議參軍竇軌將兵討之，戰於黄欽山……遂大破之，虜男女二萬口。」按「宜春」爲「宜君」之訛。

〔七〕衛文昇，名玄，隋書卷六三有傳，云：「(大業)十一年，詔玄安撫關中。時盜賊蜂起，百姓饑饉，玄竟不能救恤，而官方壞亂，貨賄公行。玄自以年老，上表乞骸骨，帝使内史舍人封德彝馳諭之曰：『京師國本，王業所基，宗廟園陵所在。藉公耆舊，卧以鎮之。朕爲國計，義無相許，故遣德彝口陳指意。』玄乃止。義師入關，自知不能守，憂懼稱疾，不知政事。」

〔八〕陰世師，父陰壽，隋書卷三九有傳，云：「少有節概，性忠厚，多武藝……尋還左翊衛將軍，與代王留守京師。及義軍至，世師自以世荷隋恩，又藩邸之舊，遂勒兵拒守。」

〔九〕骨儀，隋書卷三九有傳，云：「時刑部尚書衛玄兼領京兆内史，頗行詭道，輒爲儀所執正。玄雖不便之，不能傷也。及義兵至，而玄恐禍及己，遂稱老病，無所干預。儀與世師同心協契。」

己巳，帝之蒲津，觀河東城。庚午，南過永豐倉。是夜，宿於臨晉〔一〕，灤、渭合流之處〔二〕。將渡渭〔三〕，津人以見船朽破，不堪帝渡，乃於灤水上流數十里，更取好船。苦於水淺，沙磧相次，船行不進，憂怖不知所爲。其夜三更，天甚晴霽，忽然覺水暴長數尺，逆流而上，船泛深波，得達津次。及明，帝登船欲渡，乃見逆流不已。津司以聞，衆咸駭異，以爲光武滹沱之冰，無以異此，並於舟中拜賀。帝曰：「此偶然耳，吾何德以堪之。」乃命所司以少牢祀灤、渭，并有事於華山。

箋證

〔一〕元和郡縣圖志卷二云朝邑縣「本漢臨晉縣地」。此用古稱，即上文之朝邑。

〔二〕辛德勇認爲在北周末、隋初一段時間内，今山陝間禹門口以下一段黄河河道再度西徙，很可能又襲奪了洛河的尾閭。李淵自太原進軍長安時所見到的洛河，已復歸於渭河，參讀隋唐時期陝西航運之地理研究，舊史輿地文録。嚴耕望唐代交通圖考卷一長安洛陽驛道篇云永豐倉當渭水入河之口。有渭津關渡，北通朝邑。倉東四里至潼關。

〔三〕唐六典卷七：「其大津無梁，皆給船人，量其大小難易，以定其差等。」小注曰：「渭津關船二艘，渡子取永豐倉防人充。」知渭津無浮橋之設，賴舟楫以濟。

帝至倉所勞軍，見箱廩填實，銘題數多〔一〕，喜謂從者曰：「千里遠來，急於此耳。此既入手，餘復何論。食之與兵，今時且足，信出于己久行①。諸將俱謹備守，無爲他慮。」〔二〕未下馬，仍開倉大賑饑民〔三〕。

校勘記

① 信出于己久行　藕香零拾本作「信出于己，行之已久」。黄校本句下有「之」字。

箋　證

〔一〕唐六典卷一九太倉署條云：「凡鑿窖置屋，皆銘甎爲庾斛之數，與其年月日，受領粟官吏姓名。又立牌如其銘焉。」當承自隋制。目前發掘隋唐倉窖遺址中，已出土不少銘磚的實物，參讀段鵬琦隋唐洛陽含嘉倉出土銘文磚的考古學研究，考古一九九七年第十一期。

〔二〕舊唐書卷五九任瓌傳：「拜左光禄大夫，留守永豐倉。」

〔三〕册府元龜卷七：「庚午，高祖觀永豐倉，笑謂官屬曰『吾千里遠來，志在此耳。既爲我有，復何憂哉。』於是開倉大賑窮乏。」隋書卷二四食貨志：「代王侑與衛玄守京師，百姓饑饉，亦不能救。義師入長安，發永豐倉以賑之，百姓方蘇息矣。」

辛未，還宮。壬申，進屯馮翊郡〔一〕，過舊宅，饗告五廟，禮也〔二〕。初，周齊戰爭之始，周太祖數往同州〔三〕，侍從達官，隋便各給田宅。景皇帝與隋太祖並家於州治〔四〕。隋太祖宅在州城東南，西臨大路〔五〕；景皇帝宅居州城西北而面瀵水。東西相望，二里之間，數十年中，兩宅俱出受命之主，相繼代興，時人所見，開闢已來，未之有也。

箋證

〔一〕元和郡縣圖志卷二同州馮翊縣下有興德宮，云：「在縣南三十二里。義旗將趣京師，軍次於忠武園，因置亭子，名興德宮，屬家令寺。」

〔二〕隋書卷七禮儀志二引河清令：「王及五等開國，執事官、散官從二品已上，皆祀五世。五等散品及執事官、散官正三品已下從五品已上，祭三世。三品已上，牲用一太牢，五品已下，少牢。執事官正六品已下，從七品已上，祭二世，用特牲。正八品已下，達於庶人，祭於寢，牲用特肫，或亦祭祖禰。諸廟悉依其宅堂之制，其間數各依廟多少爲限。其牲皆子孫見官之牲。」此係北齊制度，或爲隋所承。通典卷四八記唐制：「凡文武官二品以上，祠四廟。三品以上須兼爵，四廟外有始封祖，通祠五廟。五品以上，祠三廟。牲皆用少牢。六品以下，達於庶人，祭祖禰於正寢。」參讀甘懷真唐代家廟禮制研究。

〔三〕隋書卷二九地理志上：「馮翊郡　後魏置華州，西魏改曰同州。」據周書卷二文帝紀下，西魏大統年間，宇文泰常駐華州（華州至西魏廢帝三年方改爲同州），因此其子宇文覺、宇文邕（即後來的周孝閔帝與周武帝）分别於大統八年、九年生於同州。同州成爲長安之外，另一政治、軍事中心。周書卷四明帝紀：「（二年九月）丁未，幸同州。過故宅，賦詩曰：『玉燭調秋氣，金輿歷舊宫。還如過白水，更似入新豐。霜潭漬晚菊，寒井落疎桐。舉盃延故老，令聞歌大風。』」有學者認爲西魏北周形成了長安與同州兩都制的格局，參讀谷川道雄兩魏齊周時期的霸府與王都，隋唐帝國形成史論。

〔四〕舊唐書卷一高祖紀：「皇祖諱虎，後魏左僕射，封隴西郡公，與周文帝及太保李弼、大司馬獨孤信等以功參佐命，當時稱爲『八柱國家』……武德初，追尊景皇帝，廟號太祖，陵曰永康。」

〔五〕隋書卷七禮儀志二：「高祖既受命，遣兼太保宇文善、兼太尉李詢，奉策詣同州，告皇考桓王廟，兼用女巫，同家人之禮。」

乙亥，燉煌公至盩厔，所過諸縣及諸賊界，莫不風馳草靡，裹糧卷甲，唯命是從。遣使啓帝，請期日赴京。帝曰：「屈突東行不可，西歸無路，觀吾成敗，方有所之，不可爲虞矣。」〔一〕乃命隴西公量簡倉上精兵，自新豐道趍長樂離宫〔二〕。令燉煌公率新附諸軍，自鄠縣道屯長安故城〔三〕。至，並各聽教。迨上郡雕陰以北①，咸遣使歸款〔四〕。

校勘記

①雕陰　原作「睢陰」，據册府元龜卷七改。按隋書卷二九地理志上有雕陰郡。

箋證

〔一〕舊唐書卷五九屈突通傳：「既而義師濟河，大破通將桑顯和於飲馬泉，永豐倉又爲義師所克。通大懼，留鷹揚郎將堯君素守河東，將自武關趨藍田以赴長安。軍至潼關，爲劉文静所遏，不得進，相持月餘。」

〔二〕舊唐書卷一八三長孫敞傳：「煬帝幸江都，留敞守京城禁苑。及義旗入關，率子弟迎謁於新豐，從平京城，以功除將作少監。」

隋書卷二九地理志上京兆郡大興縣下有長樂宫。類編長安志卷二引道里記：「隋文帝初置望春亭，改爲望春宫。煬帝改爲長樂宫。大業初，煬帝夜見太子勇領十餘人，各持兵器，問楊廣何在，帝懼之，走長樂宫，文武宿衛不知乘輿所在，比明，方移仗此宫。煬帝去洛陽，終大業不敢都長安。」新唐書卷五八藝文志二著録有兩京道里記三卷，疑即此書。新唐書卷三七地理志一京兆郡萬年縣條云：「有南望春宫，臨滻水，西岸有北望春宫，宫東有廣運潭。」長安志卷一一：「望春宫，在縣東十里，臨滻水西岸，在大明宫之東，東有廣運潭。」

〔三〕册府元龜卷七：「乙亥，命太宗率兵自渭汭屯阿城，隴西公建成自新豐趨灞上。」按「灞上」，原作

「上灞」，據宋本改。舊唐書卷三八地理志一：「隋開皇二年，自漢長安故城東南移二十里置新都，今京師是也。」按史記卷一二孝武本紀正義引括地志記雍州長安縣西北三十里有長安故城，未知孰是。

〔四〕册府元龜卷七：「是日，延安、上郡、雕陰郡並遣使來降。」隋書卷二九地理志上：「上郡　後魏置東秦州，後改爲北華州。西魏改爲敷州。大業二年改爲鄜城郡，後改爲上郡。統縣五，户五萬三千四百八十九」；「雕陰郡　西魏置綏州。大業初改爲上州。統縣十一，户三萬六千一十八。」

丙子，大軍西引，歷下邽〔一〕，過櫟陽〔二〕。路左所有煬帝行宫、園苑及宫人等，並罷之。教曰：「大業已來，巡幸過度，宿止之處，好依山水。經兹勝地，每起離宫，峻宇雕墻，亟成壯麗。良家子女，充仞其間。怨曠感于幽明，縻費極於民産。替否迭進，將何糾逖。馳道所有宫室，悉宜罷之。其宫人等並放還親屬。」〔三〕

箋　證

〔一〕隋書卷二九地理志上馮翊郡下有下邽縣。

〔二〕舊唐書卷三八地理志一京兆府下有櫟陽縣，云：「櫟陽　隋萬年縣。武德元年，改爲櫟陽。」

〔三〕册府元龜卷七：「丙子，高祖率大軍自下邽西上，經煬帝行宮、園苑，悉罷之，宮女放還親屬。」

冬十月辛巳，帝至灞上，仍進營停于大興城春明門之西北〔一〕，與隴西、燉煌等二公諸軍二十餘萬衆會焉。帝勒諸軍「各依壘壁，勿入村居，無爲侵暴，若無兵者，恭以俟命。」代王與留守衛文昇、陰世師等以義兵多而且肅①，不令而齊，門防轉嚴，拒守愈固〔二〕，信使不通，告喻事絶。帝雖每遣使至城下，申以尊隋夾輔之意，愚人俗吏，不達變通，闇于事機，往而無報〔三〕。

校勘記

① 陰世師　原作「陰世卿」，據學津討原本、藕香零拾本及本卷上文改。

箋　證

〔一〕隋書卷一高祖紀上記開皇二年六月丙申詔以「龍首山川原秀麗，卉物滋阜，卜食相土，宜建都邑，定鼎之基永固，無窮之業在斯」，仍詔左僕射高熲、將作大匠劉龍、鉅鹿郡公賀婁子幹、太府少卿高龍叉等創造新都。十二月丙子，名新都曰大興城。卷二九地理志上京兆郡條云：「大興　開皇三年置。後周于舊郡置縣曰萬年，高祖龍潛，封號大興，故至是改焉。」長安志卷七記唐長安城云：「東面三門，北曰通化門。中曰春明門。南曰延興門。」隋書卷七禮儀志二：「隋五時迎氣。青郊爲壇，國東春明門外道北，去宮八里。」陝西省文物管理委員會唐長安城地基初步探測（考古學報一九五八年第三期）云春明門居東城墻自南向北4600米處，即今緯十街偏北地方。

〔二〕册府元龜卷一九：「初，帝之趣司竹也，留劉弘基、殷開山屯長安故城，隋人出争利，縱兵擊卻。自是之後，京師留守衛文昇陰帥精兵十萬，閉門城守，不敢拒戰。」舊唐書卷五八劉弘基傳：「南渡渭水，屯於長安故城，威聲大振，耀軍金光門。衛文昇遣兵來戰，弘基逆擊走之，擒甲士千餘人、馬數百匹。時諸軍未至，弘基先至，一戰而捷，高祖大悦，賜馬二十匹。」

〔三〕册府元龜卷七：「十月辛巳，高祖至長樂宮，時京師留守衛文昇、陰世師挾代王以拒義師。高祖屯兵春明門，有衆二十餘萬。遣使至城下，諭以興復之意再三，皆不報。將吏固請圍城。」

如此向經旬日，諸將相率啓帝曰：「京城不啓，此是隋運其亡。天既亡之，非人能復。違天棄日，勞師費糧，坐守愚夫，恐非長策。請進圍之，以觀其意。」帝曰：「兵纏象魏，矢及黄屋，人其謂我何哉？」諸將對曰：「無成王之主，不得行周公之事。又恐巨猾之徒，知義兵已定關中，來争形勝，請更思之。」帝乃逡巡，未有報。京兆舊賊帥等並以家近帝城，不預元從，耻無功，乃各率所部兵分地逼城而上〔一〕。帝慮其輕脱失利，辛卯，命二公各將所統兵往爲之援。京城東面、南面，隴西公主之；西面、北面，燉煌公主之〔二〕。城中見而失色，更無他計，惟冀屈突及東都救援而已〔三〕。

箋證

〔一〕册府元龜卷四二五：「（孫華）從圍京師，爲流矢所中卒。」册府元龜卷一三五：「唐高祖武德二年三月，群臣曰：『義兵初至河東，唯孫華先至，此之誠效，不可忘也。華不幸早終，每用傷嘆，其下將帥，宜更優之。』是日，封華部將十人爲開國侯（華先已贈屯衛大將軍）。」另楊炯集卷八瀘州都督王湛神道碑：「進圍京城，（湛）爲伏弩所中，高祖臨視，賜物三百段。」

〔二〕册府元龜卷七：「辛卯，太宗帥師入郭，頓于城西。乃命隴西公建成入頓城東，分朱雀大街列營圍之。」册府元龜卷一一九：「帝進屯金城坊。及大軍圍京城，自朱雀門及倉城并帝所部，連營以圍之。」

〔三〕舊唐書卷五九屈突通傳：「通又令（桑）顯和夜襲文静，詰朝大戰，義軍不利。顯和縱兵破二栅，惟文静一栅獨存，顯和兵復入栅而戰者往覆數焉。文静爲流矢所中，義軍氣奪，垂至於敗。顯和以兵疲，傳餐而食，文静因得分兵以實二栅。又有遊軍數百騎自南山來擊其背，三栅之兵復大呼而出，表裏齊奮，顯和軍潰，僅以身免，悉虜其衆，通勢彌蹙。」卷五七劉文静傳：「尋率兵禦隋將屈突通於潼關，通遣武牙郎將桑顯和率勁兵來擊，文静苦戰者半日，死者數千人。文静度顯和軍稍怠，潛遣奇兵掩其後，顯和大敗，悉虜其衆。」卷六一竇琮傳：「尋從劉文静擊屈突通於潼關，通遣裨將桑顯和來逼文静，義軍不利。琮與段志玄等力戰久之，隋軍大潰，通遁走。」卷六八段志玄傳：「從劉文静拒屈突通於潼關，文静爲通將桑顯和所襲，軍營已潰，志玄率二十騎赴擊，殺數十人而還，爲流矢中足，慮衆心動，忍而不言，更入賊陣者再三。顯和軍亂，大軍因此復振，擊大破之。」卷五八長孫順德傳：「尋與劉文静擊屈突通於潼關，每戰摧鋒。」

甲午，關中群帥等各請率驍鋭登城，二公莫之能止。時帝在春明門外，聞而馳入，舍於羅郭安興坊以鎮之〔二〕。甲辰，諸軍各競造攻具以臨城，帝又未之許。二公及文武所司等固請曰：「太原以來，所過未嘗經宿，長驅四塞，罕有不克之城。今至京師，不時早定，玩敵致寇，以挫兵鋒。又慮初附之人，私輕太原之兵無能爲也。此機不小，請速部分。」帝曰：「强弩長戟①，吾豈不許用之。所冀内外共知，以安天下。斯志不果，此外任諸公從民所欲。然七廟及代王并宗室支戚，不得有一驚犯。」乃下教「有違此者，罪及三族。」於是諸軍各于所部營分角，脩攻戰之具。雲梯競聳，樓橦争高，百道齊來，千里並進。繞京竹木，殲于斯矣〔二〕。

校勘記

①强弩長戟　「强」，原作「弘」，據黄校本、吴本、藕香零拾本改。

箋　證

〔一〕據吕大防長安圖殘石，安興坊爲朱雀街東第四街北來第三坊。關於安興坊情況另參李健超最新增訂兩京城坊考。

〔二〕册府元龜卷七：「甲辰，諸將又請攻城，高祖不許。將吏進諫曰：『大軍西入，本欲鎮撫關中，輔翼隋室，光崇帝業。陰世師等違拒義師，誑惑城内，若不盡鋭取城，誅君側之賊，何以息於流謗。』高祖乃從之，遂下令曰：『七廟及代王、隋室公族並不得犯，有違者罪及三族。』」

十一月丙辰昧爽①，咸自逼城。帝聞而馳往，欲止之而弗及。纔至景風門東面〔一〕，軍頭雷永吉等已先登而入，守城之人分崩〔二〕。帝乃遣二公率所統兵，依城外部分，封府庫，收圖籍，禁擄掠。軍人勿雜，勿相驚恐。太倉之外，他無所干②。吏民安堵，一如漢初入關故事〔三〕。代王先在東宫，乃奉迎居於大興後殿③〔四〕。是日，帝還移營舍於長樂宫滻川上〔五〕。

校勘記

①十一月丙辰昧爽　「月」，原作「日」，據舊唐書卷一高祖紀改。

②他無所干　「干」，原作「于」，據黄校本、吴本、藕香零拾本改。

③乃奉迎居於大興後殿　「大興後殿」，通鑑卷一八四作「大興殿後」。

箋　證

〔一〕長安志卷七記唐皇城云：「東面二門，南曰景風門，北曰延喜門。」按景風門係皇城東門，李淵軍隊自此攻入，本卷上文云「京城東面、南面，隴西公主之」，知首先攻入皇城雷永吉當是建成屬下。

〔二〕册府元龜卷七：「十一月丙辰，軍頭雷紹先登，守陴者分散，京師平。」通鑑卷一八四考異：「唐高祖實録作『雷紹』，今從創業注」，亦可證册府元龜卷七此節出自高祖實録。

〔三〕册府元龜卷七：「先命主符郎宋公弼收隋圖籍。」新唐書卷一高祖紀：「命主符郎宋公弼收圖籍。約法十二條，殺人、劫盜、背軍、叛者死。」舊唐書卷五〇刑法志：「既平京城，約法爲十二條。惟制殺人、劫盜、背軍、叛逆者死，餘並蠲除之。」

〔四〕舊唐書卷七三姚思廉傳：「後爲代王侑侍讀，會義師克京城，侑府僚奔駭，唯思廉侍王，不離其側。兵將昇殿，思廉厲聲謂曰：『唐公舉義，本匡王室，卿等不宜無禮於王。』衆服其言，於是布列階下。高祖聞而義之，許其扶侑至順陽閤下，泣拜而去。」

〔五〕水經注卷一六：「滻水出京兆藍田谷，北入于灞。」注云：「地理志曰：滻水出南陵縣之藍田谷，西北流與一水合，水出西南莽谷，東北流注滻水。滻水又北歷藍田川，北流注于灞水。地理志曰：滻水北至霸陵入灞水。」

先是，隋主以梟滅作逆①，掘其墳壟而洿其室，陰世師、骨儀等遂以爲恒准，乃令京兆郡訪帝之五廟塋域所在，並發掘焉〔二〕。帝以此憾之，言必流涕。戊午，收陰世師、骨儀、崔毗伽、李仁政等，並命隴西公斬於朱雀街道，以不從義而又愎焉〔三〕，餘無所問。京邑士女，懽娛道路，華夷觀聽，相顧欣欣。乃命太常促擇吉日，告高廟，定尊位，立代王之禮。文武將佐等議請曰：「天厭隋德，曆數在唐，謳歌在路，被于遐邇。兵起晉陽，遠定秦雍，百餘日間，廓清帝宅。神武之速，此謂若飛，非天啓聖，孰能如是？昔漢高入關，不即自王，項羽後至，悔無所及。公雖卑以自牧，須安天下。」僉議請依符讖，上尊號。帝愀然改容曰：「舉兵之始，本爲社稷，社稷有主，孤何敢二！劉季不立子嬰，所以屈於項羽。孤今尊奉世嫡，復何憂哉？」

校勘記

①隋主以梟滅作逆　「梟滅」,隋書卷七〇楊玄感傳:「公卿請改玄感姓爲梟氏,詔可之」,疑爲「梟感」之訛。

箋證

〔一〕舊唐書卷一八三竇德明傳:「及義師圍長安,永安王孝基、襄邑王神符、江夏王道宗及高祖之壻竇誕、趙慈景並繫獄,隋將衛文昇、陰世師欲殺之。德明謂文昇曰:『罪不在此輩,殺之無傷於彼,適足招怨。』文昇乃止。」按舊唐書卷六一竇誕傳:「誕,抗第三子也……尚高祖女襄陽公主。」宋本册府元龜卷七五六:「趙慈景,高祖潛龍時尚桂陽公主。及義兵起,隋人將捕之,或勸慈景避吏,出入舉兵,無爲坐受拘縶。慈景曰:『公之所言,誠爲良計,但吾有老母,以吾爲命,委之而去,非吾心也。』俄而吏捕繫獄。及長安平,封開化郡公。」

〔二〕册府元龜卷七:「戊午,以右衛將軍陰世師多黷貨,京兆郡丞滑儀性苛酷,有害於政,並斬之以謝,關中連坐者十餘人。」隋書卷三九陰世師傳:「月餘,城陷,與京兆郡丞骨儀等見誅,時年五十三」,卷三九骨儀傳:「儀與世師同心協契,父子並誅,其後遂絶。世師有子弘智等,以年幼獲全。」又卷六三衛玄傳:「義師入關,自知不能守,憂懼稱疾,不知政事。城陷,歸于家。義寧中卒,時年七十七。」

壬戌，乃率百僚，備羽儀法物，具法駕，迎代王即位於大興殿〔一〕，時代王十餘歲矣①。大赦天下，改大業十二年爲義寧元年②，復天下勿出今年租賦，賜民子孫承後者爵一級〔二〕。是日，仍遥尊後主爲太上皇，以少帝在，不言廢也。

校勘記

① 迎代王即位於大興殿時代王十餘歲矣　「大興殿時代王」六字原無，據學津討原本、藕香零拾本補。

② 改大業十二年爲義寧元年　「十二」，吴本、隋書卷五恭帝紀引即位詔作「十三」。

箋證

〔一〕太平御覽卷一五六引兩京新記：「隋文初封大興公，及登極，縣、門、園、池，多取其名。」歷代三寶記卷一二引開皇二年季夏詔：「因即城曰大興城，殿曰大興殿，門曰大興門，縣曰大興縣，園曰大興園，寺曰大興善寺。」舊唐書卷一高祖紀：「（義寧二年五月戊午）改大興殿爲太極殿。」另參辛德勇隋大興城坊考稿，縱心所欲。

〔二〕册府元龜卷七：「癸亥，率百僚，備法駕，尊代王爲天子，大赦，改元義寧元年。」隋書卷五恭帝紀：「義寧元年十一月壬戌，上即皇帝位於大興殿。詔曰：『王道喪亂，天步不康，古往今來，代有其事。屬之於朕，逢此百罹，彼蒼者天，胡寧斯忍！襁褓之歲，夙遭憫凶，孺子之辰，太上播越，興言感動，實疚于懷。太尉唐公，膺期作宰，時稱舟楫，大拯横流，糾合義兵，翼戴皇室，與國休戚，再匡區夏。爰奉明詔，弼予幼沖，顯命光臨，天威咫尺，對揚尊號，悼心失圖。一人在遠，三讓不遂，僶俛南面，厝身無所，苟利社稷，莫敢或違，俯從群議，奉遵聖旨。可大赦天下，改大業十三年爲義寧元年。十一月十六日昧爽以前，大辟罪已下，皆赦除之；常赦所不免者，不在赦限。』」隋書卷四煬帝紀下：「辛酉，遥尊帝爲太上皇，立代王侑爲帝，改元義寧。」按十一月戊申朔，辛酉爲十四日，壬戌爲十五日，癸亥爲十六日。

大唐創業起居注卷之三

唐陝東道大行臺工部尚書上柱國樂平郡開國公臣温大雅撰

起攝政至即真日凡一百八十三日

義寧元年冬十一月甲子，少帝以帝爲丞相，進封唐王，位在王公上。以武德殿爲丞相府，改「教」稱「令」。萬機百度，禮樂征伐，兵馬糧仗，庶績群官，並責成於相府。惟郊祀天地，四時禘祫奏聞〔一〕。帝固辭不拜，公卿將佐等請曰：「公負孺子當朝，豈得辭乎？攝政公不入相，王室何依？臨兹大節，義無小讓。」帝嘆曰：「王家失鹿，遂使孤同老狼①。」乃奉詔受册。乙丑，榆林、靈武、五原、平涼②、安定諸郡並舉城降，並遣使詣義軍請命〔二〕。於是遣書發使，慰喻巴蜀〔三〕。丙寅，置丞相府長史已下屬官，還以大將軍府僚裴寂等依次爲之〔四〕。己卯③，以隴西公爲唐王世子，改封燉煌公爲秦國公，四郎元吉爲齊國公。仍改太原留守爲鎮北府，總統山東諸郡〔五〕。

校勘記

① 遂使孤同老狼　「孤」，原作「狐」，據藕香零拾本改。

② 平凉　原作「平源」，據藕香零拾本、册府元龜卷七改。

③ 己卯　隋書卷五恭帝紀作「己巳」。通鑑卷一八五考異引創業注繫其事於十二月己巳。按十一月戊申朔，無己卯，己巳爲二十二日；十二月丁丑朔，無己巳。

箋　證

〔一〕册府元龜卷七：「十一月甲子，高祖自長樂宫入京師，至朝堂，望闕而拜。天子以高祖爲丞相、録尚書事、假黄鉞，進封唐王，以武德殿爲相府，萬幾悉委焉。高祖每日於虔化門視事。」按「虔化門」，原作「廣化門」，據新唐書卷一高祖紀改。隋書卷五恭帝紀：「甲子，以光禄大夫、大將軍、太尉唐公爲假黄鉞、使持節、大都督内外諸軍事、尚書令、大丞相，進封唐王。丙寅，詔曰：『朕惟孺子，未出深宫，太上遠巡，追蹤穆滿。時逢多難，委當尊極，辭不獲免，恭己臨朝。若涉大川，罔知所濟，撫躬永歎，憂心孔棘。民之情僞，曾未之聞，王業艱難，載云其易。賴股肱戮力，上宰賢良，匡佐沖人，輔其不逮。軍國機務，事無大小，文武設官，位無貴賤，憲章賞罰，咸歸相府。庶績其凝，責成斯屬，遜聽前史，兹爲典故。因循仍舊，非曰徒言，所存至公，無爲讓德。』」唐六典卷七云宫城太極殿「次北曰朱明門，左曰虔化門，右曰肅章門，肅章之西曰暉政門，虔化之東曰武德西門。其内有武德殿，有延恩殿」。則武德殿在大興殿東北。另參辛德勇隋大興城坊考稿，縱心所欲。

〔二〕隋書卷二九地理志上：「榆林郡　開皇二十年，置勝州。統縣三，户二千三百三十」；「靈武郡　後魏置靈州，後周置總管府，大業元年府廢。統縣六，户一萬二千三百三十」；「五原郡　開皇五年置豐州，仁壽元年置總管府，大業元年府廢。統縣三，户二千三百三十」；「平涼郡　舊置原州，後周置總管府，大業初府廢。統縣五，户二萬七千九百九十五」；「安定郡　舊置涇州。統縣七，户七萬六千二百八十一。」

册府元龜卷七：「乙丑，榆林、靈武、五原、平涼、安定五郡遣使來降……（十二月）乙未，平涼太守張隆以其衆來降。」通鑑卷一八五：「（義寧二年三月）癸酉，（竇抗）帥靈武、鹽川等數郡來降……（四月）己卯，武都、宕渠、五原等郡皆降。」册府元龜卷一六四：「（武德元年）七月，榆林賊帥郭子和遣使來降，拜爲靈州總管。」舊唐書卷五六李子和傳云其本姓郭氏，後賜姓李，「大業末，爲左翊衛，犯罪徙榆林，見郡内大饑，遂潛引敢死士，得十八人，攻郡門，執郡丞王才，數以不恤百姓，斬之，開倉以賑窮乏。自稱永樂王，建元爲正平，尊其父爲太公，以弟子政爲尚書令，子端、子升爲左、右僕射。有衆二千餘騎，南連梁師都，北附突厥始畢可汗，並送子爲質以自固……又以子和爲平楊天子，子和固辭不敢當，始畢乃更署子和爲屋利設」。舊唐書卷五七張長遜傳：「累至五原郡通守。及天下亂，遂附于突厥，號長遜爲割利特勤。及義旗建，長遜以郡降，授五原太守，尋除豐州總管。」卷一九四上突厥傳上：「高祖入長安，薛舉猶據隴右，遣其將宗羅睺攻陷平涼郡，北與頡利連結。高祖患之，遣光禄卿宇文歆賫金帛以賂頡利。歆説之，令絶交於薛舉。初，隋五原太守張長遜因亂以其所部五原城隸於突厥。歆又説頡利遣長遜入朝，以五原地歸于我。頡利並從之，因發突厥兵及長遜之衆，並會於太宗軍所。」獨孤瑛墓誌（拓本刊洛陽新獲墓誌百品）：「頃之，以能官被舉，遷安定郡丞。俄屬伏鱉呈祆，鬬黿貽孽，四郊多壘，九縣挻災。公環保郡城，獨固隨節，安輯士庶，境宇無虞。高祖太武皇帝誕膺樂推，援旗拯溺，龍飛晉水，鳳翥參墟，奔關甸以推亡，臨軹塗而約法。公明踰去亳，義叶歸曹。爰以舊姻，俄登顯秩。拜宗正少卿。」陳察墓誌（拓本刊千唐誌齋藏誌）：「解褐隨武都郡曲水縣令。屬炎靈告厭，薛舉稱兵，縣人楊洛翻城相應。公潛圖克復，當即誅夷。遥知灞上之興，先獻河西之款。義寧二年，隴右道安撫大使、長道公姜謩奉旨宣勞，表揚誠節，割武都郡之長松、曲水、正西三縣置陰平郡，仍以公爲太守。」知平涼降唐後不久即爲薛舉所破，而靈武、五原、榆林等郡歸唐則至武德元年。另胡演墓誌（拓本刊大唐西市博物館藏墓誌）：「轉拜北地郡丞……義寧初，率郡歸國，授左光禄大夫，封歸義縣公，拜北地郡太守。」

〔三〕册府元龜卷七：「（十二月癸未）高祖遣趙郡公李孝恭狥山南，所至皆下……甲辰，遣使者詹俊、李袞等狗巴蜀，並下之。」舊唐書卷一高祖紀：「（十二月）丙午，遣雲陽令詹俊、武功縣正李仲袞徇巴蜀，下之。」通鑑卷一八四考異：「創業注云：『十一月甲子，遣使慰諭巴蜀。』實録在十二月甲辰，唐曆在十二月丙午。未知創業注所云者即俊等邪，爲别使也？今從實録。」舊唐書卷六〇河間王孝恭傳：「高祖克京師，拜左光禄大夫，尋爲山南道招慰大使。自金州出于巴蜀，招攜以禮，降附者三十餘州。」

〔四〕舊唐書卷一高祖紀：「十二月癸未，丞相府置長史、司録已下官僚。」通鑑卷一八四考異：「唐帝紀在十二月癸未。今從創業注。」舊唐書卷五七裴寂傳：「及京師平，賜良田千頃、甲第一區、物四萬段，轉大丞相府長史，進封魏國公，食邑三千户。」裴寂墓誌：「太上皇負孺臨朝，光膺歷試，乃復引公爲相府長史，進爵魏國公，加邑三千户，别賜甲第一區、公田千頃。」舊唐書卷五七劉文静傳：「轉大丞相府司馬，進授光禄大夫，封魯國公。」卷六一竇威傳：「高祖入關，召補大丞相府司録參軍。」卷六一陳叔達傳：「授丞相府主簿，封漢東郡公。」另可考知的丞相府僚佐有丞相府掾殷開山、劉政會，丞相府祭酒竇誕、丞相府司録李綱、丞相府記室令狐德棻、丞相府諮議參軍竇軌、相國府記室唐儉、相國府兵曹參軍姜謩、相國府參軍事盧牟子等。

〔五〕隋書卷五恭帝紀：「(十一月)己巳，以唐王子隴西公建成爲唐國世子，敦煌公爲京兆尹，改封秦公，元吉爲齊公，食邑各萬户。太原置鎮北府。」册府元龜卷七：「十二月癸未，天子詔以隴西公建成爲唐國世子，進封太宗爲秦國公，元吉爲齊國公。」「世子」，原作「長子」，據舊唐書卷一高祖紀改。按十一月戊申朔，己巳爲二十二日，十二月丁丑朔，癸未爲初七。通鑑卷一九〇：「及爲唐王，將佐亦請以世民爲世子，上將立之，世民固辭而止。」按通鑑此則或據實録增補，唐初編纂實録爲抬高太宗有所改竄，此即是一例。另新唐書卷一高祖紀：「十二月癸未，隋帝贈唐襄公爲景王、仁公爲元王；夫人竇氏爲唐國妃，謚曰穆。」

十二月，隴西金城郡奴賊薛舉等破賊率唐弼于扶風〔一〕，自稱天子〔二〕。初，弼遣使詣帝歸款，投狀扶風郡，而爲薛舉所圍。帝遣援兵往扶風，未至，弼黨在郡城外爲舉所圖①，弼遂被郡守竇璡所殺〔三〕。俄而璡及河池郡守蕭瑀相繼歸京師〔四〕。於是拜璡爲户部尚書、上柱國，封燕國公〔五〕；瑀拜禮部尚書，封宋公②〔六〕。是月也，屈突通自潼關都尉府欲奔東都〔七〕，關上劉文静等諸軍追而獲焉，送之相府〔八〕。帝見通，捨而禮之，謂曰：「公以清貞奉上，臣道不虧，孤所翹心，惟恨得卿之晚。」通拜款〔九〕。劉文静等仍定弘農郡及佐諸縣③〔一〇〕。

校勘記

①弼黨在郡城外爲舉所圖　「圖」，吴本、學津討原本作「圍」。

②封宋公　「宋公」，黄校本、吴本校、藕香零拾本、舊唐書卷六三蕭瑀傳作「宋國公」。

③劉文静等仍定弘農郡及佐諸縣　藕香零拾本無「佐」字。

箋證

〔一〕隋書卷五恭帝紀：「十二月癸未，薛舉自稱天子，寇扶風。秦公爲元帥，擊破之。」舊唐書卷五五薛舉傳：「薛舉，河東汾陰人也。其父汪，徙居金城。舉容貌瓌偉，凶悍善射，驍武絶倫，家産鉅萬，交結豪猾，雄於邊朔。初，爲金城府校尉。大業末，隴西群盜蜂起，百姓飢餒，金城令郝瑗募得數千人，使舉討捕。授甲於郡中，吏人咸集，置酒以饗士。舉與其子仁杲及同謀者十三人，於座中劫瑗，矯稱收捕反者，因發兵囚郡縣官，開倉以賑貧乏。自稱西秦霸王，建元爲秦興，封仁杲爲齊公，少子仁越爲晉公……十三年秋七月，舉僭號於蘭州，以妻鞠氏爲皇后，母爲皇太后，起墳塋，置陵邑，立廟於城南。」隋書卷二九地理志上：「金城郡　開皇初，置蘭州總管府，大業初府廢。統縣二，户六千八百一十八」；「扶風郡　舊置岐州。統縣九，户九萬二千二百二十三。」

〔二〕舊唐書卷五五薛舉傳：「初，(唐)弼起扶風，立隴西李弘芝爲天子，有徒十萬。舉遣使招弼，弼殺弘芝，引軍從舉。仁杲因弼弛備，襲破之，並有其衆，弼以數百騎遁免。舉勢益張，軍號三十萬，將圖京師。」

〔三〕通鑑卷一八四：「(薛)仁杲乘其無備，襲破之，悉并其衆。(唐)弼以數百騎走詣扶風請降，扶風太守竇璡殺之。」

〔四〕册府元龜卷七：「丁酉，扶風太守竇璡、河池太守蕭瑀並以郡來降。」按「河池」，原作「阿池」，據明鈔本改。宋本册府元龜卷一六四：「義寧元年十二月，河池郡守蕭瑀與梁泉令豆盧寬率郡内文武官歸國，授瑀光禄大夫、上柱國，封宋國公，食邑三千户。加寬銀青光禄大夫，仍遣還河池撫慰。」舊唐書卷九〇豆盧欽望傳：「祖寬，即隋文帝之甥也。大業末，爲梁泉令。及高祖定關中，寬與郡守蕭瑀率豪右赴京師，由是累授殿中監，仍詔其子懷讓尚萬春公主。」豆盧寬碑(拓本刊昭陵碑石)亦敘此事。舊唐書卷五九姜謩傳：「時薛舉寇秦、隴，以謩西州之望，詔於隴右安撫，承制以便宜從事……謩與竇軌出散關，下河池、漢陽二郡。」

〔五〕舊唐書卷六一竇璡傳：「璡字之推，抗季弟也。大業末，爲扶風太守。高祖定京師，以郡歸國，歷禮部、民部二尚書。」卷六九劉世讓傳：「高祖入長安，世讓以漳川歸國，拜通議大夫。」按舊唐書卷三八地理志一，漳川在扶風郡岐山縣，武德三年分岐山縣置縣，貞觀八年改爲扶風縣。

〔六〕舊唐書卷六三蕭瑀傳：「因出爲河池郡守，即日遣之。既至郡，有山賊萬餘人寇暴縱横，瑀潛募勇敢之士，設奇而擊之，當陣而降其衆。所獲財畜，咸賞有功，由是人竭其力。薛舉遣衆數萬侵掠郡境，瑀要擊之，自後諸賊莫敢進，郡中復安。高祖定京城，遣書招之。瑀以郡歸國，授光禄大夫，封宋國公，拜民部尚書。」

〔七〕隋書卷二八百官志下：「又置京輔都尉，從三品，立府於潼關，主兵領遏。并置副都尉，從四品。又置諸防主、副官，掌同諸鎮。」通典卷三三云「大唐無其制」。

〔八〕隋書卷五恭帝紀：「丁酉，義師擒驍衛大將軍屈突通於閿鄉，虜其衆數萬。」舊唐書卷五九屈突通傳：「通聞京師平，家屬盡没，乃留（桑）顯和鎮潼關，率兵東下，將趨洛陽。通適進路，而顯和降於劉文静。遣副將竇琮、段志玄等率精騎與顯和追之，及於稠桑。通結陣以自固，竇琮縱通子壽令往諭之，通大呼曰：『昔與汝爲父子，今與汝爲仇讎。』命左右射之。顯和呼其衆曰：『京師陷矣，汝並關西人，欲何所去？』衆皆釋仗。通知不免，乃下馬東南向再拜號哭，曰：『臣力屈兵敗，不負陛下，天地神祇，實所鑒察。』遂擒通送于長安。」卷五七劉文静傳：「通尚擁兵數萬，將遁歸東都，文静遣諸將追而執之，略定新安以西之地。」卷五八長孫順德傳：「及通將奔洛陽，順德追及於桃林，執通歸京師，仍略定陝縣。」卷六一竇琮傳：「琮率輕騎追至稠桑，獲通而返。進兵東略，下陝縣，拔太原倉。」卷六八段志玄傳：「及屈突通之遁，志玄與諸將追而擒之，以功授樂遊府驃騎將軍。」册府元龜卷三六九：「（張士貴）拒屈突通於桃林。使東略地，下同軌已東城堡，攻克熊州，遂鎮之。」册府元龜卷四二八：「及通之遁也，（王長諧）與諸將追至稠桑而虜之，因進下陜城，取太原倉。」册府元龜卷七：「癸卯，右翊衛長史宋遵貴以陜縣太原倉來降。」

〔九〕舊唐書卷五九屈突通傳：「高祖謂曰：『何相見晚耶？』通泣對曰：『通不能盡人臣之節，力屈而至，爲本朝之辱，以愧相王。』高祖曰：『隋室忠臣也。』命釋之。」屈突通墓誌：「聖人潛躍之初，皇代經綸之始，狡菟方殄，瞻烏有歸。公乃心本朝，竭忠舊主，遂東南慟哭慷慨者久之。雖袁安流涕於遠年，徐廣興悲於曩代，弗之尚也。暨乎引見，太上皇殊用加之，授上柱國、蔣國公，拜兵部尚書。」

〔一〇〕隋書卷三〇地理志中：「弘農郡　大業三年置。統縣四，户二萬七千四百六十六。」册府元龜卷一六四：「弘農賊帥張士貴以所統精兵及户口簿帳遣使送款，拜右光禄大夫。」舊唐書卷八三張士貴傳：「張士貴者，虢州盧氏人也。本名忽峍，善騎射，膂力過人。大業末，聚衆爲盜，攻剽城邑，遠近患之，號爲『忽峍賊』。高祖降書招懷之，士貴以所統送款，拜右光禄大夫。」張士貴墓誌（拓本刊新中國出土墓誌陝西壹）：「屬炎精淪昧，習坎横流……乃於枌閈之間，崤陵之地，因稱大總管、懷義公。於是繦負波屬，接淅雲歸。于時王充竊號晉京，李密稱師鞏洛，聞公威武，將恃爲援，俱展情素，形乎折簡。公誚其窮井之微，鄙挈瓶之懦，枕威蓄鋭，深拒固閈。皇家發迹參墟，肇基霸業。謳歌允集，征怨在期。將指黄圖，行臨絳水。公乃遣使輸款，高祖深相嘉歎，拜右光禄大夫，錫賚優洽，并降璽書，俾定河南之境……因統所部，鎮于陝服，受相府司馬劉文静節度。每陳東略之計，益見嗟賞。遂進下同軌，以置函州。又進擊僞熊州刺史鄭仲達，大敗之。所在城聚，相繼投款。高祖稱善，賚繒綵千有餘段，名馬五匹并金裝鞍勒。」

義寧二年春正月，蜀漢及氐羌所在諸郡雄豪并守長等奉帝書感悦，競遣子弟獻款，絡繹而至。所司報答，日有百餘，梁益之間宴如也〔一〕。承詔封丞相長史裴寂爲魏國公、司馬劉文静爲魯國公、趙興公神通爲鄭國公、永安公孝基爲蜀國公〔二〕，自餘將佐殷開山、劉弘基已下，並以次封開國郡公、縣公焉〔三〕。其日令曰：「李密趑趄鞏洛，自許當塗，王城如燬，憂心孔棘，東都危逼，有若倒懸〔四〕。西人之子，理本奔命，其左右大都督府所統諸軍並宜誡嚴，以時式遏。有征無戰，是謂義師，招諭不從，勿難還也。初年孟月，春作方興，不奪農時，宜知其速。」於是以世子爲左元帥，秦王爲右元帥，左右二府諸軍十餘萬衆，引于瀍水之北①〔五〕。仍以尚書蕭瑀爲相府司馬②，劉文静爲左元帥府長史，尚書竇璡爲掾，殷開山爲右元帥府長史司馬③，又拜屈突通爲上柱國，封蔣國公，檢校行軍左右虞候事〔六〕，軍士以下僚佐等，皆選知名者爲之。帝親詣軍，勞而誓遣之。

校勘記

①引于滻水之北　「引」,吴本校作「列」。

②仍以尚書蕭瑀爲相府司馬　舊唐書卷六三蕭瑀傳:「太宗爲右元帥,攻洛陽,以瑀爲府司馬。」按時任相府司馬者爲劉文静,此處疑有訛誤。

③殷開山爲右元帥府長史司馬　舊唐書卷五八殷嶠傳云「從擊薛舉,爲元帥府司馬」,「長史」二字疑衍。

箋　證

〔一〕册府元龜卷七:「二年正月丁未,天子詔高祖劍履上殿、入朝不趨、贊拜不名,加前後羽葆鼓吹,并依舊事辟仕。癸丑,遣楊義弘徇靈武。戊午,上洛、淅楊二郡及浮靈賊帥蕭岳、周洮等並遣使來降。」按「淅楊」,原作「浙楊」,據明鈔本改。

〔二〕李壽墓誌:「義寧元年十一月,拜宗正卿,增邑并前五千户,加賜良田甲第,金寳器物。尋遷左領都督,總知皇城宿衛。追叙京室之勳,迴授一子。」李孝基,高祖從父弟,武德元年封永安王,舊唐書卷六〇有傳。

〔三〕册府元龜卷七:「癸亥,論功行賞,其登京城第一勳授光禄大夫、開國郡公,物一千段;雖第一勳而身死者亦准此,其官迴授於子,第宅奴婢仍並量給。第二勳人各授三輔,物二百段,第三勳人從朝散加。」舊唐書卷五八殷嶠傳：「京城平，賜爵陳郡公，遷丞相府掾。」卷五八劉弘基傳：「及破京城，功爲第一……累拜右領都督，封河間郡公。」

〔四〕隋書卷八五王充傳：「充乃引軍渡洛水，逼倉城。李密與戰，充敗績，赴水溺死者萬餘人。時天寒大雪，兵士既渡水，衣皆霑濕，在道凍死者又數萬人，比至河陽，纔以千數。充自繫獄請罪，越王侗遣使赦之，召令還都。收合亡散，復得萬餘人，屯於含嘉城中，不敢復出。」舊唐書卷五三李密傳：「（王）世充襲倉城，密復破之。世充復移營洛北，造浮橋，悉衆以擊密，密與千餘騎拒之，不利而退。世充因薄其城下，密簡鋭卒數百人以邀之，世充大潰，爭趣浮橋，溺死者數萬。虎賁郎將楊威、王辯、霍舉、劉長恭、梁德、董智皆没于陣，世充僅而獲免。其夜，大雨雪，士卒凍死者殆盡。密乘勝陷偃師，於是修金墉城居之，有衆三十餘萬。留守韋津又與密戰於上春門，津大敗，執於陣。將作大匠宇文愷叛東都，降于密。東至海岱，南至江淮，郡縣莫不遣使歸密。竇建德、朱粲、楊士林、孟海公、徐圓朗、盧祖尚、周法明等並隨使通表於密勸進，於是密下官屬咸勸密即尊號，密曰：『東都未平，不可議此。』」另參通鑑卷一八五考異引河洛記、蒲山公傳等。

〔五〕册府元龜卷七：「戊辰，以長子建成爲撫軍大將軍、左元帥，摠兵十餘萬，以狗東都。」按「左元帥」，原作「左元師」，據宋本改。「東都」，原作「東郡」，據明鈔本改。册府元龜卷一九：「（太宗）尋爲右元帥，摠兵十萬狗東都。軍屯西苑，營於三王陵。」舊唐書卷一高祖紀：「二年春正月戊辰，世子建成爲撫寧大將軍、東討元帥，太宗爲副，總兵七萬，徇地東都。」按「撫寧大將軍」，舊唐書卷六四隱太子建成傳、册府元龜卷七、卷二五九作「撫軍大將軍」。

〔六〕舊唐書卷五九屈突通傳：「命釋之，授兵部尚書，封蔣國公，仍爲太宗行軍元帥長史。」

二月，涿郡太守羅藝①與漁陽、上谷、北平、柳城等郡諸官民遣使送款②〔一〕。先是，平原賊竇建德聚衆數萬人，充斥河右③、渤海、高陽等郡〔二〕，大將軍府使人張道源所定趙郡、襄國、武安、清河等郡，至是並陷於賊。道源亦隨而没焉〔三〕。建德遂僭稱王，自號夏國〔四〕。又南陽朱粲④，衆有所望，並好食人，自稱可達汗⑤，莫知可達汗之名有何義理，酷害異常〔五〕。又有賊蕭銑起兵於江陵〔六〕，於是以華陽公鄭元璹爲太常卿，封沛國公，遣將兵出商山上洛道〔七〕，定南陽以東諸郡〔八〕。並遣使人左領軍大都督府司兵馬元規慰撫安陸及荆襄間⑥〔九〕。

校勘記

① 羅藝　原作「□藝」，據吴本、藕香零拾本改。

② 柳城等郡諸官民遣使送款　「郡諸」，黄校本、藕香零拾本作「諸郡」。

③河右　舊唐書卷五四竇建德傳云其「築壇場於河間樂壽界中，自稱長樂王」，舊唐書卷三九地理志二：「瀛州上　隋河間郡。武德四年，討平竇建德，改爲瀛州」，疑當作「河間」。

④朱粲　原作「朱祭」，據善耕堂本、吴本、藕香零拾本改。按舊唐書卷五六有朱粲傳。

⑤可達汗　舊唐書卷五六朱粲傳作「可達寒」。

⑥並遣使人左領軍大都督府司兵馬元規慰撫安陸及荆襄間　「司兵」，通鑑卷一八五作「司馬」。

箋證

〔一〕羅藝，舊唐書卷五六有傳，云：「（羅藝）殺渤海太守唐禕等不同己者數人，威振邊朔，柳城、懷遠並歸附之。藝黜柳城太守楊林甫，改郡爲營州，以襄平太守鄧暠爲總管，藝自稱幽州總管。」又云：「宇文化及至山東，遣使召藝，藝曰：『我隋室舊臣，感恩累葉，大行顛覆，實所痛心。』乃斬化及使者，而爲煬帝發喪，大臨三日。竇建德、高開道亦遣使於藝，藝謂官屬曰：『建德、開道皆劇賊耳，化及弑逆，並不可從。今唐公起兵，皆符人望，入據關右，事無不成。吾率衆歸之，意已決矣，有沮衆異議者必戮之。』會我使人張道源綏輯山東，遣人諭意，藝大悦。武德二年，奉表歸國，詔封燕王，賜姓李氏，預宗正屬籍。」按「二年」，原作「三年」，據舊唐書卷一高祖紀、新唐書卷九二羅藝傳、通鑑卷一八七改。舊唐書卷一高祖紀：「（武德二年）冬十月己亥，封幽州總管羅藝爲燕郡王，賜姓李氏。」通鑑卷一八六：「（武德元年十二月）癸未，詔以（羅）藝爲幽州總管。」

考異：「創業注：『藝以武德元年二月降。』舊云三年，新書云二年，皆誤也。今從實録。」又册府元龜卷一六四：「（武德元年）十二月，隋襄平太守鄧暠以柳城、北平二郡來降，以暠爲營州總管。」則武德元年十二月羅藝、鄧暠因張道源來降，至二年十月，封燕郡王，賜姓。另馬炫墓誌（拓本刊洛陽新獲墓誌）記其祖君才隋末爲薊令，云：「及聖朝受命，奉燕王李藝表入奏，擢拜右武候大將軍、封南陽郡公。」薛萬備墓誌（拓本刊洛陽新獲墓誌百品）：「隨武賁羅藝，保據燕垂，未識真主。公兄弟深達天命，勸藝歸款。」

〔二〕竇建德，貝州漳南人，舊唐書卷五四有傳，隋末初從高士達，高士達爲隋太仆卿楊義臣討平後，「建德復還平原，收士達敗兵之死者，悉收葬焉。爲士達發喪，三軍皆縞素。招集亡卒，得數千人，軍復大振，始自稱將軍。初，群盜得隋官及山東士子皆殺之，唯建德每獲士人，必加恩遇。初得饒陽縣長宋正本，引爲上客，與參謀議。此後隋郡長吏稍以城降之，軍容益盛，勝兵十餘萬人」。隋書卷三〇地理志中：「河間郡　舊置瀛州。統縣十三，户十七萬三千八百八十三」；「渤海郡　開皇六年置棣州，大業二年爲滄州。統縣十，户十二萬二千九百九。」

〔三〕張道源，舊唐書卷一八七有傳，云：「高祖舉義，召授大將軍府户曹參軍。及平京城，遣道源撫慰山東，燕趙之地争來款附，高祖下書褒美，累封范陽郡公，後拜大理卿。」舊唐書卷五四竇建德傳：「嘗破趙州，執刺史張昂、邢州刺史陳君賓、大使張道源等，以侵軼其境，建德將戮之。」按張昂，新唐書卷八五竇建德傳作「張志昂」。册府元龜卷一二六：「（武德元年）八月，隋趙郡通守張志昂以郡來降。」通鑑卷一八六：「（武德元年）九月，隋襄國通守陳君賓來降，拜邢州刺史。」通鑑卷一八五：「（王）德仁兵敗，甲寅，與武安通守袁子幹皆來降，詔以德仁爲鄴郡太守。」册府元龜卷一六四：「（武德元年）六月，隋安陽令吕珉以相州來降，拜相州刺史。」册府元龜卷一二六：「武德元年六月丙申，隋信都郡丞麴稜以冀州來降。」

〔四〕隋書卷四煬帝紀下：「（十三年正月）丙辰，勃海賊竇建德設壇於河間之樂壽，自稱長樂王，建元丁丑。」按竇建德稱王在大業十三年正月，非義寧二年。

〔五〕朱粲，亳州城父人，舊唐書卷五六有傳，云：「初爲縣佐史。大業末，從軍討長白山賊，遂聚結爲群盜，號『可達寒賊』，自稱迦樓羅王，衆至十餘萬。引軍渡淮，屠竟陵、沔陽，後轉掠山南，郡縣不能守，所至殺戮，噍類無遺……軍中罄竭，無所虜掠，乃取嬰兒蒸而噉之，因令軍士曰：『食之美者，寧過於人肉乎！但令他國有人，我何所慮。』即勒所部，有略得婦人小兒皆烹之，分給軍士，乃税諸城堡，取小弱男女以益兵糧。隋著作佐郎陸從典、通事舍人顏愍楚因譴左遷，並在南陽，粲悉引之爲賓客，後遭飢餒，合家爲賊所噉。又諸城懼税，皆相攜逃散。」

〔六〕蕭銑，後梁宣帝曾孫，舊唐書卷五六有傳，云：「大業十三年，岳州校尉董景珍、雷世猛，旅帥鄭文秀、許玄徹、萬瓚、徐德基、郭華，沔州人張繡等同謀叛隋。郡縣官屬衆欲推景珍爲主，景珍曰：

『吾素寒賤，雖假名號，衆必不從。今若推主，當從衆望。羅川令蕭銑，梁氏之後，寬仁大度，有武皇之風。吾又聞帝王膺籙，必有符命，而隋氏冠帶，盡號起梁，斯乃蕭家中興之兆。今請以爲主，不亦應天順人乎？』衆乃遣人諭意，銑大悦，報景珍書曰：『我之本國，昔在有隋，以小事大，朝貢無闕。乃貪我土宇，滅我宗祊，我是以痛心疾首，無忘雪恥。今天啓公等，協我心事，若合符節，豈非上玄之意也。吾當糾率士庶，敬從來請。』即日集得數千人，揚言討賊而實欲相應。遇潁川賊帥沈柳生來寇羅川縣，銑擊之，不利，因謂其衆曰：『岳州豪傑首謀起義，請我爲主。今隋政不行，天下皆叛，吾雖欲獨守，力不自全。且吾先人昔都此地，若從其請，必復梁祚，遣召柳生，亦當從我。』衆皆大悦，即日自稱梁公，改隋服色，建梁旗幟。柳生以衆歸之，拜爲車騎大將軍，率衆往巴陵。自起軍五日，遠近投附者數萬人。」

〔七〕鄭元璹所徇即唐藍田武關道，由長安東南行，經藍田縣，出藍田關，經商州治所上洛縣，商洛縣，出武關，經鄧州内鄉縣，臨湍縣，至穰縣；又由内鄉經南陽縣，亦至穰縣。穰縣南行經鄧城縣至襄陽，凡一千一百餘里。通典卷一七五商州上洛縣條云：「有商山，亦名地肺山，亦名楚山，四皓所隱。其地險阻。王莽命明威侯王級曰：『繞霤之固，南當荆楚。』繞霤者，言四面塞阨，其道屈曲，水回繞而霤，即今七盤十二繞。」參嚴耕望唐代交通圖考卷三秦嶺仇池區及圖十一唐代秦嶺山脈東段諸谷道圖。

〔八〕舊唐書卷六二鄭元璹傳：「義師至河東，元璹以郡來降，徵拜太常卿。及定京城，以本官兼參旗將軍。元璹少在戎旅，尤明軍法，高祖常令巡諸軍，教其兵事。」

〔九〕册府元龜卷七：「二月丁丑，遣功曹參軍裴清率兵襲河陽。己卯，遣太常卿鄭元璹定樊鄧，使者馬元規狥荆襄。甲午，出米七萬斛以賑貧人。清河賊帥竇建德稱長樂王。」册府元龜卷三四五：「馬元規，安陸人也。初以隊正從高祖征討，因建義舉，乃仗節山南，下（浙）〔淅〕、南陽二郡及其屬縣，得兵萬餘人。」通鑑卷一八五：「（武德元年）五月，山南撫慰使馬元規擊朱粲於冠軍，破之。」册府元龜卷七六二：「呂子臧，隋末爲南陽郡丞。高祖遣馬元規撫慰山南，子臧堅守不下。元規遣使諷諭之，前後數輩，皆爲子臧所殺。及煬帝被弒，高祖遣其女婿薛君倩齎手詔諭旨，子臧於是爲煬帝發喪成禮，而後歸國。拜鄧州刺史，封南陽郡公。」册府元龜卷四三七：「唐馬元規，武德初爲慰撫山南使，時賊帥朱粲新敗，鄧州刺史呂子臧率所領數千人與元規并力擊之。子臧謂元規曰：『朱粲新破之後，上下危懼，一戰可擒。如更遷延，部衆稍齊，力强食盡，必死戰，於我爲患不細也。』元規不納。子臧請以本兵獨戰，元規又禁之不得。俄而粲衆大至，元規懼，退保南陽。子臧拊膺曰：『言不見從者，今兹坐公死。』粲果率兵圍之，城陷，元規遇害。」通鑑卷一八六繫馬元規兵敗於武德元年十月，又册府元龜卷一二二：「（武德元年十月）南陽賊帥朱粲侵淅州，遣太常卿鄭元璹率步騎一萬擊之。」通鑑卷一八六：「（武德元年十二月）辛巳，太常卿鄭元璹擊朱粲於商州，破之。」按「淅州」，原作「浙州」，據通鑑卷一八六改。隋書卷三一地理志下：「安陸郡　梁置南司州，尋罷。西魏置安州總管府，開皇十四年府廢。統縣八，户六萬八千四十二。」

三月，左右二元帥軍招諭東都，城門不啓，李密又不敢西寇〔一〕。時逼農月，遂奉令旋師，宜陽、新安二郡而還〔二〕。留行軍總管史萬寶、盛彦師鎮宜陽，吕紹宗、任瓌鎮新安①〔三〕。

校勘記

① 任瓌　原作「任懷」，據善耕堂本、藕香零拾本改。按舊唐書卷五九有任瓌傳。

箋　證

〔一〕隋書卷七〇李密傳：「及義師圍東都，密出軍争之，交綏而退。」通鑑卷一八五：「世子建成等至東都，軍於芳華苑；東都閉門不出，遣人招諭，不應。李密出軍争之，小戰，各引去。城中多欲爲内應者，趙公世民曰：『吾新定關中，根本未固，懸軍遠來，雖得東都，不能守也。』遂不受。（四月）戊寅，引軍還。」

〔二〕舊唐書卷一高祖紀：「（四月）戊戌，世子建成及太宗自東都班師。」冊府元龜卷二五九：「四月戊戌，班師。」通鑑卷一八五考異：「創業注在三月。今從太宗實録。」冊府元龜卷一九：「（太宗）尋爲右元帥，摠兵十萬狥東都。軍屯西苑，營於三王陵。自三月至於四月而旋。時京師新定，李密向强，且事觀兵，未遑決戰，迺於熊、穀二州置重鎮而還。平定王世充之基，始於此矣。」舊唐書卷二太宗紀上：「及將旋，謂左右曰：『賊見吾還，必相追躡。』設三伏以待之。俄而隋將段達率萬餘人自後而至，度三王陵，發伏擊之，段達大敗，追奔至于城下。因於宜陽、新安置熊、穀二州，戍之而還。」舊唐書卷五八劉弘基傳：「又從太宗經略東都，戰于瓔珞門外，破之。師旋，弘基爲殿。隋將段達、張志陣於三王陵，弘基擊敗之。」張士貴墓誌：「自副義寧二年，隱太子之東討也，以公材光晉用，譽重漢飛，戰有必勝之資，威有憺鄰之鋭，授第一軍總管先鋒。徇地靈昆平樂，開月壘而投壺；春路秋方，耀星旗而舉扇。王充選其毅卒，折衂於前；李密簡其勁騎，逋亡於後。軍容之盛，咸所宗挹。頻賚金帛，不可勝言。尋被召入京奉見，恩貸綢繆，而備申誠款，載隆賞册，乃拜通州刺史。」竇幹墓誌（拓本刊秦晉豫新出墓誌蒐佚續編）：「其年二月，王師東討，又爲左元帥府録事參軍，六師電邁，七萃飆發。簸丘跳巒，直指瀍澗。王世充縈堞而背城，李密連營而敦陣。三面相掎，七戰連交。君雙帶兩韃，左右馳射，獵行復陣，殿後攻前。及振旅凱歸，追兵又至。君復身先士卒，大廓妖氛，蒙授正議大夫，以旌殊績。」

舊唐書卷三八地理志一河南府下有福昌、新安兩縣，云：「福昌　隋宜陽縣。義寧二年，置宜陽郡，領宜陽、澠池、永寧三縣；又於新安縣置新安郡，領新安一縣。武德元年，改宜陽郡爲熊州，新安爲穀州，割熊州之澠池又置東垣縣屬之，仍改熊州之宜陽爲福昌縣」；「新安　隋縣。義寧二年，置新安郡。武德元年，改爲穀州，領新安、澠池、東垣三縣。」

〔三〕盛彦師，舊唐書卷六九有傳，云：「俄與史萬寶鎮宜陽以拒東寇。」吕紹宗，見元和姓纂卷六吕氏馮翊望，云：「狀云，本望東平，後居馮翊蒲城。北齊虞州刺史、東平公吕晟；生和，岐州刺史。和生紹宗，唐領軍大將軍、涼州都督。」通鑑卷一八五：「東都號令不出四門，人無固志，朝議郎段世弘等謀應西師。會西師已還，乃遣人招李密，期以己亥夜納之。事覺，越王命王世充討誅之。密聞城中已定，乃還。」另册府元龜卷七：「三月己酉，以齊國公元吉爲鎮北將軍、太原道行軍元（師）〔帥〕。乙卯，徙太宗爲趙國公。」通鑑卷一八五：「三月己酉，以齊公元吉爲鎮北將軍、太原道行軍元帥、都督十五郡諸軍事，聽以便宜從事。」考異：「創業注，改太原留守爲鎮北府，在去年十二月己巳。蓋因元吉進封齊公言之耳。今從實録。」

少帝以帝功德日懋，天曆有歸，欲行禪讓之禮，乃進帝爲相國，加九錫，賜殊物，加殊禮焉〔一〕。册曰：

箋證

〔一〕册府元龜卷七：「（三月）戊辰，詔唐王備九錫之禮。」隋書卷五恭帝紀：「戊辰，詔唐王備九錫之禮，加璽紱、遠遊冠、緑綟綬，位在諸侯王上。唐國置丞相已下，一依舊式。」舊唐書卷一高祖紀：「戊辰，隋帝進高祖相國，總百揆，備九錫之禮。唐國置丞相以下，立皇高祖已下四廟於長安通義里第。」

於戲！維爾假黄鉞、使持節、大都督内外諸軍事、録尚書、大丞相、新除相國、總百揆唐王，夫乾道貞觀，四象所以運行；坤德含弘，萬有憑其載育。是以天地交泰，資始由乎聖人；陰陽順成，總己歸其元輔。故能陶甄品物，代彼天工，息四海之群飛，迴三靈之掩耀。百揆時序，五典克從。雖伊尹格于皇天，周公光于四表，方斯蔑如也①。今將受王典册，其敬聽朕命。

校勘記

① 方斯蔑如也　「斯」，文苑英華卷四四七唐王以相國總百揆并九錫詔作「諸」。

上天不造，降禍于我國家，高祖棄盛業而昇龍，太上釋寶圖以委御，王室如燬，喪亂弘多，數屬道消，時鍾代季，郊廟絶主，有若綴旒，則我祖宗之業，已墜于地矣。王應休明之運，從兆人之欲，奉七璽於代邸，飛六轡於周京。此乃綱我絶維，有大造於皇家者也①。

校勘記

① 此乃綱我絶維有大造於皇家者也　文苑英華卷四四七唐王以相國總百揆并九錫詔作「此乃綱我絶紀，爲有大造於皇家者也」。

曩者塞表省方，群胡反噬，矢流君側，圍甚平城，淪陷指期，阽危莫恤。王釋位同謀，總伐千里①，晨炊蓐食，倍道兼行，匈奴遠跡，乘輿反正。此則王之功也。歷山飛稱兵燕趙，妄假名號，河朔響應，山西屯結。王首啓戎行，大殲醜類。此又王之功也。夷狄貪婪，屢犯關塞②，驅迫良善，殺略吏人。王鞠旅理兵，卷甲長驁，追奔逐北，掃地無遺。此又王之功也。王威徒黨，潛謀逆亂，外交邊裔，内騁奸回，實繁有徒，傾覆宗社。王收戮兇渠，罪人斯得。此又王之功也。四郊多壘，三輔倒懸，黄巾示宮闕之名③，赤眉爲園陵之禍，凶荒仍歲，荆棘旅庭。王投袂義舉，星言電邁，取霍邑若摧枯④，舉秦關如反掌，克清河渭，志存匡復。此又王之功也。北荒獯鬻，事藉羈縻，比者中原多故，龍堆道絶。王式遏有方，款關請吏，更敦鄰睦，復我舊藩。此又王之功也。汾晉地險，逋逃攸聚，山藏川量，負罪稽誅，類馬騰之乞活，同嚴尤之盡赦。王懷柔伏叛，杖信示威，交臂屈膝，申其向化。此又王之功也。河潼轉漕，密邇關畿，京坻委積，由來尚矣，群凶據竊，一鼓而崩。此又王之功也。京師危迫，姦臣放命，異一相之居内，同四凶之扇禍。王大誓師旅，興言感慨，蕩清上國，拯厥贅旒，暴市焚屍，並梟元惡。此又王之功也。上天貽愛，莫甚乎人，爰祚聖哲，弼予冲幼，官守司存，社稷有奉，濟方割于下墊，爍員光於上墋⑤。此又王之功也。唐弼凶竪，草竊岐陽，吞噬舊邦，侵逼都鄙。王制以銜策，觀其攜二，親離衆叛，我盡收之。此又王之功也。華陽黑水，控接岷嶓，山川阻深，盡爲逋藪。義風所靡，化行江漢。此又王之功也。薛舉崇姦，同惡相濟，僭擬輿服，滔天泯夏，西土遊魂，秦川肆毒⑥。赫斯授律，咸俘醜類，岐隴齊築京觀，汧渭爲之不流。此又王之功也。三蜀奥區，一都之會，夷民紛雜，蠻陬荒梗。王發一介之使，降咫尺之書，而靈關洞開，劍閣無隘。此又王之功也。弘農甸服，襟帶河陜⑦，鞠爲寇場，連城阻亂，長策遠振，不征而服。此又王之功也。

校勘記

① 總伐千里　「伐」，文苑英華卷四四七唐王以相國總百揆并九錫詔作「戎」。
② 屢犯關塞　「屢」，原作「屬」，據文苑英華卷四四七唐王以相國總百揆并九錫詔改。
③ 黄巾示宫闕之名　「黄巾」，文苑英華卷四四七唐王以相國總百揆并九錫詔作「黄圖」。
④ 取霍邑若摧枯　「若」，原作「如」，據黄校本、藕香零拾本、文苑英華卷四四七唐王以相國總百揆并九錫詔改。
⑤ 爍員光於上墋　「墋」，原作「參」，據文苑英華卷四四七唐王以相國總百揆并九錫詔改。
⑥ 秦川肆毒　「秦川」，原作「秦山」，據文苑英華卷四四七唐王以相國總百揆并九錫詔改。
⑦ 襟帶河陜　「河陜」，文苑英華卷四四七唐王以相國總百揆并九錫詔作「河洛」。

王有濟天下之勳，重之以明德，爰初發跡，肇自鴻階，峻極比于嵩華，清瀾運于溟渤。體兹將聖，道被如仁，在物不失其宜，含靈咸安其所。春生夏長，信及四時；地平天成，義兼得一。總萬機之務，因百姓之心，保乂我皇家，弘濟乎多難者也。是以濟濟多士，庶政緝熙；穆穆四時，要荒式序。激清風以厲俗，暢和氣以調時。神功侔於造化，積德高於垂象。朕又聞之，先王之宰物也，尊賢尚德，茂賞疇庸。五侯專征，九命作伯；周襄光錫，桓文是膺；大啓南陽，以表東海。況乃道冠伊稷，功高晉鄭，酬勳蔑爾，朕甚懼焉。今晉授相國，以河内、汲郡、清河、武安、魏郡、信都、高陽、平原、趙郡、襄國，通前三十郡①〔一〕，增封唐國。錫兹黑土，苴以白茅，爰定爾邦，用建家社。昔周邵分陝，咸爲保傅；毛畢諸侯，入作卿士。内外之任，禮實攸宜。今授相國印綬、唐王璽紱、茅土、金獸符第一至第五、竹使符第一至第十。相國禮絶群后，任總所司，朝班彝數，宜以事革，其以相國總百揆，去録尚書之號。上所假黄鉞、内外都督、丞相印綬，又加王九錫，其敬聽後命。以王繩紀禮度，哀矜折獄，罔不用情，無或遷志，是用錫王大輅、戎輅各一，玄牡二駟。以王分地敦本，人天是賴，疏爵務農，所寶惟穀，是用錫王衮冕之服，赤舄副焉。以王風雅所被，獯戎咸格，陰陽順理，遐邇宅心，是用錫王軒懸之樂、六佾之舞。以王翼宣皇道，義聲遐暢，三才所運，四海攸歸，是用錫王朱户以居。以王登賢命秩，哀德升朝，思帝所難，能官流詠，是用錫王納陛以登。以王正色持衡，鎔範御下，式遏姦宄，蕩清華夏，是用錫王武賁之士三百人。

以王威同夏日，志厲秋霜，刑厝有期，寬而不漏，是用錫王鈇、鉞各一。彤弓一、彤矢百、旅弓十、旅矢千②。以王霜露履踐，禋祀恭嚴，天地幽通，孝思至感，是用錫王秬鬯一卣③，珪瓚副焉。唐國宜置丞相已下，一遵舊式。往欽哉！祇奉大禮，用膺多福，以光我高祖之休命，可不慎歟！侍中陳叔達之詞也〔二〕。

校勘記

① 通前三十郡　「三十」，文苑英華卷四四七唐王以相國總百揆并九錫詔作「二十」。

② 彤弓一彤矢百旅弓十旅矢千　文苑英華卷四四七唐王以相國總百揆并九錫詔句上有「以王明罰信賞折衝無外是用錫王」十四字。

③ 是用錫王秬鬯一卣　「卣」，原作「逌」，據吴本、文苑英華卷四四七唐王以相國總百揆并九錫詔改。

箋　證

〔一〕隋書卷三〇地理志中：「河内郡　舊置懷州。統縣十，户十三萬三千六百六」；「汲郡　東魏置義州，後周爲衛州。統縣八，户十一萬一千七百二十一」；「清河郡　後周置貝州。統縣十四，户三十萬六千五百四十四」；「武安郡　後周置洺州。統縣八，户十一萬八千五百九十五」；「魏

郡 後魏置相州，東魏改曰司州牧。後周又改曰相州，置六府。宣政初府移洛，以置總管府，未幾，府廢。統縣十一，户十二萬二百二十七」；「信都郡 舊置冀州。統縣十二，户十六萬八千七百一十八」；「博陵郡 舊置定州。後周置總管府，尋罷。統縣十，户十萬二千八百一十七」；按隋書卷四煬帝紀下記大業九年十月乙酉詔改博陵爲高陽郡。隋書卷三〇地理志中：「平原郡 開皇九年置德州。統縣九，户十三萬五千八百二十二」；「趙郡 開皇十六年置欒州，大業三年改爲趙州。統縣十一，户十四萬八千一百五十六」；「襄國郡 開皇十六年置邢州。統縣七，户十萬五千八百七十三」。

〔二〕舊唐書卷六一陳叔達傳：「與記室温大雅同掌機密，軍書、赦令及禪代文誥，多叔達所爲。」

帝私謂元從府僚曰：「少帝今時，可謂吾家所立。本謂社稷①，上報高祖，冀終隋氏，不失人臣。豈期孺子尚幼，未復明辟，僥倖之徒，諷其假孤名器。安有至尊羽儀、天子之禮假諸臣下，何以爲國？孤總朝政，此事不得不知。政由己出，還自錫進。貪天之功，以爲己力，孤不欺人，敢欺天也！」群僚等固請曰：「蕭何爲相國，魯公用王禮，前賢不讓，請以爲不疑。」帝曰：「兩賢遇周漢之初興，有大勳于二代。孤屬亂離之季世，值隋運之將盡。昏明時異，授受事殊，擬於其倫，實多慙德。然諸公欲孤行魏晉之故事，爲豹變之鴻漸，聊爲吾子揚搉而陳之。曹馬之興，不以義舉，英雄鼎峙，角逐争衡。無君之人，欲速大位，逼脅孤寡，假詔自媒，因九錫而論功，矜百辟於殊禮，示難進於謙退，思厭塞於群情。故路人咸見其心，有識呼爲狐媚。斯皆兆庶不推，謳歌不屬者也。宋齊蕞爾②，處於江湖，地當漢之一郡，自稱尊號，可知必以魏晉爲模楷③，習虞夏而禪讓。功微五伯，禮盛二王④，於是阿諛希旨之儔，申敦勸于抗矯；飾非輕薄之子，騁讓辭而偉畢。未聞桀紂之胤，禪於殷周之初，從此而言，斷可知矣。何輕易天命，以自厚誣。孤每觀前史，見斯事迹，未嘗不撫掌而笑。嗤彼群迷，明賢所棄，見賢思齊，勿循前弊。」時有啓帝者，以爲即真之漸，舊事因循，相承作故。帝曰：「孤聞昇天無階，於何爲漸？必如來旨，事轉成疑。至若河濱仄陋，泗上亭長，令其位次受終，未易享國。所問功德何如，誰云位之大小。以孤堪守關中，能負孺子，見推相國，作鎮假王，漢有前蹤，不能違衆。欲以曹操、司馬炎爲例，九錫殊物，賜加非宜，不願擬議，亦耻老瞞同傳⑤。」公卿聞帝此旨，痞而厚顔，詣府陳謝。帝又謂之曰：「魏氏以來，革命不少，鴻儒碩學，世有名臣。佐命興皇，皆行禪代，不量功業之本，惟存揖讓之容。上下相蒙，遂爲故實。寧有湯武接于夏殷，不憲章于堯舜；晉魏隔於周漢，翻祖述于勛華。且堯之禪舜，二聖繼踵；舜因讓禹，以明堯哲，示天下爲至公，不私己於尊位。故賓虞以後，若脱屣焉。是知非堯不能讓舜，非舜不能命禹。商周德所不逮，有撥亂反正之功。順天行誅，逆取順守，咸以至誠兼濟，無隱神祇，三五帝王，稱兹四聖，英聲茂實，飛騰萬古。堯舜不及於子，讓德而稱帝；湯武不私於後胤，力取而爲王。故道有降差，名有優劣，然立功立德，亦各一時。末葉後來，功德無紀，時逢屯否，擁兵竊命，託云輔政，擇立餘孽。頑嚚支庶，先被推崇，睿哲英宗，密加夷戮，專權任己，逼令讓位。雖欲己同於舜，不覺禪者非堯，貶德於唐虞，見過于湯武，豈不悖哉！魏晉宋齊，爲惑已甚，託言之士，須知得失。」群公退而悦服，私相謂曰：「相王格論，絶後光前，發明典謨，申理誓誥，可謂君子一言，定八代之榮辱矣。」帝又謂所親曰：「諸人雖復見吾言論，仍自不知至理。吾今一匡天下，三分有二，入關形勢，頗似漢高祖。且起軍甲子，旗幟已革，如何更於少帝之處，却受九錫而求殊禮。孺子有知，不容肯行此事，既成無識，此乃吾自爲之。立身以來，不欺暗室，如何今日，誣罔天聽。所區別帝王，激揚名理，以懲是古非今之輩，謬相勸逼。」於是惟改丞相府爲相國府⑥，而九錫殊禮並屬諸有司。

校勘記

① 本謂社稷　吳本、學津討原本、藕香零拾本作「本爲社稷」。

②　宋齊薨爾　「薨爾」，原作「薧爾」，據善耕堂本、黄校本、吴本、學津討原本、藕香零拾本改。

③　可知必以魏晉爲模楷　「楷」，原作「階」，據黄校本、吴本、藕香零拾本改。

④　禮盛二王　「二王」，通鑑卷一八五作「三王」。

⑤　亦耻老瞞同傳　「老瞞」，黄校本、吴本、藕香零拾本作「老韓」。

⑥　於是惟改丞相府爲相國府　「相國府」，原作「相府國」，據吴本、藕香零拾本改。

是月也，宇文化及兼弟智及等并驍果武賁司馬德戡、監門郎將裴虔通等謀同逆①〔一〕。因驍果等欲還，精鋭遂夜率之而圍江都宫，殺後主於彭城閣〔二〕。初，驍果兵等苦於久在江都，咸思歸叛。至是，煬帝知唐據有西京，過江計定，仍先分驍果往守會稽〔三〕，謡之云往東吴催米，故化及等因之而作難〔四〕。於是隋主崩問至，帝乃率文武群賢僚佐從少帝舉哀於大興後殿。帝哭哀甚，有諫止帝者。帝曰：「吾爲人下，喪居何可不哀！然亦恨後主不亡於開皇之末，以延鼎祚耳。」〔五〕

校勘記

①　宇文化及兼弟智及等并驍果武賁司馬德戡監門郎將裴虔通等謀同逆　「司馬德戡」、「裴虔通」，

原作「司馬龕」、「裴乾通」，據隋書卷四煬帝紀下改。按隋書卷八五有司馬德戡傳、裴虔通傳。另隋書卷四煬帝紀下敘其事作「武賁郎將司馬德戡」、「監門直閣裴虔通」。

箋證

〔一〕宇文化及，左翊衛大將軍宇文述之子，隋書卷八五有傳，云：「煬帝爲太子時，常領千牛，出入臥內。累遷至太子僕。數以受納貨賄，再三免官。太子嬖昵之，俄而復職」，時任右屯衛將軍。宇文智及，化及弟，隋書卷八五有傳，時任將作少監。司馬德戡，扶風雍人，隋書卷八五有傳，云：「大業三年，爲鷹揚郎將。從討遼左，進位正議大夫，遷武賁郎將。煬帝甚昵之。從至江都，領左右備身驍果萬人，營於城內。」裴虔通，河東人，隋書卷八五有傳，云：「煬帝爲晉王，以親信從，稍遷至監門校尉。煬帝即位，擢舊左右，授宣惠尉，遷監門直閣。累從征役，至通議大夫。」

〔二〕隋書卷四煬帝紀下：「（義寧）二年三月，右屯衛將軍宇文化及，武賁郎將司馬德戡、元禮，監門直閣裴虔通，將作少監宇文智及，武勇郎將趙行樞，鷹揚郎將孟景，內史舍人元敏，符璽郎李覆、牛方裕，千牛左右李孝本、弟孝質，直長許弘仁、薛世良，城門郎唐奉義，醫正張愷等，以驍果作亂，入犯宮闈。上崩于溫室，時年五十。蕭后令宮人撤牀簀爲棺以埋之。化及發後，右禦衛將軍陳稜奉梓宮於成象殿，葬吳公臺下。發斂之始，容貌若生，衆咸異之。大唐平江南之後，改葬雷塘。」舊唐書卷一高祖紀：「（武德元年九月）辛未，追謚隋太上皇爲煬帝……（五年八月辛亥）葬隋煬帝於揚州。」二〇一二年在揚州市邗江區西湖鎮司徒村曹莊組的蜀岡西峰頂部發現了隋煬帝墓，有M1、M2兩座磚室墓，據M1出土煬帝墓誌殘存文字推斷，貞觀中曾改葬。M2係煬帝蕭皇后墓，通鑑卷一九八：「（貞觀二十二年三月）庚子，隋蕭后卒，詔復其位號，謚曰愍；使三品護葬，備鹵簿儀衛，送至江都，與煬帝合葬。」參讀南京博物院、揚州市文物考古研究所、蘇州市考古研究所江蘇揚州市曹莊隋煬帝墓，考古二〇一四年第七期。隋書卷五恭帝紀：「（義寧二年）三月丙辰，右屯衛將軍宇文化及殺太上皇於江都宮，右禦衛將軍獨孤盛死之。齊王暕，趙王杲，燕王倓，光禄大夫、開府儀同三司、行右翊衛大將軍宇文協，金紫光禄大夫、内史侍郎虞世基，銀青光禄大夫、御史大夫裴蘊，通議大夫、行給事郎許善心，皆遇害。化及立秦王浩爲帝，自稱大丞相，朝士文武皆受其官爵。光禄大夫、宿公麥才，折衝郎將、朝請大夫沈光，同謀討賊，夜襲化及營，反爲所害。」舊唐書卷一高祖紀：「三月丙辰，右屯衛將軍宇文化及弑隋太上皇於江都宮，立秦王浩爲帝，自稱大丞相。」

〔三〕大業雜記輯校：「（大業十二年）十二月，修丹陽宮，欲東巡會稽等郡，群臣皆不欲。」隋書卷四煬帝紀下：「上起宮丹陽，將遜于江左。」卷六五趙才傳：「時江都糧盡，將士離心，内史侍郎虞世基、祕書監袁充等多勸帝幸丹陽。帝廷議其事，才極陳入京之策，世基盛言渡江之便。帝默然無言，才與世基相忿而出。」舊唐書卷一八五上李桐客傳：「大業末，煬帝幸江都，時四方兵起，謀欲徙都丹陽，召百僚會議。公卿希旨，俱言『江右黔黎，皆思望幸，巡狩吴會，勒石紀功，復禹之跡，今其時也』。桐客獨議曰『江南卑濕，地狹州小，内奉萬乘，外給三軍，吴人力屈，恐不堪命。且踰越險阻，非社稷之福』。御史奏桐客謗毁朝政，僅而獲免。」

〔四〕隋書卷八五宇文化及傳：「是時李密據洛口，煬帝懼，留淮左，不敢還都。從駕驍果多關中人，久客羈旅，見帝無西意，謀欲叛歸。時武賁郎將司馬德戡總領驍果，屯於東城，風聞兵士欲叛，未之審，遣校尉元武達陰問驍果，知其情，因謀構逆。共所善武賁郎將元禮、直閤裴虔通互相扇惑曰：『今聞陛下欲築宫丹陽，勢不還矣。所部驍果莫不思歸，人人耦語，並謀逃去。我欲言之，陛下性忌，惡聞兵走，即恐先事見誅。今知而不言，其後事發，又當族滅我矣。進退爲戮，將如之何？』虔通曰：『上實爾，誠爲公憂之。』德戡謂兩人曰：『我聞關中陷没，李孝常以華陰叛，陛下收其二弟，將盡殺之。吾等家屬在西，安得無此慮也！』虔通曰：『我子弟已壯，誠不自保，正恐旦暮及誅，計無所出。』德戡曰：『同相憂，當共爲計取。驍果若走，可與俱去。』虔通等曰：『誠如公言，求生之計，無以易此。』因遞相招誘。又轉告内史舍人元敏、鷹揚郎將孟秉、符璽郎李覆、牛方裕，直長許弘仁、薛良，城門郎唐奉義，醫正張愷等，日夜聚博，約爲刎頸之交，情相款昵，言無迴避，於座中輒論叛計，並相然許。時李孝質在禁，令驍果守之，中外交通，所謀益急。趙行樞者，樂人之子，家産巨萬，先交智及，勳侍楊士覽者，宇文甥，二人同告智及。智及素狂悖，聞之喜,即共見德戡,期以三月十五日舉兵同叛,劫十二衛武馬,虜掠居人財物,結黨西歸。智及曰:『不然。當今天實喪隋,英雄並起,同心叛者已數萬人,因行大事,此帝王業也。』德戡然之。行樞、薛良請以化及爲主,相約既定,方告化及。化及性本駑怯,初聞大懼,色動流汗,久之乃定。義寧二年三月一日,德戡欲宣言告衆,恐以人心未一,更思譎詐以脅驍果,謂許弘仁、張愷曰:『君是良醫,國家任使,出言惑衆,衆必信。君可入備身府,告識者,言陛下聞説驍果欲叛,多醞毒酒,因享會盡鴆殺之,獨與南人留此。』弘仁等宣布此言,驍果聞之,遞相告語,謀叛逾急。德戡知計既行,遂以十日總召故人,諭以所爲。衆皆伏曰:『唯將軍命!』其夜,奉義主閉城門,乃與虔通相知,諸門皆不下鑰。至夜三更,德戡於東城内集兵,得數萬人,舉火與城外相應。帝聞有聲,問是何事。虔通僞曰:『草坊被燒,外人救火,故諠囂耳。』中外隔絶,帝以爲然。孟秉、智及於城外得千餘人,劫候衛武賁馮普樂,共布兵分捉郭下街巷。至五更中,德戡授虔通兵,以换諸門衛士。虔通因自開門,領數百騎,至成象殿,殺將軍獨孤盛。武賁郎將元禮遂引兵進,宿衛者皆走。虔通進兵,排左閤,馳入永巷,問:『陛下安在?』有美人出,方指云:『在西閤。』從往執帝。帝謂虔通曰:『卿非我故人乎!何恨而反?』虔通曰:『臣不敢反,但將士思歸,奉陛下還京師耳。』帝曰:『與汝歸。』虔通因勒兵守之。至旦,孟秉以甲騎迎化及。化及未知事果,戰慄不能言,人有來謁之者,但低頭據鞍,答云『罪過』。時士及在公主第,弗之知也。智及遣家僮莊桃樹就第殺之，桃樹不忍，執詣智及，久之乃見釋。化及至城門，德戡迎謁，引入朝堂，號爲丞相。令將帝出江都門以示群賊，因復將入。遣令狐行達弒帝於宫中，又執朝臣不同己者數十人及諸外戚，無少長害之，唯留秦孝王子浩，立以爲帝。」

〔五〕通鑑卷一八五：「煬帝凶問至長安，唐王哭之慟，曰：『吾北面事人，失道不能救，敢忘哀乎！』」

化及等本自因思歸之衆而行殺逆，及以許公之子爲衆所推〔一〕，至是遂僭稱尊號，率其同惡欲入關，以李密斷成皋，據洛口，乃圖北取黎陽倉〔二〕，從白馬津而渡〔三〕。帝乃遣統軍張倫將蒲津以東從兵往魏郡道招慰化及等①，繼遣淮安王神通往定山東諸郡〔四〕。又募犯罪者數千人，聽效力贖罪，并張倫等並是淮安王節度焉。

校勘記

① 張倫　本書卷二有「張綸」，疑即其人。本卷下一處同。

箋　證

〔一〕隋書卷六一宇文述傳：「煬帝嗣位，拜左衛大將軍，改封許國公。」

〔二〕隋書卷二四食貨志：「開皇三年……又於衛州置黎陽倉。」舊唐書卷六七李勣傳：「時河南、山東大水，死者將半，隋帝令飢人就食黎陽，開倉賑給。時政教已紊，倉司不時賑給，死者日數萬人。勣言於密曰：『天下大亂，本是爲飢，今若得黎陽一倉，大事濟矣。』密乃遣勣領麾下五千人自原武濟河掩襲，即日克之，開倉恣食，一旬之間，勝兵二十萬餘。」

〔三〕水經注卷五河水云「又東北過黎陽縣南」，注云：「今城内有故臺，尚謂之鹿鳴臺，又謂之鹿鳴城。王玄謨自滑臺走鹿鳴者也。濟取名焉，故亦曰鹿鳴津，又曰白馬濟。津之東南有白馬城，衛文公東徙，渡河都之，故濟取名焉。袁紹遣顔良攻東郡太守劉延于白馬，關羽爲曹公斬良以報效，即此處也。白馬有韋鄉、韋城，故津亦有韋津之稱。」通典卷一七八汲郡黎陽縣條云：「漢舊縣。魏置黎州及黎陽。有白馬津，即酈生所云『杜白馬之津』是也。後魏改爲黎陽津。」

〔四〕李壽墓誌：「于時常山以南，猶隔聲教；太行左轉，尚曰匪民。推轂閫外，聲實兼重，允資戚屬，式佇賢能。乃以王爲持節山東道慰撫大使，封拜刑賞，皆得專之。禁令肅清，仁惠孚洽，扶老攜幼，動色相趨。」按唐大詔令集卷一一五有淮安王神通山東道安撫大使詔，繫其事於武德元年十月。

李密聞化及之趣河北，乃分兵遣別將徐世勣等屯黎陽拒守〔一〕。化及從宛道渡河①，絶糧，遂頓於聊城縣〔二〕。淮安王等率衆圖城②，部分失機，行兵不利，退保魏郡〔三〕。化及衆聚聊城，糧無所出。竇建德知其窮蹙，遂攻破之，獲化及兼弟智及，責以弑逆，並斬之而狥衆〔四〕。煬帝蕭皇后亦没于賊庭，於是江都宫人、美女、珍寶、金帛及乎玉璽，並建德有之〔五〕。不逞之徒因説建德送蕭皇后及宫人等，多賫金帛，重賂突厥，市馬而求援〔六〕。

校勘記

① 化及從宛道渡河　「宛道」，藕香零拾本作「他道」。

② 淮安王等率衆圖城　「圖」，吴本、學津討原本作「圍」。

箋證

〔一〕舊唐書卷六七李勣傳：「經歲餘，宇文化及於江都弑逆，擁兵北上，直指東郡。時越王侗即位於東京，赦密之罪，拜爲太尉，封魏國公，授勣右武候大將軍，命討化及。密遣勣守倉城，勣於城外掘深溝以固守；化及設攻具，四面攻倉，阻壍不得至城下，勣於壍中爲地道出兵擊之，大敗而去。」李勣墓誌：「隋越王稱制東都，假密太尉，以公爲右武候大將軍，封東海郡公。煬帝南征不復，蛇豕之毒方流；化及北上長驅，犬羊之徒自擾。公乃縞六師而抗憤，先固黎陽；料百勝以推鋒，義高即墨。」

〔二〕隋書卷七〇李密傳：「俄而宇文化及殺逆，率衆自江都北指黎陽，兵十餘萬。密乃自率步騎二萬拒之。會越王侗稱尊號，遣使者授密太尉、尚書令、東南道大行臺、行軍元帥、魏國公，令先平化及，然後入朝輔政。密遣使報謝焉。化及與密相遇，密知其軍少食，利在急戰，故不與交鋒，又遏其歸路，使不得西。密遣徐世勣守倉城，化及攻之，不能下……化及盛修攻具，以逼黎陽倉城，密領輕騎五百馳赴之。倉城兵又出相應，焚其攻具，經夜火不滅。密知化及糧且盡，因僞與和，以敝其衆。化及不之悟，大喜，恣其兵食，冀密餽之。會密下有人獲罪，亡投化及，具言密情。化及大怒，其食又盡，乃渡永濟渠，與密戰于童山之下，自辰達酉。密爲流矢所中，頓於汲縣。化及掠汲郡，北趣魏縣，其將陳智略、張童仁等所部兵歸于密者，前後相繼。初，化及以輜重留於東郡，遣其所署刑部尚書王軌守之。至是，軌舉郡降密，以軌爲滑州總管。密引兵而西，遣記室參軍李儉朝於東都，執殺煬帝人于弘達以獻越王侗。侗以儉爲司農少卿，使之反命，召密入朝。密至温縣，聞世充已殺元文都、盧楚等，乃歸金墉。」另參卷八五宇文化及傳。

隋書卷三〇地理志中武陽郡下有聊城縣。

〔三〕隋書卷八五宇文化及傳：「大唐遣淮安王神通安撫山東，并招化及。化及不從，神通進兵圍之，十餘日不剋而退。」舊唐書卷六〇淮安王神通傳：「爲山東道安撫大使。擊宇文化及於魏縣，化及不能抗，東走聊城。神通進兵躡之，至聊城。會化及糧盡請降，神通不受。其副使黄門侍郎崔幹勸納之，神通曰：『兵士暴露已久，賊計窮糧盡，克在旦暮，正當攻取，以示國威，散其玉帛，以爲軍賞。若受降者，吾何以藉手乎？』幹曰：『今建德方至，化及未平，兩賊之間，事必危迫。不攻而下之，此勳甚大。今貪其玉帛，敗無日矣！』神通怒，囚幹于軍中。既而士及自濟北餽之，化及軍稍振，遂拒戰。神通督兵薄而擊之，貝州刺史趙君德攀堞而上，神通心害其功，因止軍不戰，君德大詬而下，城又堅守。神通乃分兵數千人往魏州取攻具，中路復爲莘人所敗，竇建德軍且至，遂引軍而退。」

〔四〕舊唐書卷五四竇建德傳：「（義寧）二年，宇文化及僭號於魏縣，建德謂其納言宋正本、內史侍郎孔德紹曰：『吾爲隋之百姓數十年矣，隋爲吾君二代矣。今化及殺之，大逆無道，此吾讎矣，請與諸公討之，何如？』德紹曰：『今海內無主，英雄競逐，大王以布衣而起漳浦，隋郡縣官人莫不爭歸附者，以大王仗順而動，義安天下也。宇文化及與國連姻，父子兄弟受恩隋代，身居不疑之地，而行弒逆之禍，篡隋自代，乃天下之賊也。此而不誅，安用盟主！』建德稱善。即日引兵討化及，連戰大破之。化及保聊城，建德縱撞車拋石，機巧絕妙，四面攻城，陷之。建德入城，先謁隋蕭皇后，與語稱臣。悉收弒煬帝元謀者宇文智及、楊士覽、元武達、許弘仁、孟景，集隋文武官對而斬之，梟首轅門之外。化及并其二子同載以檻車，至大陸縣斬之。」隋書卷八五宇文化及傳：「竇建德悉衆攻之。先是，齊州賊帥王薄聞其多寶物，詐來投附。化及信之，與共居守。至是，薄引建德入城，生擒化及，悉虜其衆。先執智及、元武達、孟秉、楊士覽、許弘仁，皆斬之。乃以轞車載化及之河間，數以殺君之罪，并二子承基、承趾皆斬之，傳首於突厥義成公主，梟於虜庭。士及自濟北西歸長安。」

〔五〕舊唐書卷五四竇建德傳：「至此，得宫人以千數，並有容色，應時放散。得隋文武官及驍果尚且一萬，亦放散，聽其所去。又以隋黄門侍郎裴矩爲尚書左僕射，兵部侍郎崔君肅爲侍中，少府令何稠爲工部尚書，自餘隨才拜授，委以政事。其有欲往關中及東都者亦恣聽之，仍給其衣糧，以兵援之，送出其境。」

〔六〕舊唐書卷五四竇建德傳：「後世充廢侗自立，乃絶之，始自尊大，建天子旌旗，出警入蹕，下書言詔。追謚隋煬帝爲閔帝，封齊王暕子政道爲鄖公。然猶依倚突厥。隋義城公主先嫁突厥，及是遣使迎蕭皇后，建德勒兵千餘騎送之入蕃，又傳化及首以獻公主。既與突厥相連，兵鋒益盛。」卷一九四上突厥傳上：「先是，隋煬帝蕭后及齊王暕之子政道陷于竇建德，（武德）三年二月，處羅迎之，至于牙所，立政道爲隋王。隋末中國人在虜庭者，悉隸于政道，行隋正朔，置百官，居于定襄城，有徒一萬。」隋書卷三六煬帝蕭皇后傳：「及宇文氏之亂，隨軍至聊城。化及敗，没於竇建德。突厥處羅可汗遣使迎后於洺州，建德不敢留，遂入於虜庭。大唐貞觀四年，破滅突厥，乃以禮致之，歸于京師。」

少帝年未勝衣，不經師傅，長於婦人之手，時事茫然。既知煬帝不存，惟求潛遜。夏四月〔一〕，詔曰：「天禍隋國，大行太上皇遇盜江都，酷甚望夷，釁深驪北。憫予小子，奄紹丕愆，哀號永感，五情糜潰。仰惟荼毒，仇復靡申，形影相吊，罔知啓處。相國唐王，膺期命世，扶危拯溺，自北徂南，東征西伐①，總九合于一匡，決百勝于千里。糾率夷夏，大庇氓黎，保乂朕躬，繄王是賴。德侔造化，功格蒼旻，兆庶歸心，曆數斯在。屈人爲臣，載違天命。昔在虞夏②，揖讓相推，苟非重華，誰堪命禹。當今九服崩離，三靈改卜，大運去矣，請避賢路。兆謀布德，顧己莫能，私僮命駕，須歸藩國。予本代王，及予而代，天之所廢，豈其如是。庶憑稽古之聖，以誅四凶；幸值惟新之恩，預充三恪。雪耻怨於皇祖，守禋祀爲孝孫，朝聞夕殞，及泉無恨。今遵故事，遜於舊邸，庶官群后，改事唐朝。宜依前典，趣上尊號。若釋重負，感泰兼懷，假手真人，俾除醜逆。濟濟多士，明知朕意。」仍勑有司，凡是表奏皆不得以聞〔二〕。

校勘記

① 東征西伐　「伐」，隋書卷五恭帝紀、舊唐書卷一高祖紀作「怨」。

② 昔在虞夏　隋書卷五恭帝紀、舊唐書卷一高祖紀作「在昔虞夏」。

箋證

〔一〕舊唐書卷一高祖紀：「夏四月辛卯，停竹使符，頒銀菟符於諸郡。戊戌，世子建成及太宗自東都班師。五月乙巳，天子詔高祖冕十有二旒，建天子旌旗，出警入蹕。王后、王女爵命之號，一遵舊典。戊午，隋帝詔曰（詔書略）。」册府元龜卷七：「五月乙巳朔，詔唐王冕有十二旒，建天子旌旗，出警入蹕；乘金根車，駕六馬，備五時副車，置旄頭雲罕；樂舞八佾，設鍾磬宫懸。王后、王子、王女爵命之號，一遵舊典。」按册府元龜卷七、隋書卷五恭帝紀、舊唐書卷一高祖紀皆繫其事於五月，通鑑卷一八五考異：「創業注此詔在四月，今從實録。」

〔二〕隋書卷五恭帝紀：「仍敕有司，凡有表奏，皆不得以聞。是日，上遜位於大唐，以爲酅國公。武德二年夏五月崩，時年十五。」舊唐書卷一高祖紀：「遣使持節、兼太保、刑部尚書、光禄大夫、梁郡公蕭造，兼太尉、司農少卿裴之隱奉皇帝璽綬于高祖。高祖辭讓，百僚上表勸進，至于再三，乃從之。隋帝遜于舊邸。」

章表不通，理難再請。欲召公卿議之，漸以啓諭。於是文武將佐裴寂等二千人不謀同辭，並不肯奉詔①，乃相率上疏勸進曰：

校勘記

① 並不肯奉詔　「奉」，原作「奏」，據黄校本、吴本校、藕香零拾本改。

臣聞天下至公，非一姓之獨有，聖人達節，與萬物而推移。故五運遞興，百王更王，春蘭秋菊，無絶終古。玉疏石記①，筆舌紛綸；垂統有光，焕乎寶籙。伏惟陛下資靈種德，禀慶至真，固縱惟神，生知乃聖。量包乎宇宙，智周乎品物。群生塗炭，躋之仁壽。逢百六之厄，創業雲雷；追三五之蹤，財成天地。仲夏之半，龍躍晉陽；孟冬伊始，鳳翔灞上。鴻志蝟毛之反者，霧委來庭；觸柱拔山之大盗，風馳獻款。三晉子弟，共玁狁而陪麾；咸秦豪傑，連巴蜀而響應。英聲西被，懋德東漸，南諧交趾，北變幽都。躬未戎衣，手不提劍，機務成於雄斷，人傑得於才子。威加四海，功出一門，計極萬安，戰窮百勝。小往大來，筭無遺策，時未期月，業倍前王。今古代興，膺斯撥亂，若兹之舉，如兹之速，載籍以來，未之前聞也。臣等誠歡誠喜，頓首頓首，死罪②。

校勘記

① 玉疏石記　「玉疏」，黄校本、吴本校作「玉牒」。

②　死罪　藕香零拾本作「死罪死罪」。

竊以陛下承家開國，積德累功，世濟擬於高陽，纘緒盛於周武。載誕燭神光之異，儀形表玉勝之奇。白雀呈祥，丹書授曆，名合天淵，姓符桃李。君堯之國，靡不則天。星紀云周，奉時圖始，甲子之旦，不俟而脱。起兵西北，勢合乘乾，我來自東，位當出震。至八井深水之圖讖，唐唐李樹之驍歌①，固以備在人謡，無德而稱者也②。且夫體非常之道，立非常之功，實非常之人，有非常之事。不時正位，人神佇式③。天命不常，惟德是與，遷虞事夏，抑有前規。臣等敢録舊典，奉上尊號。當今萬機曠主，九有困窮。伏願降鑒回慮，憂世外己，上順天心，祇膺允執，俯從人願，屈就樂推。變黎庶于時雍，配上帝于宗祀。勿以王者兼濟之功，而爲匹夫獨美之操。昔之堯佐，咸大天工，績尤著者，胤饗稷卨，播穀之都，餘慶商周。皋陶好生洽人，今興陛下，盛德有後，其若是乎。四相三王，齊名踵武，千年得一，相繼風聲，符命所鍾，有自來矣。願納縉紳僂僂之情，允副億兆顒顒之望。率土更生，含靈幸甚。臣等誠惶誠恐，昧死以聞。頓首頓首，死罪死罪。

校勘記

①唐唐李樹之驍歌　「驍」，吴本、藕香零拾本作「謡」。

②無德而稱者也　「德」，黄校本、吴本、藕香零拾本作「得」。

③人神佇式　「佇」，黄校本、吴本校、藕香零拾本作「是」。

所司以表意奏聞①。帝退所奏表，謂奏者曰：「吾固知如是。」拒而不答。裴寂等進見曰：「昔桀紂雖復不賢，亦各有子，未聞湯武臣輔之。龜鏡已見，兹無所疑也。先人有言曰『功蓋天下者不賞』。陛下欲讓至尊而爲臣下，恐隋朝不然此事。且臣等唐之將佐，茅土大位，受之唐國。陛下不爲唐帝，臣等應須去官。伏願深思，容臣等有地。」帝笑曰：「裴公何相逼之深，當爲審思。」亦未之許〔一〕。

校勘記

①所司以表意奏聞　「意」，黄校本、藕香零拾本作「章」。

箋　證

〔一〕舊唐書卷五七裴寂傳：「及隋恭帝遜位，高祖固讓不受，寂勸進，又不答。寂請見曰：『桀紂之亡，亦各有子，未聞湯武臣輔之，可爲龜鏡，無所疑也。寂之茅土、大位，皆受之於唐，陛下不爲唐帝，臣當去官耳。』」

裴寂等又依光武長安同舍人强華奉赤伏符故事，乃奏神人太原慧化尼、蜀郡衛元嵩等歌謡詩讖〔一〕：「慧化尼歌詞曰『東海十八子，八井唤三軍。手持雙白雀，頭上戴紫雲。』〔二〕又曰『丁丑語甲子①，深藏入堂裏②。何意坐堂裏，中央有天子。』〔三〕又曰『西北天火照龍山③，童子赤光連北斗〔四〕。童子木上懸白旛，胡兵紛紛滿前後〔五〕。拍手唱堂堂，驅羊向南走。』〔六〕又曰『胡兵未濟漢不整④，治中都護有八井。』又曰『興伍伍，仁義行，武得九九得聲名⑤。童子木底百丈水〔七〕，東家井裏五色星。我語不可信，問取衛先生。』〔八〕蜀郡衛元嵩，周天和五年閏十月作詩『戌亥君臣亂，子丑破城隍。寅卯如欲定，龍蛇伏四方〔九〕。十八成男子，洪水主刀傍〔一〇〕。市朝義歸政，人寧俱不荒〔一一〕。人言有恒性，也復道非常。爲君好思量，何□□禹湯。桃源花□□□，李樹起堂堂。只看寅卯歲，深水没黄楊。』〔一二〕未萌之前，謡讖遍於天下，今覩其事，人人皆知之。陛下雖不以介懷，天下信爲靈效。特此欲作常人，恐難以免⑥。須上爲七廟，下安萬民。既膺符命，不得拘文牽旨，違天不祥。」裴寂等言之甚切。帝曰：「所以逡巡至於再三者，非徒推讓，亦恐群公面諛，退爲口實，然漢高云諸侯王推高于寡人，以爲皇帝位，甚便宜於天下之民則可矣。孤亦何能有異之哉！」〔三〕

校勘記

①丁丑語甲子　「語」，黄校本、藕香零拾本作「與」。

②深藏入堂裏　「裏」，原作「裹」，據吴本改。本卷下一處同。

③西北天火照龍山　句下原有「昭」字，據藕香零拾本删。

④胡兵未濟漢不整　黄校本、藕香零拾本無「兵」字。

⑤武得九九得聲名　「武得」，黄校本、藕香零拾本作「武德」。

⑥特此欲作常人恐難以免　「人恐難」三字原無，據藕香零拾本補。

箋證

〔一〕慧化尼，北史卷五四竇泰傳：「初，泰將發鄴，鄴有惠化尼，謡云：『竇行臺，去不迴。』未行之前夜，三更，忽有朱衣冠幘數千人入臺，云收竇中尉。宿直兵吏皆驚。其人入數屋，俄頃而去。旦視關鍵不異，方知非人，皆知其必敗。」「惠化尼」，册府元龜卷八九四作「慧化尼」，疑即其人。永樂大典卷五二〇三引太原志：「惠光尼寺，在唐道元坊，隋開皇十四年置。寺神尼藏往知來，作堂堂之歌，叶唐高祖受命之兆。」

衛元嵩，周書卷四七褚該傳附其事跡云：「又有蜀郡衛元嵩者，亦好言將來之事，蓋江左寶誌之流。天和中，著詩預論周、隋廢興及皇家受命，並有徵驗。性尤不信釋教，嘗上疏極論之。史失其事，故不爲傳。」廣弘明集卷七：「周衛元嵩，本河東人，遠祖從宦，遂家於蜀。」續高僧傳卷二七衛元嵩傳：「即上廢佛法事，自此還俗，周祖納其言。又與道士張賓密加扇惑，帝信而不猜，便行屏削。嵩又製千字詩，即『龍首青煙起，長安一代丘』是也，並符讖緯，事後曉之。」按余嘉錫以爲裴寂所引，即千字詩之一節。關於衛元嵩生平及著述，參讀余嘉錫衛元嵩事跡考，余嘉錫文史論集。按衛元嵩是一箭垛式的人物，當時緯謠多託名於他。如册府元龜卷九二二記李孝常謀叛，引衛元嵩詩「天道自常」爲讖。敦煌文書斯二六五八、斯六五〇二大雲經神皇授記義疏中引及衛元嵩讖，係武后稱帝的宣傳品。另敦煌文書伯二三八五背面有衛元嵩十二因緣六字歌詞。

〔二〕按東海，與本書卷一「白旗天子出東海」相呼應，十八子指代「李」，「八井喚三軍」隱喻「淵」，白雀、紫雲之瑞見本書卷一。關於慧化尼、衛元嵩詩讖的解讀，參讀趙貞李淵建唐中的「天命」塑造，唐研究第二十五卷；氣賀澤保規大唐創業起居注的性格特點，日本中青年學者論中國史(六朝隋唐)。

〔三〕丁丑指義寧元年，李淵大業十三年五月甲子自太原起兵，中間多個重要的時間節點皆在甲子日，如十一月甲子進封唐王，此讖亦爲武德元年五月甲子受禪稱帝，埋下伏筆。「中央有天子」暗喻李淵以唐王攝政。

〔四〕龍山童子寺左右有紫氣如虹，事見本書卷一。

〔五〕懸白旛當指太原起兵時仗白旗，胡兵或指突厥來援。

〔六〕「堂堂」即李唐諧音。「羊」暗喻楊隋，指煬帝南巡江都不返。

〔七〕「童子木」代指「李」，「百丈水」隱喻「淵」，句中嵌入李淵姓名。

〔八〕衛先生，即指衛元嵩。李淵假託原分别活躍於北齊、北周舊地的兩位僧道，造作讖謡，以太原慧化尼歌詞引出衛元嵩詩，或有争取自己當時控制的山西、關隴民心之意。

〔九〕「戊亥」「子丑」「寅卯」分指大業十年（甲戌）、十一年（乙亥）、十二年（丙子）、十三年（丁丑）、武德元年（戊寅）、二年（己卯），即隋末天下大亂至李淵建唐這段時間。

〔一〇〕「十八成男子」即指「李」，「洪水主刀傍」則喻「淵」，句中嵌入李淵姓名。

〔一一〕「市朝義歸政，人寧俱不荒」一句隱括恭帝義寧年號。

〔一二〕「深水」代稱李淵，「黄楊」喻楊隋，「寅卯」指武德元年歲在戊寅及次年己卯歲。

〔一三〕舊唐書卷五七裴寂傳：「又陳符命十餘事，高祖乃從之。」册府元龜曾羅列高祖受禪前後符命，册府元龜卷二一：「義寧二年二月辛卯，安邑白鹿見。甲午，河池言慶雲見。三月丙辰，高祖汎舟於後池，有魚二躍入舟。乙丑，趙郡公孝恭獻神龜，背上有文曰『萬國付某代代樂』。」册府元龜卷二四：「唐高祖武德元年五月，隴州獻嘉麥。六月，虞州獻嘉麥，一莖六穗。七月，京師慶雲見。八月，永州獻嘉禾異畝同穎。九月，益州上言景雲見。十一月，藍田玉山南嶺有樹連理。十二月，麟州獻芝草一株，紫莖黄蓋。是年，新豐鸚鵡谷水清，代傳云：『此水清，天下平。』開皇之初，暫清尋濁，至是復清。」按開皇，原作「開黄」，據明鈔本改。

於是寂等再拜舞蹈，稱萬歲而出，遂與國子博士丁孝烏等數百人具禮儀〔一〕，擇良日。以武德元年歲在戊寅五月甲子，皇帝即位於太極前殿〔二〕，設壇於長安城南，柴燎告天，册文曰：皇帝臣某，敢用玄牡，昭告于皇天后帝。生人以來，樹之司牧，睠命所屬，謂之大寶。曆數不在，罔一作時或偷安。故舜禹至公，揖讓而興虞夏；湯武兼濟，干戈而有商周。事乃殊途，功成一致，後之創業，咸取則焉。某承家慶，世禄降祉，曰祖曰考，累功載德。賜履參墟，建侯唐舊〔三〕，地居戚里，門號公宫，丕緒建基①，足爲榮矣。但有隋屬厭，大業爽德，饑饉師旅，民胥怨咨。謫見咎徵，昭於皇鑒，備聞卑聽，所不忍言。某守晉陽，馳心魏闕，援手濡足②，拯溺救焚。大舉義兵，式寧區宇，懲邊荒之辮髮，輯兆庶之離心。誓以捐軀，救兹生命，指除喪亂，期之乂安。有功繼世，無希九五，惟身及子，竭誠盡力，率先鋒鏑，誓以無二。再蒙弘誘，克濟艱難，電掃風驅，廓清大邑。傳檄而定峨嵋，拱手而平關隴。西戎即敘，東夷底定，非啓非贊，孰能兹速。尊立世嫡，翼奉宗隋，戮力輔政，無虧臣節。值鼎祚云革，天禄將移，謳歌獄訟，聿來唐邸。人神符瑞，輻湊微躬，遠近宅心，華夷請命。少帝知神器有適，大運去之，遜位而禪，若隋之初。讓德不嗣，群情逼請。六宗闕祀，七政未齊，罪有所歸，恐當天譴。請因吉日，克舉前典，設壇肆類，祇謁上帝，惠兹下人。翼子謀孫，罔敢忽德，則小則大，無或有違。對越鴻休，伏深慙懼。謹遣太尉公裴寂等，用薦告之禮，瑞册蒼璧，秬鬯清酌，薌合薌萁，明粢嘉蔬，禋祀于皇皇后帝。明靈降享，□□□備羽儀法物，臨軒大赦天下，改義寧二年爲武德元年。□□□□□□□踐祚〔四〕。

校勘記

① 丕緒建基　「丕」，原作「不」，據黄校本、吴本校、藕香零拾本改。

② 援手濡足　「援」，原作「授」，據藕香零拾本改。

箋　證

〔一〕舊唐書卷五〇刑法志有「太常丞丁孝烏」，云其武德七年預定律令，即其人。卷六一温大雅傳：「禪代之際，與司録竇威、主簿陳叔達參定禮儀。」卷六一竇威傳：「高祖入關，召補大丞相府司録參軍。時軍旅草創，五禮曠墜，威既博物，多識舊儀，朝章國典皆其所定，禪代文翰多參預焉。高祖常謂裴寂曰：『叔孫通不能加也。』」

〔二〕舊唐書卷一高祖紀：「（義寧二年五月戊午）改大興殿爲太極殿。」

〔三〕左傳昭公元年：「昔高辛氏有二子，伯曰閼伯，季曰實沈……遷實沈于大夏，主參。唐人是因，以服事夏商。其季世曰唐叔虞……及成王滅唐，而封大叔焉，故參爲晉星。由是觀之，則實沈，參神也。」參宿爲古唐國所主，此即本書卷一「帝以太原黎庶，陶唐舊民，奉使安撫，不踰本封，因私喜此行，以爲天授。」舊唐書卷一八七上夏侯端傳云「參墟得歲，必有真人起於實沈之次」，亦指此。

〔四〕舊唐書卷一高祖紀：「甲子，高祖即皇帝位於太極殿，命刑部尚書蕭造兼太尉，告於南郊，大赦天下，改隋義寧二年爲唐武德元年。官人百姓，賜爵一級。義師所行之處，給復三年。罷郡置州，改太守爲刺史。」唐大詔令集卷二神堯即位赦：「舜禹殊時，禪代存乎揖讓；殷周異世，革命事乎干戈。至於據龍圖，握鳳紀，統御皇極，撫拯黎民，奄有四方，朝宗萬國，垂法作訓，其揆一焉。

朕以寡薄，屬彼澆季。大業末年，綱維廢弛，三光改耀，九服移心。既戡定時難，輯和庶績，一匡海内，再造黎元。隋氏以天禄永終，曆數攸在，敬禪厥位，授于朕躬。顧惟慙德，屬當景運，懼甚履冰，凛乎御朽，上答蒼靈之睠，俯順億兆之心。寶曆初基，溥天同慶，宜布兹寬惠，咸與惟新。可大赦天下，改隋義寧二年爲武德元年。自五月二十日昧爽以前，罪無輕重，已發露未發露，皆赦除之。子殺父，奴殺主，不在赦限。有官及庶人賜爵一級。義師所行之處，給復三年；自餘給復一年。孝子順孫、義夫節婦，旌表門閭；孝悌力田、鰥寡孤獨，量加賑恤。」舊唐書卷一高祖紀：「（武德元年）六月甲戌，太宗爲尚書令，相國府長史裴寂爲尚書右僕射，相國府司馬劉文静爲納言，隋民部尚書蕭瑀、相國府司録竇威並爲内史令。廢隋大業律令，頒新格。己卯，備法駕，迎皇高祖宣簡公已下神主，祔於太廟。追謚妃竇氏爲太穆皇后，陵曰壽安。庚辰，立世子建成爲皇太子。封太宗爲秦王，齊國公元吉爲齊王。封宗室蜀國公孝基爲永安王，柱國道玄爲淮陽王，長平公叔良爲長平王，鄭國公神通爲永康王，安吉公神符爲襄邑王，柱國德良爲長樂王，上開府道素爲竟陵王，上柱國博乂爲隴西王，奉慈爲渤海王。諸州總管加號使持節。」新唐書卷一高祖紀：「（武德元年六月）己卯，追謚皇高祖曰宣簡公；皇曾祖曰懿王；皇祖曰景皇帝，廟號太祖，祖妣梁氏曰景烈皇后；皇考曰元皇帝，廟號世祖，妣獨孤氏曰元貞皇后；妃竇氏曰穆皇后……乙酉，奉隋帝爲酅國公，詔曰：『近世時運遷革，前代親族，莫不夷絶。曆數有歸，實惟天命；興亡之效，豈伊人力。前隋蔡王智積等子孫，皆選用之。』」舊唐書卷一高祖紀繫封鄺國公事於癸未。按六月甲戌朔，癸未爲初十，乙酉爲十二日。

有司以子卯不樂〔一〕，請擇他日。帝曰：「歲在戊寅，□□□□□始，此爲難得，至今遇之，烏可失之。且殷周二代□□□□□所之，以爲大吉，同域之誠，又甲于五行爲木，木加于子，□□良日雖欲勿用，其能捨諸。」故自起軍，逮乎入相登極，咸用甲子焉〔二〕。

箋證

〔一〕左傳昭公九年：「辰在子卯，謂之疾日，君徹宴樂，學人舍業，爲疾故也。」禮記檀弓下：「子卯不樂」，注曰：「紂以甲子死，桀以乙卯亡，王者謂之疾日，不以舉樂爲吉事，所以自戒懼。」故後世用兵多避甲子，魏書卷二太祖紀：「甲子晦，帝進軍討之，太史令晁崇奏曰：『不吉。』帝曰：『其義云何？』對曰：『昔紂以甲子亡，兵家忌之。』帝曰：『紂以甲子亡，周武不以甲子勝乎？』崇無以對。」儘管按照傳統的術數觀念，甲子非吉日，但北朝末年以來，流行另一種解説，隋書卷七八庾季才傳：「日者，人君之象，人君正位，宜用二月。其月十三日甲子，甲爲六甲之始，子爲十二辰之初，甲數九，子數又九，九爲天數。其日即是驚蟄，陽氣壯發之時。昔周武王以二月甲子定天下，享年八百，漢高帝以二月甲午即帝位，享年四百，故知甲子、甲午爲得天數。今二月甲子，宜應天受命。」隋文帝受此説影響，以二月甲子受禪。

〔二〕李淵大業十三年五月甲子自太原起兵，至武德元年五月甲子登基稱帝，共歷六個甲子，三百六十一日，本書記事以甲子起，又以甲子終，其中多個重要的時間節點皆在甲子日，如受阻霍邑，甲子，遇白衣野老。又於甲子日渡河入關，舍長春宮，至義寧元年冬十一月甲子，爲丞相，封唐王，恐非皆出於巧合，蓋有微言大義，或如本書卷一所云以武王伐紂建周自況。

附録

祕册彙函本沈士龍跋

余嘗謂太宗長自生貴，體足甘繻，未袪幼志，便規大寓。運策則伏肉翰飛，捉刀則凶鯁魚潰，英雄見之心死，夷夏歸若景赴。尊宅九有，猶争藻士之能；誅定萬方，還證蔗王之業。斯固資擅文武，勛高圖籙，既孤往載，少雙來胤者。而此注僅與隴西方駕，齊國聯鑣，睠此瓌才，不殊典品，遂使跡已陳于千禩，疑忽生于單帙。非懼事戾人經，父在無自專之義；當由身覩國史，化家爲溢美之言矣。

繡水沈士龍跋

祕册彙函本胡震亨跋

創業起居注自起義旗至即真，僅三百五十七日事耳。其中所載破歷山飛、斬宋老生及入關、下都城數段，亦自寫得雄快。第殺王威、高君雅事，不若劉會政傳宛委詳致①。若所稱高祖始爲太原，便自以爲天授，此似不必始于太宗。然晉陽宫婢、哭諫旋師，乃舉義最大節目，何可抹煞。大抵載筆時，建成方爲太子，故凡言結納賢豪，攻略城邑，必與太宗並稱。其後雖太宗即位，豈書藏禁祕，不遑竄改耶？

武原胡震亨跋

① 按劉會政係劉政會之訛，舊唐書卷五八有劉政會傳。

津逮祕書本毛晉跋

安撫太原，即私喜以爲天授，而突厥達官亦曰：「唐公天所與者。」又曰：「天將以太原與唐公。」而帝復曰：「地名賈胡，天其假吾此胡以成王業。」及獲青石龜文，又曰：「上天明命，貺以萬吉。」明乎知天命之有歸矣。至于晉陽夜光，及法律子①、桃李子、白雀紫雲種種諸符瑞，而又加以亢陽膏雨，遠近思附，大郎二郎，一同義士，等其甘苦，欲不代隋，不可得已。甲子之期，乃曰相逼之甚，真盛德耶。温公與開國功，宜其鋪揚點綴之芳密也。

湖南毛晉識

① 法律子　大唐創業起居注卷一作「法律存」。

吴翌鳳鈔本跋

余抄此閲數年矣，中有闕葉，既用别本抄補。己亥初秋又於濟陽生處得影宋本，字跡潦草，烏焉帝虎，往往而是。略用參校，亦以藉正一二云。

枚菴漫士翌鳳記

黄丕烈校本跋

甲戌烌校此大唐創業起居注，用舊抄本。因案無副本，借張訒菴藏祕册彙函本校之，殊草草也。既從元妙觀東冷攤亦獲一祕册彙函本，重用舊抄校如右。中有素𡚁三，即照舊鈔補之。舊抄雖脱落殊甚，然如「壘和」之「和」、「試難」之「難」，皆勝于祕册本，則其餘之佳，概可知矣。

乙亥端陽後十日廿止醒人識

紅筆校舊鈔竣，覆以墨筆圈其佳處，舊鈔誤者，間從此刻焉，不知此外尚有古本否。

復翁又記

乙亥五月望日校畢

蟫廬王季烈記

康德丙子十月廿六日手自重裝於大連海濱之廜廬，距先生校此書一百二十餘年矣，距先大夫得此書亦六十餘年矣。

藕香零拾本繆荃孫跋

大唐創業起居注向有祕册、津逮、學津三刻，脱誤均同。癸未在京師，得黄蕘圃藏舊鈔本一册，系影鈔宋本。復得章碩卿藍格鈔本，兩取學津本校之。如卷上「以此擊胡，將何以濟」，「何以」作「求天」；「其或者殆以畀予」，「畀」不作「俾」；「和親以使之」，「以」不作「而」；「咸謂似其所爲」，「似」不作「以」。「獲其特勤」，「特勤」，突厥官名，後訛爲「特勒」，此録中有之，先輩未曾拈出。「兵馬討捕」，「捕」不作「掩」。「天其以此使促吾，吾當見機而作」，未脱第二「吾」字；「幸勿多言」，「弗」下無「有」字①；「景寅」不作「丙」，「丙」是唐諱，下亦無「而」字；「若知其去」，「其」下無「戰」字；「共其勞苦」，「共」下不脱「其」字；「世子仍爲太原郡守」，「仍」不作「乃」。卷中「參佐」，「佐」不作「左」；「示宣行以惠，綏撫以德」，「行」下未脱「以」字，「惠」下未衍「知」字；「仍自筆注」，「筆」字不脱；「真草自如，不拘常體」，未脱「自如」二字；「簡遣羸兵」，「簡」字不脱；「可爲吾立祠廟也」，「廟」不作「廣」；「辛巳旦發引」，「旦」不作「且」；「賞授無過此也」，「賞」不作「嘗」；「華所部至于數千」，「于」不作「餘」；「將相邀襲」，「將」不作「時」；「乃於灤水上流」，「乃」不作「及」。卷下「王家失鹿遂使孤同老狼」，「孤」不作「狐」；「五原平凉安定諸郡」，「凉」不作「源」；「涿郡太守羅藝」，「羅」字不脱；「呂紹宗任瓌」，「瓌」不作「懷」。「西北天火照龍山」，「山」下不衍「照」字；小注「蜀郡衛元嵩」不作大字；「欲作常人恐難以免」，不脱「人恐難」三字。均已改正。餘所疑尚多，無別本可校，較勝於學津本而已。

光緒乙巳清明前三日江陰繆荃孫跋

①「弗」疑爲「勿」之訛。

抄本創業起居注跋

大唐創業起居注，上中下三卷，舊抄本，題曰「陜東道大行臺工部尚書上柱國樂平郡開國公臣温大雅撰」。每頁二十八行，行二十二字。以明胡震亨祕册彙函本校之，胡刻訛舛甚多。卷上「將何以濟」，胡刻「何」訛「求」；唐人諱「丙」爲「景」，刻本皆改「丙」；「軍人見此勢」，唐人諱「民」，以「民」爲「人」，刻本改「人」爲「民」；「甲子之日」，「日」訛「目」；「赤白相映」，「映」訛「晚」；「須有隸屬」，「隸」訛「肄」；「卿以廢立相期」，「廢」訛「二」；「諸軍既是義兵」，「是」訛「見」。卷中「所以納揆試難」，「難」訛「艱」，「試難」二字，本書序「歷試諸難」；「匍匐壘和」，「和」訛「壁」，軍門曰和，見周禮鄭注。明人不學，改「難」爲「艱」，改「和」爲「壁」。「知其不可」，「其不」訛「不可」；「以次除授」，「次」訛「資」；「真草自如」，脱「自如」二字；「可爲吾立祠廟也」，「廟」訛「廣」；「敬禮賓友」，「友」訛「客」；「坐對敖庾」，「庾」訛「倉」；「屯營敖庾」，「庾」訛「倉」；「解思此事」，訛「思此解事」；「列統方陣」，訛「統到方陣」；「秬鬯一卣」，「卣」訛「逌」。學津本原出胡本，大略多同，不如抄本遠矣。

儀顧堂題跋卷三

黄氏手跋曰：訒菴藏祕册彙函本，余借之與舊鈔本勘一過，中有佳處，訒菴屬校於上。復翁

張氏手跋曰：嘉慶乙亥孟春廿又九日，借黄復翁二丈藏舊鈔本，補寫闕葉，重校一過，又三十餘字。紹仁

皕宋樓藏書志卷二〇

參考文獻

基本史料

楊伯峻編著　春秋左傳注（修訂本）　中華書局　一九九〇年
（清）孫詒讓著　周禮正義　中華書局　二〇一五年
（清）孫希旦撰　禮記集解　中華書局　一九八九年
（漢）司馬遷撰　（南朝宋）裴駰集解　（唐）司馬貞索隱　（唐）張守節正義　史記　中華書局點校本修訂本　二〇一四年
（漢）班固撰　（唐）顏師古注　漢書　中華書局　一九六二年
（北齊）魏收撰　魏書　中華書局點校本修訂本　二〇一七年
（唐）李百藥撰　北齊書　中華書局　一九七二年
（唐）令狐德棻等撰　周書　中華書局　一九七一年
（唐）魏徵等撰　隋書　中華書局點校本修訂本　二〇一九年

（唐）李延壽撰　北史　中華書局　一九七四年
（唐）李延壽撰　南史　中華書局　一九七五年
（後晉）劉昫等撰　舊唐書　中華書局　一九七五年
（宋）歐陽脩、（宋）宋祁撰　新唐書　中華書局　一九七五年
（宋）司馬光撰　（元）胡三省音注　資治通鑑　中華書局　一九五六年
（唐）李林甫等撰　唐六典　中華書局　一九九二年
（唐）杜佑撰　通典　中華書局　一九八八年
（宋）王溥撰　唐會要　上海古籍出版社　二〇〇六年
（宋）宋敏求編　唐大詔令集　中華書局　二〇〇八年
（北魏）酈道元注　楊守敬、熊會貞疏　水經注疏　江蘇古籍出版社　一九八九年
（唐）李吉甫撰　元和郡縣圖志　中華書局　一九八三年
（宋）樂史撰　太平寰宇記　中華書局　二〇〇七年
（清）顧祖禹撰　讀史方輿紀要　中華書局　二〇〇五年
（唐）韋述撰　（唐）杜寶撰　辛德勇輯校　兩京新記輯校大業雜記輯校　三秦出版社

二〇〇六年
（宋）宋敏求　（元）李好文撰　長安志長安志圖　三秦出版社　二〇〇六年
（元）駱天驤撰　類編長安志　三秦出版社　二〇一三年
（宋）王堯臣編次　（清）錢東垣輯釋　崇文總目　中國歷代目録叢刊第一輯　現代出版社　一九八七年
（宋）晁公武撰　孫猛校證　郡齋讀書志校證　上海古籍出版社　一九九〇年
（宋）陳振孫撰　直齋書録解題　上海古籍出版社　一九八七年
（宋）陳思撰　寶刻叢編　叢書集成初編　中華書局　一九八五
（清）王昶編　金石萃編　陝西人民美術出版社　一九九〇年
（清）陸增祥編　八瓊室金石補正　文物出版社　一九八五年
張維編　隴右金石録　石刻史料新編第一輯　新文豐出版社　一九八二年
趙萬里集釋　漢魏南北朝墓誌集釋　廣西師範大學出版社　二〇〇八年
王其禕、周曉薇編著　隋代墓誌銘彙考　綫裝書局　二〇〇七年
河南省文物研究所、河南省洛陽地區文管處編　千唐誌齋藏誌　文物出版社　一九八

四年

北京圖書館金石組編　北京圖書館藏中國歷代石刻拓本匯編　中州古籍出版社　一九八九年

隋唐五代墓誌匯編總編輯委員會編　隋唐五代墓誌匯編　天津古籍出版社　一九九一年

張沛編著　昭陵碑石　三秦出版社　一九九三年

中國文物研究所、陝西省古籍整理辦公室編　新中國出土墓誌陝西壹　文物出版社　二〇〇〇年

中國文物研究所、陝西省古籍整理辦公室編　新中國出土墓誌陝西貳　文物出版社　二〇〇三年

中國文物研究所、河南省文物研究所編　新中國出土墓誌河南壹　文物出版社　一九九四年

中國文物研究所、千唐誌齋博物館編　新中國出土墓誌河南叁　文物出版社　二〇〇八年

洛陽市第二文物工作隊編　洛陽新獲墓誌　文物出版社　一九九六年
趙君平編　邙洛碑誌三百種　中華書局　二〇〇四年
齊運通編　洛陽新獲七朝墓誌　中華書局　二〇一二年
趙文成、趙君平編　秦晉豫新出墓誌蒐佚續編　國家圖書館出版社　二〇一五年
張永華、趙文成、趙君平編　秦晉豫新出墓誌蒐佚三編　國家圖書館出版社　二〇二〇年
齊運通編　洛陽新獲墓誌百品　國家圖書館出版社　二〇二〇年
胡戟、榮新江主編　大唐西市博物館藏墓誌　北京大學出版社　二〇一二年
胡戟主編　珍稀墓誌百品　陝西師範大學出版社　二〇一六年
王仲璋主編　汾陽市博物館藏墓誌選編　三晉出版社　二〇一〇年
（唐）劉知幾撰　（清）浦起龍通釋　史通通釋　上海古籍出版社　一九七八年
（唐）張彥遠撰　法書要録　上海書畫出版社　一九八六年
（唐）林寶撰　岑仲勉校記　元和姓纂（附四校記）　中華書局　一九九四年
（唐）劉餗撰　隋唐嘉話　中華書局　一九七九年
（唐）趙璘撰　因話録　唐五代筆記小説大觀　上海古籍出版社　二〇〇〇年

（宋）李昉等編　太平廣記　中華書局　一九六一年
（宋）洪邁撰　容齋隨筆　中華書局　二〇〇五年
（宋）李昉等編　太平御覽　中華書局　一九六〇年
（宋）王欽若等編　册府元龜　中華書局　一九六〇年
（宋）王欽若等編　宋本册府元龜　中華書局　一九八九年
（宋）王欽若等編　册府元龜明鈔本　中國國家圖書館藏
（宋）王應麟撰　武秀成、趙庶洋校證　玉海藝文校證　鳳凰出版社　二〇一三年
（明）解縉等編　永樂大典　中華書局　二〇一二年
（隋）費長房撰　歷代三寶記　大正新脩大藏經第四十九卷
（唐）道宣撰　廣弘明集　大正新脩大藏經第五十二卷
（唐）道宣撰　續高僧傳　中華書局　二〇一四年
（唐）道世著　周叔迦、蘇晉仁校注　法苑珠林校注　中華書局　二〇〇三年
［日］釋圓仁著　白化文、李鼎霞、許德楠校注　入唐求法巡禮行記校注　花山文藝出版社　一九九二年

（唐）楊炯著　祝尚書箋注　楊炯集箋注　中華書局　二〇一六年
（唐）陳子昂著　陳子昂集（修訂本）　上海古籍出版社　二〇一三年
（唐）張説著　熊飛校注　張説集校注　中華書局　二〇一三年
（宋）司馬光著　温國文正司馬公文集　四部叢刊
（梁）蕭統編　（唐）李善注　文選　上海古籍出版社　一九八六年
（唐）許敬宗編　羅國威整理　日藏弘仁本文館詞林校證　中華書局　二〇〇一年
（宋）李昉等編　文苑英華　中華書局　一九六六年
（清）董誥等編　全唐文　中華書局　一九八三年
（清）錢大昕著　潛研堂集　上海古籍出版社　二〇〇九年
（清）錢大昕著　通鑑注辨正　嘉定錢大昕全集（增訂本）　鳳凰出版社　二〇一六年
（梁）劉勰撰　范文瀾注　文心雕龍注　人民文學出版社　一九五八年

近人研究論著

［日］布目潮渢著　隋唐史研究——唐朝政權の形成　京都大學東洋史研究會　一九六

八年

蔡宗憲著　唐代霍山的神話與祭祀——兼論霍山中鎮地位的確立　政大歷史學報第四十七期。

岑仲勉著　突厥集史　中華書局　二〇〇四年

陳識仁著　「記室」與修史——十六國北朝史學的一個側面觀察　早期中國史研究第八卷第二期

陳橋驛編著　水經注地名匯編　中華書局　二〇一二年

陳寅恪著　論唐高祖稱臣於突厥事　寒柳堂集　生活·讀書·新知三聯書店　二〇〇一年

段鵬琦著　隋唐洛陽含嘉倉出土銘文磚的考古學研究　考古一九九七年第十一期

[日]福井重雅著　大唐創業起居注考　史觀六三·四合册

甘懷真著　唐代家廟禮制研究　台灣商務印書館　一九九一年

高明士著　律令法與天下法　上海古籍出版社　二〇一三年

[日]谷川道雄著　李濟滄譯　兩魏齊周時期的霸府與王都　隋唐帝國形成史論　上海

古籍出版社　二〇〇四年
靳生禾、謝鴻喜著　隋唐雀鼠谷古戰場考察報告　山西古戰場野外考察與研究　山西人民出版社　二〇一三年
李廣潔著　中古時期龍門渡口別稱「壺口」考　山河形勝：山西歷史軍事地理　山西人民出版社　二〇二二年
李健超著　最新增訂兩京城坊考　三秦出版社　二〇一九年
李樹桐著　唐高祖稱臣於突厥考辨　唐史考辨　臺灣中華書局　一九八五年
李樹桐著　唐隱太子建成軍功考　唐史考辨　臺灣中華書局　一九八五年
李曉傑主編　水經注校箋圖釋（汾水與涑水流域諸篇）　科學出版社　二〇二〇年
劉永生主編　黄河蒲津渡遺址　科學出版社　二〇一三年
柳存仁著　唐代以前拜火教摩尼教在中國之遺痕　和風堂文集　上海古籍出版社　一九九一年
盧亞輝著　墓葬所見唐建國元從及其後裔　唐宋歷史評論第四輯
羅香林著　大唐創業起居注考證　唐代文化史研究　上海文藝出版社　一九九二年

洛陽市文物工作隊編著　河南洛陽市東北郊隋代倉窖遺址的發掘　考古二〇〇七年第十二期
洛陽市文物考古研究院編著　洛陽隋代回洛倉遺址2012～2013年考古勘探發掘簡報　洛陽考古二〇一四年第二期
馬楠著　唐宋官私目録研究　中西書局　二〇二〇年
南京博物院、揚州市文物考古研究所、蘇州市考古研究所編著　江蘇揚州市曹莊隋煬帝墓　考古二〇一四年第七期
［日］氣賀澤保規著　宋金文、馬雷譯　大唐創業起居注的性格特點　日本中青年學者論中國史（六朝隋唐卷）　上海古籍出版社　一九九五年
仇鹿鳴著　隱没與改篡：舊唐書唐開國紀事表微　唐研究第二十五卷
冉旭著　祕册彙函考　古籍整理研究學刊　二〇〇四年第三期
山西省考古研究院、太原市文物考古研究所、晉源區文物旅遊局編著　晉陽古城一號建築基址　科學出版社　二〇一六年
山西省考古研究院、太原市文物考古研究所、晉源區文物旅遊局編著　晉陽古城晉源苗

圖考古發掘報告　科學出版社　二〇一八年
山西省考古研究院、太原市文物考古研究所、晉源區文物旅遊局編著　晉陽古城三號建築基址　科學出版社　二〇二〇年
陝西省文物管理委員會編著　唐長安城地基初步探測　考古學報一九五八年第三期
史念海著　壺口雜考　河山集四集　陝西師範大學出版社　一九九一年
蘇曉君編著　汲古閣匯紀　北京大學出版社　二〇一八年
湯燕著　新出唐沈叔安妻陳淨玲墓誌及沈叔安世系勘誤　唐研究第二十一卷
唐長孺著　魏晉雜胡考　魏晉南北朝史論叢　中華書局　二〇一一年
唐長孺著　白衣天子試釋　山居存稿三編　中華書局　二〇一一年
陶敏著　全唐詩作者小傳補正　遼海出版社　二〇一〇年
王伊同著　隋黎陽、河陽、常平、廣通、興洛、回洛六倉考　王伊同學術論文集　中華書局　二〇〇六年
王永平著　粟特後裔與太原元從——山西汾陽出土唐曹怡墓誌研究　山西大學學報二〇一九年第四期

吴麗娛著　唐高宗永隆元年文書中「簽符」、「樣人」問題再探　敦煌學輯刊一九九一年第一期

吴玉貴著　突厥汗國與隋唐關係史研究　商務印書館　二〇一七年

西安市文物保護考古所編著　西安東郊唐温綽、温思諫墓發掘簡報　文物二〇〇二第十二期

辛德勇著　隋唐時期陝西航運之地理研究　舊史輿地文録　中華書局　二〇一三年

辛德勇著　隋大興城坊考稿　縱心所欲　北京大學出版社　二〇一一年

徐俊纂集　敦煌詩集殘卷輯考　中華書局　二〇〇〇年

嚴耕望著　唐僕尚丞郎表　上海古籍出版社　二〇〇七年

嚴耕望著　唐代交通圖考　上海古籍出版社　二〇〇七年

嚴耕望著　佛藏中之世俗史料　嚴耕望史學論文集　上海古籍出版社　二〇〇七年

楊長玉著　李密政權勢力範圍考——隋末唐初群雄轄境考察之一　歷史地理第三十四輯

楊繼承著　服制、符命與星占：中古「白衣」名號再研究　魏晉南北朝隋唐史資料第三十

六輯
余嘉錫著　衛元嵩事跡考　余嘉錫文史論集　嶽麓書社　一九九七年
岳純之著　唐代官方史學研究　天津人民出版社　二〇〇三年
趙曙光著　隋汾陽宮初考　山西博物院編　春華集——紀念山西博物院九十周年學術文集　山西人民出版社　二〇〇九年
趙貞著　李淵建唐中的「天命」塑造　唐研究第二十五卷
中國社會科學院考古研究所編著　唐長安城郊隋唐墓　文物出版社　一九八〇年
中國社會科學院考古研究所邊疆考古研究中心、山西省考古研究所、太原市文物考古研究所編著　太原市龍山童子寺遺址發掘簡報　考古二〇一〇年第七期

壺關録

前言

壺關録，新唐書卷五八藝文志史部雜史類著録爲韓昱撰，三卷。洪邁容齋四筆卷一一記真宗時編册府元龜，不取「三十國春秋、河洛記、壺關録之類」，司馬光編纂資治通鑑時於是書多有採擷，新唐書卷八四祖君彦傳增益的事跡亦可能本自壺關録〔一〕，知北宋秘閣實有其書。韓昱生平不詳，通志卷六五藝文略：「昱遭安史之亂，追述李密、王世充事。」按壺關録，晁公武郡齋讀書志、陳振孫直齋書録解題皆未著録，通志藝文略非實見書目，敍録或本自崇文總目，三卷本壺關録可能在兩宋間亡佚。

今本壺關録，一卷，出自元末陶宗儀編纂説郛卷三五。作者題唐韓昱太行山人，約存六千七百餘字。通篇記李密事，主體是隋唐之際與李密有關的六篇文告、書啓：一、祖君彦爲李密所撰檄文，亦見舊唐書卷五三李密傳、文苑英華卷六四六。二、李密致李淵書，僅見於壺關録。三、李淵報李密書，亦見大唐創業起居注卷二。四、招道士徐鴻客書，亦見文苑英華卷六八八，壺關録存文字較多。五、越王侗授李密太尉尚書令詔，亦見隋書卷五九越王侗傳。六、越王侗與李密書，僅見於壺關録。今本壺關録記載人物事跡較少，僅敘李密身世、李密降唐後復叛兩事稍詳，文字亦稍涉不經。

今本「唐高祖屯兵壽陽，衆號五十萬，遣仁則齎書至密」一則，與通鑑卷一八四考異引壺關録「高祖屯壽陽，遣右衛將軍張仁則齎書招李密」，大致相合。通鑑考異其餘引壺關録文句不見於今本。明中後期梅鼎祚隋文紀、王圻稗史彙編等書中引録文字皆與今本近同，其中隋文紀注云輯自壺關録。由於説郛編成後，未能刊刻，流佈不廣，隋文紀、稗史彙編等書所引，恐非本自説郛，元明間或有一題作壺關録的節鈔本行於世，今本與三卷本的關係尚難判斷。

此次點校以張宗祥校刻涵芬樓説郛一百卷本爲底本，校以中國國家圖書館藏明弘治十三年鈔本説郛〔二〕。由於今本壺關録文字錯訛較多，另參校隋文紀、稗史彙編等書引文，並據隋書、舊唐書、文苑英華等作了他校，同時輯録通鑑考異所引壺關録佚文附於書後。

〔一〕除此之外，新唐書卷八四李密傳增補「遣將軍張仁則致書于帝」、「妻以表妹獨孤氏」兩則，亦可能本自壺關録。

〔二〕關於弘治十三年鈔本的價值，參讀沈暢明弘治十三年鈔本説郛的重新發現及其文獻價值——兼論原本説郛的版本源流，中國典籍與文化二〇一九年第一期。

壺關録

唐韓昱太行山人①

校勘記

① 韓昱　原作「韓」，據明鈔本改。按新唐書卷五八藝文志二：「韓昱壺關録三卷。」通鑑卷一八三考異引作「韓昱壺關録」。

李密，字玄邃，遼西人也又云遼東襄平人。本姓屠何，胡人①。祖獯，仕後魏爲東城令東城在河間②。爲讎人陳渾切齒渾仕丞相③，懼執，改姓李氏，南奔歸宋。宋孝文用之爲直閣吏，後出爲安固令安固縣在永嘉。獯子道平，累仕朝議郎，宋通直舍人④，隨沈慶之出牧江揚⑤。道平子遇仙，在任爲司州翬縣令，爲魏所虜，北歸魏，爲交城尉，累入仕隨于戎虜，轉副車掾。入京後，轉征戎將軍。遇仙子曜，爲周太保，轉官至魏國公、刑部尚書⑥。未幾，卒。子弼，年三十二歲，轉資襲父爵范陽侯⑦。弼子寬，上柱國、蒲山公，知名當代。寬卒而密起焉。

校勘記

① 本姓屠何胡人　明鈔本作「本姓屠何氏」。

② 東城在河間　「在」字原無，據明鈔本、國憲家猷卷五二補。

③ 渾仕丞相　「仕」，原作「士」，據明鈔本改。國憲家猷卷五二作「任」。

④ 宋通直舍人　「舍人」，原作「道人」，據明鈔本改。

⑤ 隨沈慶之出牧江揚　「隨」，原作「陳」，據明鈔本改。

⑥ 北史卷六〇李弼傳：「子曜居長，以次子暉尚文帝女義安長公主，故遂以爲嗣……曜既不得嗣，朝廷以弼功重，封曜邢國公，位開府。」按李曜係李弼子。

⑦ 轉資襲父爵范陽侯　稗史彙編卷一〇三「襲父爵」下有「後轉」二字。

晉楊玄感將反①，密爲畫三策，用密之下策②，據黎陽反。玄感敗走自殺，盡獲李密等，行至魏郡逃去③。後依翟讓反，自號魏國公。令祖君彦作書布告天下。書曰：

校勘記

①　晉楊玄感將反　楊玄感，隋書卷七〇有傳，此云晉楊玄感，誤。

②　用密之下策　「策」，原作「東」，據明鈔本改。

③　行至魏郡逃去　「逃」字原無，據明鈔本補。

大魏永平元年四月二十七日，魏公府上國公翟讓也、元帥府左長史邴元真、大將軍左司馬楊德方等布告天下人倫衣冠士庶等。自元氣肇闢，厥初生民，樹之帝王，以爲司牧。是以羲農軒頊之后，堯舜禹湯之君，靡不祗畏上玄，愛育黎庶，乾乾始終①，翼翼小心，馭朽索而同危，履薄冰而爲懼②。故一物失所，若納溝而愧之③；一夫有罪，遂下車而泣之。謙德軫于責躬，憂勞切于罪己。溥天之下，率土之濱，蟠木距于流沙，瀚海窮于丹穴，莫不鼓腹擊壤，鑿井耕田，致政昇平，驅民仁壽。是以愛之如父母，敬之如神明，用能享國多年，祚延長葉，未有暴虐臨人，克終天位者也。

校勘記

①乾乾始終　「始終」，明鈔本、舊唐書卷五三李密傳、文苑英華卷六四六爲李密檄洛州文作「終日」。

②履薄冰而爲懼　「爲」，原作「焉」，據明鈔本、文苑英華卷六四六爲李密檄洛州文改。

③若納溝而愧之　「溝」，舊唐書卷五三李密傳、文苑英華卷六四六爲李密檄洛州文作「隍」。

隋氏往因周末，豫奉綴衣①，狐媚而圖聖寶②，胠篋以取神器。纘承負扆③，狼虎其心，始噎明兩之暉，便干少陽之位④。先皇大漸，侍疾禁中，遂爲梟獍，便行鴆毒。禍深于莒僕，釁酷于商臣，天地之所不容，人神之所嗟憤。加以州吁安忍⑤，閼伯尋仇，劍閣所以懷兇，晉陽于焉起甲，甸人爲罄⑥，淫刑斯逞。夫九族既睦，唐帝闡其欽明；百代本枝，文王表其光大。況乃隳壞盤石，剿絶維城，脣亡齒寒，豈止虞虢，欲求長久，其可得乎？其罪一也。

校勘記

①豫奉綴衣　「綴」，原作「裰」，據明鈔本、舊唐書卷五三李密傳、文苑英華卷六四六爲李密檄洛州

文改。

②狐媚而圖聖寶　「聖寶」，原作「聖賢」，據舊唐書卷五三李密傳、文苑英華卷六四六爲李密檄洛州文改。

③纘承負扆　「扆」，原作「衮」，據舊唐書卷五三李密傳、文苑英華卷六四六爲李密檄洛州文改。

④便干少陽之位　「便」，舊唐書卷五三李密傳、文苑英華卷六四六爲李密檄洛州文作「終」。

⑤加以州吁安忍　「加」，原作「如」，據文苑英華卷六四六爲李密檄洛州文改。

⑥甸人爲罄　「罄」，原作「虆」，據舊唐書卷五三李密傳、文苑英華卷六四六爲李密檄洛州文改。

禽獸之行，在于聚麀；人倫之禮，别于内外。而蘭陵公主逼幸告終，誰謂敤首之賢，翻見齊襄之耻。逮于先皇嬪御，並進銀鐶；諸王子女①，咸貯金屋。牝雞鳴于詰旦，雄雉恣其群飛②。袓服戲陳侯之朝，穹廬同冒頓之寢。爵賞之出，女謁遂成，公卿宣淫，無復綱紀。其罪二也。

校勘記

①諸王子女　「王」，原作「皇」，據明鈔本、舊唐書卷五三李密傳、文苑英華卷六四六爲李密檄洛州

文改。

② 雄雉恣其群飛 「雄雉」，原作「雌雉」，據舊唐書卷五三李密傳、文苑英華卷六四六爲李密檄洛州文改。

平章百姓，一日萬幾，未曉求衣，仄日方食①。是以大禹不貴于尺璧，光武無隔于支體。以此殷憂，深慮幽枉。而荒腆于酒色，俾晝作夜，式號且呼，甘嗜聲伎，常居窟室，每籍糟丘，朝廷罕見其身②，群臣希覩其面，斷決自邇不行，敷奏于焉停擁。中山千日之酒，酩酊無知；襄陽三雅之盃，留連詎比。又廣召良家，充選宮掖，潛爲九市，親駕六驢③，自比商人，見邀逆旅。殷紂之譴爲小，漢靈之罪更輕，内外驚心，遐邇失望。其罪三也。

校勘記

① 仄日方食 舊唐書卷五三李密傳作「昃晷不食」，文苑英華卷六四六爲李密檄洛州文作「昃晷忘食」。

② 朝廷罕見其身 「朝廷」，舊唐書卷五三李密傳、文苑英華卷六四六爲李密檄洛州文作「朝謁」。

③親駕六驢　「六」，舊唐書卷五三李密傳、文苑英華卷六四六爲李密檄洛州文作「四」。按後漢書卷八靈帝紀：「又駕四驢，帝躬自操轡。」

上棟下宇，著在易爻；茅茨采椽，陳諸史籍。聖人本意，唯避風雨，詎待金玉之華，何須締構之麗。故瓊室崇構，商辛以之滅亡；阿房崛起，秦政以之傾覆。而不遵故典，不念前書①，廣立池臺，多爲宫觀②，金鋪玉户，青瑣丹墀，蔽虧日月，隔閲寒暑③。窮生人之筋力，罄天下之資財，使鬼尚難爲之，勞民固其不可。其罪四也。

校勘記

①不念前書　「書」，文苑英華卷六四六爲李密檄洛州文作「車」，舊唐書卷五三李密傳作「章」。

②多爲宫觀　「多」，原作「都」，據明鈔本、舊唐書卷五三李密傳、文苑英華卷六四六爲李密檄洛州文改。

③隔閲寒暑　舊唐書卷五三李密傳、文苑英華卷六四六爲李密檄洛州文作「隔閡寒暑」。

公田所徹①，不過十畝；人力所供，纔止三日。是以輕傜薄賦，不奪農時，寧積與人，無藏府庫。而科税繁弊，不知紀極，猛火屢燒②，漏巵難滿。頭會箕斂，逆折十年之租；杼軸其空，日有黄金之費③。父母不保其赤子，夫婦相棄于匡牀④。萬户則城郭空虚，千里則烟火斷絶。西蜀王孫之室，翻爲原憲之貧；東海糜竺之家，俄成鄧通之鬼。其罪五也。

校勘記

①公田所徹　「徹」，原作「徵」，據舊唐書卷五三李密傳改。

②猛火屢燒　「燒」，原作「殘」，據明鈔本、舊唐書卷五三李密傳、文苑英華卷六四六爲李密檄洛州文改。

③日有黄金之費　「黄金」，明鈔本、文苑英華卷六四六爲李密檄洛州文作「萬金」，舊唐書卷五三李密傳作「千金」。

④夫婦相棄于匡牀　「匡牀」，原作「康莊」，據舊唐書卷五三李密傳、文苑英華卷六四六爲李密檄洛州文改。

古先哲王，卜征巡狩，唐虞五載，周則一紀。本欲親問疾苦，觀省風謡，乃復廣積薪蒭，多聚饔餼。年年歷覽，處處登臨，從臣疲弊①，供㽙辛苦。而飄風凍雨，聊竊比于先驅；車轍馬迹，遂周行于天下。秦皇之心未已，周穆之意難窮，宴西王母以歌雲，浮東洋海而觀日②。家苦納秸之勤，人阻來蘇之望。且天子有道，守在海内③，夷不亂華，在德非險。長城之役，戰國所爲，乃是狙詐之風，非關稽古之法。而乃追迹前代，版築更興，廣立基址，延袤萬里。骸骨蔽野，流血成川，積怨比于丘山，號哭動于天地。其罪六也。

校勘記

① 從臣疲弊　「從」，原作「草」，據明鈔本、舊唐書卷五三李密傳、文苑英華卷六四六爲李密檄洛州文改。

② 浮東洋海而觀日　「東洋海」，明鈔本、舊唐書卷五三李密傳、文苑英華卷六四六爲李密檄洛州文作「東海」。

③ 守在海内　「海内」，舊唐書卷五三李密傳作「海外」。

遼水之東，朝鮮之地，禹貢以爲荒服，周王棄而不臣。示以羈縻①，達其聲教，苟欲愛人，非求拓土。强弩射天②，理無穿于魯縞③；衝風餘力，詎可動于鴻毛。石田得而無堪，雞肋棄而有用④。恃衆怙强⑤，窮兵黷武，唯在吞并，不思長策。兵猶火也，不戢自焚，遂使億兆夷人，隻輪莫返。夫差喪國，實爲黄池之盟；苻堅滅身，良由壽陽之役。欲捕鳴蟬于前⑥，不知挾彈在後，復矢相顧⑦，髽弔成行⑧。義夫切齒，壯士扼腕。其罪七也。

校勘記

①示以羈縻　「示」字原無，據舊唐書卷五三李密傳、文苑英華卷六四六爲李密檄洛州文補。

②强弩射天　「射天」，舊唐書卷五三李密傳、文苑英華卷六四六爲李密檄洛州文作「末矢」。

③理無穿于魯縞　「理」字原無，據舊唐書卷五三李密傳補。

④雞肋棄而有用　「棄」，舊唐書卷五三李密傳作「啖」，文苑英華卷六四六爲李密檄洛州文作「食」。「有」，舊唐書卷五三李密傳、文苑英華卷六四六爲李密檄洛州文作「何」。

⑤恃衆怙强　「衆」，原作「豪」，據明鈔本、舊唐書卷五三李密傳、文苑英華卷六四六爲李密檄洛州文改。

⑥欲捕鳴蟬于前　「欲」字原無，據明鈔本、舊唐書卷五三李密傳、文苑英華卷六四六爲李密檄洛州

文補。

⑦ 復矢相顧　「矢」，原作「失」，據明鈔本、舊唐書卷五三李密傳、文苑英華卷六四六爲李密檄洛州文改。

⑧ 鬔弔成行　「鬔」，原作「堅」，據明鈔本、舊唐書卷五三李密傳、文苑英華卷六四六爲李密檄洛州文改。

正言啓沃，王臣匪躬，惟木從繩，若金須礪。唐堯建鼓①，思聞獻替之音；夏禹懸鞀，時聽箴規之美。而愎諫違卜，妬賢嫉能，直士正人，皆由屠戮。左僕射、上柱國、齊國公高熲②，上柱國、宋國公賀若弼，或文昌上相，或細柳功臣，暫吐良藥之言，翻加屬鏤之賜。龍逢無罪，乃遭夏桀之誅；王子何辜，遂被商辛之戮。遂令君子結舌，賢人鉗口，指白日而比盛，射蒼天而敢欺，不悟國之將亡，不知死之將至③。其罪八也。

校勘記

① 唐堯建鼓　「建」，原作「進」，據明鈔本、舊唐書卷五三李密傳、文苑英華卷六四六爲李密檄洛州

文改。

②高熲　原作「蕭穎達」，據舊唐書卷五三李密傳、文苑英華卷六四六爲李密檄洛州文改。明鈔本訛作「高穎達」。按隋書卷四一高熲傳：「以功加授上柱國，進爵齊國公。」

③不知死之將至　「死」，原作「老」，據舊唐書卷五三李密傳、文苑英華卷六四六爲李密檄洛州文改。

設官分職，貴在銓衡①；察獄問刑，無聞販鬻。而錢神起論，銅臭爲功，梁冀受黄金之蛇②，孟佗薦蒲萄之酒。遂使彝倫攸斁，政以賄成，君子在野，小人在位。積薪居上，同汲黯之言；囊錢不如，傷趙壹之賦。其罪九也。

校勘記

①貴在銓衡　「貴」，原作「責」，據明鈔本、舊唐書卷五三李密傳、文苑英華卷六四六爲李密檄洛州文改。

②梁冀受黄金之蛇　「受」，原作「愛」，據明鈔本、舊唐書卷五三李密傳、文苑英華卷六四六爲李密檄洛州文改。

宣尼有言，無信不立，用命賞祖，義豈食言。自昏主嗣位①，每歲鴐幸，南北巡遊，東西征伐。至于浩亹陪蹕，東都固守②；閿鄉野戰，雁門解圍。自外征夫，不可勝紀。既立功勳，須酬官爵。而志懷翻覆，言行浮詭，臨危則勳賞懸授，剋定則絲綸不行。異商鞅之齎金，同項羽之刓印。芳餌之下，必有懸魚，惜其重賞，求人死力，走丸逆坂，譬此非難。凡百驍雄，誰不讐忿。至于匹夫蕞爾，宿諾不虧，況在乘輿，二三其德。其罪十也。

校勘記

① 自昏主嗣位　「昏主」，原作「昏王」，據舊唐書卷五三李密傳改。

② 東都固守　「東都」，原作「東郡」，據舊唐書卷五三李密傳、文苑英華卷六四六爲李密檄洛州文改。

有一于此，未或不亡。況四維不張，三靈總瘁。無小無大，共識殷亡；愚婦愚夫，咸知夏滅。罄南山之竹，書罪無窮①；決東海之波，流惡難盡。是以窮奇災于上國，猰㺄暴于中原，三河縱封豕之貪，四海被長蛇之毒。百姓殲亡②，殆無遺類，十分爲計，纔一而已。蒼生懍懍，同憂杞國之崩；赤縣嗷嗷，但愁歷陽之陷。且國祚將改，必有常期，六百殷喪之辰，三十姬終之數。故讖籙皆云隋氏三十六而滅，此則厭德之象以彰，代終之兆先見。皇天無親，惟德是輔。況乃欃槍竟天，申繻謂之除舊；歲星入井，甘公以爲義興。兼朱雀門燒，正陽日蝕，狐鳴鬼哭，川竭山崩，並是宗廟丘墟之妖，荆棘板蕩之事③。夏氏則災釁非多，殷人則咎徵更少。牽牛入漢，方知大亂之期；王良策馬，始驗兵車之會。

今者順人將革，先天勿違，大誓孟津，陳盟景亳。三千列國，七百諸侯，不謀以同

校勘記

①書罪無窮　「無」，明鈔本、舊唐書卷五三李密傳、文苑英華卷六四六爲李密檄洛州文作「未」。

②百姓殲亡　「殲亡」，原作「殘賊」，據明鈔本、舊唐書卷五三李密傳、文苑英華卷六四六爲李密檄洛州文改。

③荆棘板蕩之事　「板蕩」，舊唐書卷五三李密傳作「旅庭」，文苑英華卷六四六爲李密檄洛州文作「庭旅」，校語云一作「旅庭」。明鈔本訛作「掖庭」。

詞，不召以自至①，轟轟隱隱，如霆如雷，雕虎嘯而谷風生，應龍驤而景雲起。我魏公聰明神武，齊聖廣淵，總七德而在躬，包九功而挺秀。周太保、魏國公之孫，上柱國、蒲山公之子，家傳盛德②，武王承季歷之基；地啓元勳，世祖嗣蕭王之業③。禹生白水④，日角之相便彰；載誕丹陵，大寶之文斯著。加以姓符圖籙，名協歌謡，六合所以歸心，三靈所以改卜。文王厄于羑里，赤雀方來；高祖隱于碭山⑤，彤雲自起。兵誅不道，赤符至自長安；鋒刃難當，黄星出于梁宋。九五龍飛之始，大人豹變之秋，歷試諸難，大敵彌勇。上柱國、司徒、東郡公翟讓，功宣締構，翼贊經綸，伊尹之佐成湯，蕭何之輔高帝。上柱國、總管、歷城公孟讓⑥，上柱國、左武侯大將軍單雄信，上柱國、右武侯大將軍徐勣，上柱國、大將軍邴元真⑦，絳郡公裴行儼等⑧，並運籌千里，勇冠三軍，擊劍則截蛟斷鼇，彎弧則吟猿落雁。韓彭絳灌，成沛公之基；寇賈吴馮，奉蕭王之業。復有蒙輪挾輈之士，拔距投石之夫⑨，冀馬追風⑩，吴戈照日。

校勘記

① 不召以自至　「以」，明鈔本、舊唐書卷五三李密傳、文苑英華卷六四六爲李密檄洛州文作「而」。

② 家傳盛德　「盛」，原作「聖」，據明鈔本、舊唐書卷五三李密傳、文苑英華卷六四六爲李密檄洛州

文改。

③世祖嗣蕭王之業　「蕭王」，舊唐書卷五三李密傳、文苑英華卷六四六爲李密檄洛州文作「元皇」。按世祖與蕭王，皆指劉秀。

④禹生白水　舊唐書卷五三李密傳、文苑英華卷六四六爲李密檄洛州文作「篤生白水」。

⑤高祖隱于碭山　「碭山」，原作「碭上」，據明鈔本、舊唐書卷五三李密傳、文苑英華卷六四六爲李密檄洛州文改。

⑥上柱國總管歷城公孟讓　舊唐書卷五三李密傳、文苑英華卷六四六爲李密檄洛州文作「上柱國、總管、齊國公孟讓，柱國、歷城公孟暢」。

⑦大將軍邴元真　文苑英華卷六四六爲李密檄洛州文作「上大將軍左長史邴元真」，舊唐書卷五三李密傳作「大將軍左長史邴元真」。

⑧裴行儼　原作「裴行儉」，據明鈔本、舊唐書卷五三李密傳、文苑英華卷六四六爲李密檄洛州文改。按舊唐書卷八四裴行儉傳，行儉父仁基，本人貞觀中方舉明經。

⑨拔距投石之夫　「拔」，原作「超」，據明鈔本、舊唐書卷五三李密傳、文苑英華卷六四六爲李密檄洛州文改。

⑩冀馬追風　「冀馬」，文苑英華卷六四六爲李密檄洛州文同，明鈔本、舊唐書卷五三李密傳作「驥馬」。

魏公屬當期運①，救此億兆，躬擐甲胄，跋涉山川，櫛風沐雨，豈辭勞倦。遂興西伯之師，將問南巢之罪，百萬成旅，四七爲名，呼吸則江河絶流②，叱咤則嵩華自拔。以此攻城，何城不尅；以此擊陣，何陣不摧。譬猶瀉滄海而灌殘熒，舉昆侖而壓小卵。鼓行而進，百道俱前，以四月二十一日屆于東都③。而昏朝文武留守段達、韋津、皇甫無逸等，昆吾惡稔，飛廉奸佞，尚迷天數，敢拒義師，驅率醜徒，衆有十萬，自迴洛倉北，遂來舉斧。于是熊羆角逐，貔豹争先，因其倒戈之心，乘我破竹之勢，曾未旋踵，瓦解冰消，坑卒則長平未多，積甲則熊耳爲少④。達等助桀爲虐⑤，嬰城自固。梯衝亂舉，徒設九拒之謀；鼓角將鳴，空憑百樓之險。燕巢衛幕，魚游宋池，殄滅之期，匪伊旦夕⑥。

校勘記

① 魏公屬當期運　「期運」，原作「斯運」，據明鈔本、舊唐書卷五三李密傳、文苑英華卷六四六爲李密檄洛州文改。

② 呼吸則江河絶流　「江河」，明鈔本、舊唐書卷五三李密傳、文苑英華卷六四六爲李密檄洛州文作「河渭」。

③以四月二十一日届于東都　「届」，原作「留」，據明鈔本、舊唐書卷五三李密傳、文苑英華卷六四六爲李密檄洛州文改。

④積甲則熊耳爲少　「少」，原作「小」，據明鈔本、舊唐書卷五三李密傳、文苑英華卷六四六爲李密檄洛州文改。

⑤達等助桀爲虐　「桀」，原作「傑」，據明鈔本、舊唐書卷五三李密傳改。

⑥匪伊旦夕　明鈔本、文苑英華卷六四六爲李密檄洛州文作「匪朝伊夕」，舊唐書卷五三李密傳作「匪朝伊暮」。

然興洛武牢①，國家儲積，並我先據，爲日久矣。又得回洛，復取黎陽②，天下之倉糧③，盡非隋有。四海赴義，萬里如雲，足食足兵，無前無敵。裴光禄仁基④，雄才上將，受脤專征，遐邇攸歸，安危是託，識機知變，還虞事夏。袁謙擒于藍水，須陀獲在滎陽，竇慶戰没于淮南⑤，郭絢授首于河北⑥。隋之亡没，可料知矣。清河公房彦藻，近持戎律⑦，略地東南，師之所臨，風行電激。安陸、汝南，隨機蕩定；淮安、濟陽，俄能送款。徐圓朗已平魯郡⑧，孟海公又破濟陰⑨。于是海内驍雄，咸來響應，封人贍取平原之境⑩，郝孝德據黎陽之倉，李士才虎視于長平⑪，王德仁鷹揚于上黨⑫，劉興祖起于北朔，崔白駒在于潁川⑬，各擁數萬之兵，俱期牧野之會。滄溟之右，函谷之東，牛酒獻于軍前，壺漿迎于道左⑭。諸公等並衣冠華胄，杞梓良材，神歆靈繹之秋⑮，裂地封侯之始，豹變鵲起⑯，今也其時，鼉鳴鼉應，見機而作，宜加鳩率子弟，共建功名⑰。耿弇之赴光武，蕭何之奉高帝，當召金章紫綬，軒蓋朱輪，富貴已重當年，珪組必傳後業，豈不盛哉。

校勘記

①然興洛武牢　「興洛」，原作「與洛」，據明鈔本、舊唐書卷五三李密傳、文苑英華卷六四六爲李密檄洛州文改。

②復取黎陽　「復」字原無，據明鈔本、文苑英華卷六四六爲李密檄洛州文補。

③天下之倉糧　「倉糧」，原作「倉種」，據明鈔本改。文苑英華卷六四六爲李密檄洛州文作「倉廩」。

④裴光禄仁基　原作「裴充禄位仁基」，據舊唐書卷五三李密傳、文苑英華卷六四六爲李密檄洛州文改。

⑤淮南　文苑英華卷六四六爲李密檄洛州文作「睢陽」。

⑥ 郭絢　原作「郭詢」，據文苑英華卷六四六爲李密檄洛州文周必大校改。按隋書卷七三有郭絢傳。

⑦ 近持戎律　「戎律」，原作「戒律」，據舊唐書卷五三李密傳、文苑英華卷六四六爲李密檄洛州文改。

⑧ 徐圓朗　原作「徐圓明」，據舊唐書卷五三李密傳、文苑英華卷六四六爲李密檄洛州文改。按舊唐書卷五五有徐圓朗傳。

⑨ 濟陰　文苑英華卷六四六爲李密檄洛州文同，舊唐書卷五三李密傳作「濟陽」。

⑩ 平原　原作「長平」，據舊唐書卷五三李密傳、文苑英華卷六四六爲李密檄洛州文改。

⑪ 李士才　原作「李士林」，據文苑英華卷六四六爲李密檄洛州文改。按通鑑卷一八三有「長平李士才」。

⑫ 王德仁鷹揚于上黨　「王德仁」，原作「王湘仁」，據明鈔本、舊唐書卷五三李密傳、文苑英華卷六四六爲李密檄洛州文改。按隋書卷四煬帝紀下有「賊帥王德仁」。另句下舊唐書卷五三李密傳有「滑公李景、考功郎中房山基發自臨渝」。文苑英華卷六四六爲李密檄洛州文略同。

⑬ 崔白駒在于潁川　句下舊唐書卷五三李密傳有「方獻伯以譙郡來」七字。「方獻伯」，文苑英華卷六四六爲李密檄洛州文作「房獻伯」。校語云「房」一作「方」。

⑭ 壺漿迎于道左　「迎」，明鈔本、舊唐書卷五三李密傳作「盈」。

⑮ 神歆靈繹之秋　「靈繹」，舊唐書卷五三李密傳同，明鈔本、文苑英華卷六四六爲李密檄洛州文作「靈澤」。

⑯ 豹變鵲起　「鵲」，原作「鵠」，據明鈔本、舊唐書卷五三李密傳、文苑英華卷六四六爲李密檄洛州文改。

⑰ 共建功名　原作「茹功名」，據明鈔本、舊唐書卷五三李密傳、文苑英華卷六四六爲李密檄洛州文改。

若隋代官人，同夫桀犬，尚知王莽之恩①，仍懷蒯聵之禄。審配死于袁氏，不如張郃歸曹；范增困于項王，未若陳平輔漢。魏公推以赤心，當加好爵，擇木而處，幸不自疑。猛虎猶豫，舟中敵國，夙沙之人共縛其主，彭寵之僕自殺其君②，高官上爵③，即以相授。如暗于成事，守迷不返，崑山縱火，玉石俱焚，易義噬臍，悔將何及。黄河帶地，明予旦旦之言；皎日麗天，知我勤勤之意。布告天下，咸使聞知。

校勘記

① 尚知王莽之恩　「知」，明鈔本、舊唐書卷五三李密傳、文苑英華卷六四六爲李密檄洛州文作

「荷」。

②彭寵之僕自殺其君「僕」，原作「漢」，據舊唐書卷五三李密傳、文苑英華卷六四六爲李密檄洛州文改。

③高官上爵「爵」，明鈔本、舊唐書卷五三李密傳、文苑英華卷六四六爲李密檄洛州文作「賞」。

祖君彦之詞也①。

校勘記

①祖君彦之詞也　此句原無，據明鈔本補。

祖君彦，范陽人，齊僕射孝徵第六子。博學强記，下筆成文，贍速之甚，名馳海内。吏部侍郎薛道衡嘗薦于隋文帝，帝曰：「豈非歌殺之斛律明月人兒耶？」①煬帝嗣位，尤忌知名，遂依常調爲東郡書佐、檢校宿城令②，稱爲祖宿城。自負其才，嘗鬱鬱思亂。及李密用爲元帥府長史③、記室參軍，恨被隋朝擯棄，所以縱筆直言。

校勘記

①豈非歌殺之斛律明月人兒耶　「歌」，原作「欲」，據明鈔本、通鑑卷一八三改。「斛律明月」，原作「斛律明」，據新唐書卷八四祖君彦傳改。「兒」，原作「者」，據明鈔本、新唐書卷八四祖君彦傳改。

②遂依常調爲東郡書佐檢校宿城令　「爲」字原無，據明鈔本補。「檢」字原無，據明鈔本、新唐書卷八四祖君彦傳補。

③及李密用爲元帥府長史　「府」下原有「將」字，據明鈔本删。

唐高祖屯兵壽陽，衆號五十萬，遣仁則齎書至密①。密負其强，自爲盟主。密作書報曰：

校勘記

①遣仁則齎書至密　通鑑卷一八四引壺關録作「遣右衛將軍張仁則齎書招李密」。

頃者皇綱失統，人神雜擾①，運窮陽九，數終百六②。四海業業，常懷逐鹿之心；

百姓嗷嗷，家有占烏之望③。故炎帝衰則軒轅出，夏癸亂而成湯起，尚勤二十七位，終勞五十二戰，大極横流，重安區域。及周之季世，七雄並據；漢之末年④，三分鼎峙。雖由天時，亦由人事。自大業昏兇，年踰一紀，牝雞司晨，飛虎擇肉。游畋莫反，終傷五子之歌；宫室奢侈，寧止百金之費。加以巡幸靡極，役用無窮，筋力盡于征伐，賦税窮于箕斂，夫征妻寡⑤，父出子孤，溝壑如亂麻之多⑥，丘陵有積屍之氣⑦。況雄圖早著⑧，壯志遠聞，白武安之用兵，張文成之運策，遂能見機而作，觀釁而動，奮臂鵲起⑨，拂衣豹變。是知一繩所係，寧維大樹之顛⑩；阿膠欲投，未止黄河之濁。

校勘記

① 人神雜擾 「雜」，原作「離」，據明鈔本、隋文紀卷八改。

② 數終百六 「終」，原作「中」，據明鈔本、稗史彙編卷一〇三、隋文紀卷八、全唐文紀事卷四引壺關録改。

③ 家有占烏之望 「占烏」，全唐文紀事卷四引壺關録作「瞻烏」。

④ 漢之末年 「末年」，明鈔本、隋文紀卷八作「末葉」。

⑤ 夫征妻寡 「征」，明鈔本、隋文紀卷八作「行」。

⑥ 溝壑如亂麻之多　「溝」,原作「潛」,據明鈔本、隋文紀卷八改。

⑦ 丘陵有積屍之氣　「丘陵」,明鈔本、隋文紀卷八作「大陵」。

⑧ 況雄圖早著　「雄圖」,原作「雄威」,據明鈔本、稗史彙編卷一〇三、隋文紀卷八、全唐文紀事卷四引壺關録改。

⑨ 奮臂鵲起　「鵲」,原作「鵠」,據明鈔本、隋文紀卷八、全唐文紀事卷四引壺關録改。

⑩ 寧維大樹之顛　「維」,原作「爲」,據明鈔本、稗史彙編卷一〇三、隋文紀卷八、全唐文紀事卷四引壺關録改。

昔項伯辭楚①,微子去殷,非夫明哲②,豈能及此③。與兄派流雖異,根系本同,俱稟鳳啄之風,共承龍德之後。實願永作維城,長爲盤石。自惟虛薄,幸藉時來,海内英雄,共推盟主④。鋭師百萬成旅,上將四七成群,牛馬谷量,羅紈山積。開鉅橋之粟,襁負攸歸;發廒倉之米,人夫斯賚⑤。故能長淮之地⑥,滄海之西⑦,莫不篚厥玄黄,争獻牛酒,轟轟隱隱,如霆如雷。滅周者,九鼎知輕⑧;亡秦者,三户云衆。況晉陽之城,表裏山川,共爲脣齒,天下誰敵。左提右挈⑨,戮力同心,執子嬰于咸陽,殪商辛于牧野,豈不盛哉,豈不休哉!願追步騎數千,次于河内,聽待至日,即欲會盟⑩。當時面奉光儀，親論進止，東都江都消息來去⑪，具知動静⑫。今辰涼風已届⑬，大火將流，戎略務殷，唯宜動息。脱蒙親降玉趾，側聽金聲⑭，雲霧既披，適願無已。

校勘記

① 昔項伯辭楚　「辭」，原作「亂」，據全唐文紀事卷四引壺關録改。

② 非夫明哲　「明哲」，原作「明誓」，據明鈔本、隋文紀卷八、全唐文紀事卷四引壺關録改。

③ 豈能及此　「此」字原無，據明鈔本、隋文紀卷八、全唐文紀事卷四引壺關録補。

④ 共推盟主　「盟主」，原作「明主」，據明鈔本、通鑑卷一八四引此文改。

⑤ 人夫斯賚　「夫」，原作「天」，據明鈔本、隋文紀卷八、全唐文紀事卷四引壺關録改。

⑥ 故能長淮之地　「地」，全唐文紀事卷四引壺關録作「北」。

⑦ 滄海之西　「之」，明鈔本、隋文紀卷八、全唐文紀事卷四引壺關録作「以」。

⑧ 九鼎知輕　「知」，原作「之」，據明鈔本、稗史彙編卷一〇三、隋文紀卷八、全唐文紀事卷四引壺關録改。

⑨ 左提右挈　句上明鈔本、隋文紀卷八、全唐文紀事卷四引壺關録有「所望」二字。

⑩ 即欲會盟　「欲會」，原作「却令」，據明鈔本、稗史彙編卷一〇三、隋文紀卷八、全唐文紀事卷四

引壺關録改。

⑪江都　原作「江」，據明鈔本、隋文紀卷八、全唐文紀事卷四引壺關録改。

⑫具知動静　「具」，原作「其」，據隋文紀卷八、全唐文紀事卷四引壺關録改。

⑬今辰涼風已届　「届」，原作「留」，據明鈔本、全唐文紀事卷四引壺關録改。

⑭側聽金聲　句上原有「則」字，據隋文紀卷八、全唐文紀事卷四引壺關録删。

唐公得書，大笑曰：「李密陸梁放肆，不可以折簡致之。吾方安輯西京，不遑東伐，即欲拒絶，便是更生一秦。宜優待之①，使其遷善。」記室承指報密曰：

頃者崑山火烈，海水群飛，赤縣丘墟，黔黎塗炭。布衣戍卒，鋤耰棘矜①，争帝圖王，狐鳴蠭起。翼翼京洛，强弩圍城；膴膴周原，僵屍滿路。昭王南巡，泛膠船而忘返；匈奴北盛，將放髪于伊川。輦上無虞，群下結舌，大盗移國，莫之敢指。吾雖庸

校勘記

①宜優待之　明鈔本作「宜優容待之」。

劣，幸承餘緒，出爲八使，入典八屯②。雖云位未爲高，足成非賤③，素飡當職，僶俛叨榮。從容平勃之間，誰云不可④，但顛而不扶，通賢所責。主憂臣辱，無義徒然，等袁安之流涕，極賈生之痛哭。所以仗旗投袂，大會義兵，綏撫河朔，親和蕃塞⑤，共匡天下，志在尊隋。以弟見機而作，一日千里，雞鳴起舞，豹變先鞭，啓宇當塗，聿來中土。兵臨郟鄏，將觀周鼎；屯營敖庾，酷似漢王。前遣簡書，屈爲脣齒，今辱來旨，莫我肯顧⑥。天生蒸庶，必有司牧，當今爲牧，非子而誰？老夫年逾知命，願不及此，忻戴大弟，攀鱗附翼。惟冀早膺圖籙⑦，以寧億兆。宗盟之長，屬籍見容，復封于唐，斯榮足矣。殪商辛于牧野，所不忍言；執子嬰于咸陽，非敢聞命。汾晉左右，尚須安輯；孟津之會，未暇卜期。今日鑾輿南幸，恐同永嘉之勢。顧此中原，鞠爲茂草，興言感嘆，實疚予懷。未面虛襟⑧，用增勞軫。名利之地，鋒鏑縱横。深慎垂堂，勉兹鴻業。

校勘記

①　鋤耰棘矜　原作「鋤耨荆棘」，據舊唐書卷五三李密傳改。大唐創業起居注卷二作「耰鋤棘矜」。

②　入典八屯　「八」，通鑑卷一八四引此文作「六」。胡三省注：「隋制，六軍十二衛，唐公嘗爲將軍，故云。」

③足成非賤　「足成」，原作「立城」，據明鈔本、大唐創業起居注卷二改。

④誰云不可　「誰」，原作「雖」，據明鈔本、大唐創業起居注卷二改。

⑤親和蕃塞　「蕃塞」，原作「蕃兵」，據大唐創業起居注卷二改。明鈔本訛作「蕃寒」。

⑥莫我肯顧　「我」，原作「願」，據明鈔本、舊唐書卷五三李密傳、大唐創業起居注卷二改。

⑦惟冀早膺圖籙　「惟冀」二字原無，據明鈔本、舊唐書卷五三李密傳、大唐創業起居注卷二補。

⑧未面虚襟　「虚襟」，舊唐書卷五三李密傳作「靈襟」。

温大雅之詞也。

密得書大喜，自是信使頻遣往來①。

校勘記

①自是信使頻遣往來　「信使」，原作「言使」，據明鈔本改。

有道士徐鴻客①，上經天緯地策一篇于密。軍旅揮霍，失其本文。題其封曰：「大衆久聚，恐米盡人散，師老厭戰，難以成功。」勸密乘進取之機，因士馬之鋭，沿流東指，直詣江都，執取獨夫，號令天下。密雖未遑遠略，心異其言，以書招之曰：

校勘記

①徐鴻客　通鑑卷一八四作「徐洪客」。

齊州長史至，得所上奇策一篇。理智優長，文采密麗，覽而味之，佳翫無已。夫天地閉，賢人隱，少微光，處士見。故崆峒之上，軒轅問于廣成；汾水之陽，唐帝從于齧缺。是知肥遯爲美，齊物攸歸①，雅度與蘭桂俱芳②，高風並雲霞競遠。孤門承世胄，地籍餘緒，平生大志，豈圖富貴。只爲時逢版蕩，代屬艱虞，厭海水之群飛，憫蒼生之塗炭。便與二三人傑，百萬武旅，欲受降于軹道，將問罪于商郊。未遇玄女，已思黄石，詎有啓沃謀猷，弼成韜鈐者也。百戰百勝之奇，七縱七擒之略，每求筮仕，實勞夢想。仙師學究本源，術苞奇數③，八風五星之候，玉臺金匱之書，莫不洞識于心④，若指諸掌。今龍戰于野，鶴翔寥廓⑤，或出或處，且變且更。濡足援手，始是仁人⑥；除暴靖亂，方稱君子。贊我興運，今也其時。師宜躡蹻擔簦，用虞卿之禮；披裘輓輅，襲婁敬之風。引領瞻望⑦，拂席相待，遲聽酈生之談，方聞左車之説。桂樹山幽，歲云暮矣，桃花源穴，想見其人⑧。冬首薄寒，比其宜也。想攝養有方，當無勞慮；庶不違千里，早赴六軍。孤已勒彼州⑨，令以禮相送，冀面非遥，此不多及。

校勘記

①齊物攸歸　「攸」，原作「幽」，據明鈔本、文苑英華卷六八八與道士徐鴻客書改。
②雅度與蘭桂俱芳　「蘭桂」，明鈔本、文苑英華卷六八八與道士徐鴻客書作「蘭杜」。
③術苞奇數　「奇數」，明鈔本作「奇政」。
④莫不洞識于心　「識」，明鈔本、文苑英華卷六八八與道士徐鴻客書作「曉」。
⑤鶴翔寥廓　「鶴」，文苑英華卷六八八與道士徐鴻客書作「鵬」。
⑥始是仁人　「始是」，明鈔本、文苑英華卷六八八與道士徐鴻客書作「是曰」。
⑦引領瞻望　「望」，原作「旺」，據明鈔本、文苑英華卷六八八與道士徐鴻客書改。
⑧想見其人　原作「想其人耶」　據明鈔本、文苑英華卷六八八與道士徐鴻客書改。
⑨孤已勒彼州　「勒」，原作「敕」，據明鈔本、文苑英華卷六八八與道士徐鴻客書改。

書送鴻客，鴻客晦昧林野①，莫知所之。

校勘記

① 鴻客晦昧林野　「鴻客」二字原無，據明鈔本補。

宇文化及弑煬帝于江都，唐高祖始即位改元，江都凶問至東都，越王侗即位。李密使房彦藻詐云「密欲降隋①，猶慮群臣異議者」。越王乃授密太尉、尚書令兼征討諸校事，詔曰：

校勘記

① 密欲降隋　「密」，明鈔本作「必」。

我大隋之有天下，于兹三十八載。高祖文皇帝聖略神功，載造區夏；世祖明皇帝則天法祖，渾一華戎。東暨蟠木①，西通細柳，前踰丹徼，後越幽都。日月之所照②，風雨之所至，圓首方足，稟氣食毛，莫不盡入提封，皆爲臣妾。加以寳貺畢集，祥瑞咸臻，作樂制禮，移風易俗。知周寰海，萬物咸受其賜；道濟天下，百姓用而不知。往因歷試，統臨南服，自居極順，慰兹望幸③。所以往歲省方，展禮肆覲，停鑾駐蹕，按駕清道，八屯如昔，七萃不移。豈意釁起非常，逼于軒陛④，事生不意，延及冕旒。奉諱之日，五情殞潰，攀號荼毒，不能自勝。

校勘記

①東暨蟠木　「蟠木」，原作「蟠桃」，據隋書卷五九越王侗傳改。

②日月之所照　「照」，明鈔本、隋書卷五九越王侗傳作「臨」。

③自居極順慰兹望幸　隋書卷五九越王侗傳作「自居皇極，順兹望幸。」明鈔本略同，「皇」訛作「曰」。

④逼于軒陛　「逼」，明鈔本、隋書卷五九越王侗傳作「逮」。

且聞之自古哲王①，有此迍剥，賊臣逆子，何代無之。且如宇文化及，世傳庸器。其父述，往屬時來，早霑厚遇，賜以婚媾，置之公輔。位過九命，禄重千鍾②，禮極人臣，榮居世表，徒承海嶽之恩③，未有涓塵之益。化及以此下材，夙蒙顧眄④，出入内外，奉望階墀。昔陪藩國，統領禁衛，從昇聖祚，位列九卿。但性本兇很，恣其貪穢，或結交惡黨，或侵掠貨財，事重刑篇，狀盈獄簡。在上不遺簪履，恩加草萊⑤，應至死辜，每蒙恕免。三經除解，尋復本職⑥，再徙邊裔，尋即追還。生成之恩，昊天罔極；

奬擢之義，人間稀有。化及梟獍爲心，鳥獸不若，縱毒興禍，傾覆行宫。諸王兄弟，一時殘酷，暴于行路，口不忍言。有窮之在夏時，戎狄之于周代，痛辱之極，亦未爲過。朕所以殞首崩心，飲膽食血，瞻天視地，無處容身。

校勘記

①且聞之自古哲王　「哲」下原有「帝」字，據明鈔本删。

②禄重千鍾　「千鍾」，原作「天下」，據明鈔本改。隋書卷五九越王侗傳作「萬鍾」。

③徒承海嶽之恩　「海」，原作「出」，據明鈔本、隋書卷五九越王侗傳改。

④夙蒙顧眄　「顧眄」，原作「顧盼」，據明鈔本改。

⑤恩加草萊　「草萊」，隋書卷五九越王侗傳作「草芥」。

⑥尋復本職　「復」，原作「獲」，據明鈔本、隋書卷五九越王侗傳改。

今公卿士庶，群僚百辟，咸以大寶鴻名，不可顛墜，元兇巨猾，須早夷芟，翼戴朕躬，嗣守寶位。顧惟寡薄①，志在復讐。今者離黼扆而秉旄鉞，釋衰麻而擐甲胄，銜冤誓衆，忍泪興兵，指日遄征，以平大盜。且化及僞立秦王之子，幽遏比於囚拘②，其身自稱霸相，專權擬于九五，履踐禁御，據有宫闕，昂首揚眉，初無慙色。衣冠朝士，外懼兇威；志士誠臣，内皆憤怨。以我義師，順彼天道，梟夷醜族，匪夕伊朝。

校勘記

① 顧惟寡薄　「惟」，原作「性」，據明鈔本、隋書卷五九越王侗傳改。

② 幽遏比於囚拘　原作「幽于北方因抱」，據隋書卷五九越王侗傳改。明鈔本訛作「幽遏比於囚捲」。

太尉、尚書令、魏國公丹誠内發，宏略外舉，率勤王之師，討違天之逆。貔虎争先，熊羆競進，鼓鼙震讋①，若火焚毛，鋒刃縱横，似湯沃雪。魏公志在康濟，投袂前驅，朕親御六軍，星言繼軌。以此衆戰，遂期順舉，擘山可以破，射石可以穿。況賊擁此人徒②，皆有離德，京師侍衛，北憶家鄉③，江左淳黎④，南思邦邑。比來表疏絡繹，人信相尋。若王師一臨，舊章暫覩，必卸甲倒戈⑤，冰消葉散。且聞化及自恣，天奪其心，戮及不辜⑥，挫辱人士，莫不道路以目，號天蹋地。朕今復讐雪恥，梟斬者一人；拯溺救焚，所哀者士庶。凡因從駕在賊所者⑦，一切原免，罪悉不論。已詔魏公，掃平之日，縱授賊官，明非本意，忽因請計爲愆⑧，若戰前自拔赴官軍者，量加爵賞，表其誠節。朕初即大位⑨，克在進賢，比來擢引勳舊，皆縻好爵。其從駕朝士，雖未至東朝，皆遥授官職，不爲異等。父兄子弟，咸亦引擢，内外朝集⑩，一依官品，禄廪賜物，准舊給之，務在哀矜，俾無困乏。唯望天監孔殷⑪，祐我宗社，億兆感義，俱會朕心。梟戮元兇，策勳飲至，四海交泰，稱朕意焉。其兵術戎機，總取魏公節度。

校勘記

① 鼓鼙震讐　「鼓鼙」，明鈔本、隋書卷五九越王侗傳作「金鼓」。

② 況賊擁此人徒　「人」字原無，據明鈔本、隋書卷五九越王侗傳補。

③ 北憶家鄉　「北」，明鈔本作「皆」，隋書卷五九越王侗傳作「西」。

④ 江左淳黎　「江左」，原作「江右」，據明鈔本、隋書卷五九越王侗傳改。

⑤ 必卸甲倒戈　明鈔本、隋書卷五九越王侗傳作「自應解甲倒戈」。

⑥ 戮及不辜　「戮及」，明鈔本、隋書卷五九越王侗傳作「殺戮」。

⑦ 凡因從駕在賊所者　「從」字原無，據稗史彙編卷一〇三、隋文紀卷二引壺關録補。明鈔本訛作「以」。

⑧ 忽因請計爲愆　「忽」，原作「忍」，據明鈔本、隋文紀卷二引壺關録改。

⑨ 朕初即大位　「初」，原作「都」，據明鈔本、隋文紀卷二引壺關録改。

⑩ 内外朝集　「集」字原無，據明鈔本、隋文紀卷二引壺關録補。

⑪ 唯望天監孔殷　「唯」，原作「難」，據明鈔本、隋書卷五九越王侗傳改。

盧楚之詞也。

越王仍别與密書，以伸厚意：

皇帝敬問太尉①、尚書令、東道行軍元帥②、上柱國魏國公，司農卿李儉等至，覽表具知。公以厚地鴻材，冠冕當世，連城重價，領袖一時。加以博學令聞，雄才上略，縉紳攸仰③，雅俗傾心④。朕昔居藩邸，久相欽尚，眷言敬愛，載勞夢想。常恨以事塗之情，未遂神交之望，鬱結何以⑤。

校勘記

① 皇帝敬問太尉　「敬問」，原作「敢問」，據明鈔本、稗史彙編卷一〇三、隋文紀卷二引壺關録改。

② 東道行軍元帥　新唐書卷八四李密傳敘其事作「東南道大行臺行軍元帥」。

③ 縉紳攸仰　「仰」字原無，據明鈔本、稗史彙編卷一〇三、隋文紀卷二引壺關録補。

④ 雅俗傾心　句上原有「而」字，據明鈔本、稗史彙編卷一〇三、隋文紀卷二引壺關録删。

⑤ 鬱結何以　「以」，原作「似」，據明鈔本改。隋文紀卷二引壺關録作「已」。「結」，明鈔本、隋文紀卷二引壺關録作「紆」。

今屬王室不造，賊臣搆難；南征不反，蒼梧未歸。雖地承丕緒，應此明命①，泣血冕旒之下，飲膽宫闕之中。公孝義爲心，聞于遐邇②；仁恕待物，形于内外。且卿相之門③，克昌自久，高祖撫運之年④，明聖在藩之日，非爲義合，實亦家通。今公智足匡時⑤，威足夷難，奮高世之略，舉勤王之師⑥。經綸國家，雪復讐恥，此是公之任也，更俟何人。

校勘記

① 應此明命　「明」，明鈔本、稗史彙編卷一〇三、隋文紀卷二引壺關録作「盟」。

② 聞于遐邇　「遐」，明鈔本、隋文紀卷二引壺關録作「遠」。

③ 且卿相之門　原作「具卿相門」，據明鈔本、隋文紀卷二引壺關録改。

④ 高祖撫運之年　句上原有「撫」字，據明鈔本、隋文紀卷二引壺關録删。

⑤ 今公智足匡時　「公」下原有「即宗哥」三字，據明鈔本、隋文紀卷二引壺關録删。

⑥ 舉勤王之師　「舉」，明鈔本、隋文紀卷二引壺關録作「動」。

前度公此懷，必可暗寄，故馳遣一札①，聊布腹心。忽得今表，事若符契，詞高理至，義重情深，執對循環，以悲以慰。昔韓信之道合漢高，竇融之功成河右，以古譬今，萬分非一。今日以前，咸共刷蕩；使至已後，彼此通懷。七政之重，佇公匡弼；九伐之利，委公指麾。皇靈在上，幽祇在下，福謙禍盈，天地常數②。公率義衆，剪戮兇醜，朕與天下共賞之；宇文化及滔天構逆，傾覆帷扆③，朕與天下共誅之。且聞元兇初謀，誑惑内外，及行大禍，殘忍極理，久僞霸相④，據有宫闕，文武官人，凡有所職⑤，心痛鼻酸，聲徹天壤。今公率有名之師，撫無妄之衆⑥，頹山壓卵，覆海經營，不俟終日，元功必建⑦。朕亦委公⑧，公以素懷付朕⑨，魚水一合，金石不移，即是韓彭更生，伊周再出⑩。公縱欲存撝謙⑪，以謝古人⑫，而古往今來，彼何人也。道高者不以俗務爲累，德厚者不以名實爲心。公運此謀猷，除彼喪亂，匪躬之節，出于世表，豈以名秩而掛雅懷⑬。但功高茂實⑭，義弘往策，屈己從務，亦達者之心⑮，故有今授，思體之耳⑯。既彼此義合，觸類一家⑰，公所授官⑱，悉依前定，承制封拜，事有舊章。任公便宜，量加除授，必若須行詔敕，待報即送告身⑲，務在機權，勿爲形迹。知摧破凶徒，已大果意，于洪達是起釁之黨⑳，擒獲送身，非直朕之甘心，亦甚表公深意㉑。李才蠢命延晷刻㉒，待公東行事畢，返旆西討，剋復關河，蹻足可待。司農卿李儉等既將君意遠來，非無勞止，所以並據授官，以答來貺。總戎之處㉓，去此稱遥，東望風烟，情深爲劇。秋首猶熱，戎略務殷，念保千金，慰兹延望。隱若敵國㉔，非獨往賢，今與公合圖，亦是幽明注意。公其勉之，嗣天心也。故遣銀青光禄大夫、大理卿張權等指宣往意㉕。

校勘記

①故馳遣一札　明鈔本作「故馳遣一介」。隋文紀卷二引壺關録訛作「故馳道一介」。

②天地常數　「天地」，明鈔本、隋文紀卷二引壺關録作「天道」。

③傾覆帷扆　「帷扆」，原作「性扆」，據明鈔本、隋文紀卷二引壺關録改。

④久僞霸相　「久」，明鈔本作「文」。隋文紀卷二引壺關録作「僞文霸相」。

⑤凡有所職　「職」，原作「識」，據明鈔本、隋文紀卷二引壺關録改。

⑥撫無妄之衆　「撫」，原作「接」，據明鈔本、隋文紀卷二引壺關録改。
⑦元功必建　「必」，原作「早」，據明鈔本、隋文紀卷二引壺關録改。
⑧朕亦委公　「亦」下隋文紀卷二引壺關録注「中闕」。
⑨公以素懷付朕　「素」上原有「來」字，據明鈔本删。
⑩伊周再出　「出」，明鈔本作「至」，隋文紀卷二引壺關録作「世」。
⑪公縱欲存撝謙　「謙」，明鈔本、隋文紀卷二引壺關録作「揖」。
⑫以謝古人　「謝」，原作「認」，據明鈔本、隋文紀卷二引壺關録改。
⑬豈以名秩而掛雅懷　「秩」，原作「殊」，據明鈔本、隋文紀卷二引壺關録改。
⑭但功高茂實　「實」，隋文紀卷二引壺關録作「賞」。
⑮亦達者之心　「者」字原無，據明鈔本、隋文紀卷二引壺關録補。
⑯思體之耳　「思」，原作「恩」，據隋文紀卷二引壺關録改。
⑰觸類一家　「一家」，原作「公家」，據明鈔本、隋文紀卷二引壺關録改。
⑱公所授官　「公」字原無，據明鈔本、隋文紀卷二引壺關録補。
⑲待報即送告身　「即」下原有「俟」字，據明鈔本、隋文紀卷二引壺關録删。
⑳于洪達　隋書卷七〇李密傳作「于弘達」。通鑑卷一八五：「送所獲凶黨雄武郎將于洪建」，又

通鑑卷一八五考異曰：「蒲山公傳、河洛記皆云『于洪達縊帝』。」知係同一人。

㉑ 亦甚表公深意　「表」，原作「袁」，據明鈔本、隋文紀卷二引壺關録改。

㉒ 李才蠢命延晷刻　通鑑卷一八五有「右候衛大將軍李才」，即隋書卷六五之趙才，非其人。按「李」，疑指「李淵」，本書上文云：「宇文化及弑煬帝于江都，唐高祖始即位改元。」下文又云：「待公東行事畢，返旆西討，剋復關河。」

㉓ 總戎之處　「處」，原作「心」，據明鈔本、隋文紀卷二引壺關録改。

㉔ 隱若敵國　「國」字原無，據明鈔本、隋文紀卷二引壺關録補。

㉕ 大理卿張權等指宣往意　「指宣往意」，原作「指揮者」，據明鈔本改。隋文紀卷二引壺關録作「指宣」。

權至①，密北面就臣位②，拜受詔敕。

校勘記

① 權至　二字原無，據明鈔本補。

② 密北面就臣位　「就」，原作「執」，據明鈔本、稗史彙編卷一〇三改。

密與王充戰，敗歸長安，皇朝拜上柱國、光禄卿、邢國公，以表妹獨孤氏妻之①。獻策勒其舊兵歸河東，高祖許之。乃行，帝悔②，敕詔密歸朝。迴到桃林，反叛。時史萬寶爲熊州留守③，遣將軍劉善武討之。密敗死，密妻獨孤氏爲周宗所虜。周宗，善武下兵士，問是皇表妹④，却獻善武⑤。

校勘記

① 以表妹獨孤氏妻之　「之」字原無，據明鈔本補。

② 帝悔　原作「常俟」，據明鈔本改。稗史彙編卷一〇三作「常悔」。

③ 史萬寶　原作「史寶藏」，據舊唐書卷五三李密傳、通鑑卷一八五改。

④ 問是皇表妹　「皇」字原無，據明鈔本補。

⑤ 却獻善武　「却」，稗史彙編卷一〇三作「部」。另「周宗善武下兵士問是皇表妹却獻善武」，明鈔本、稗史彙編卷一〇三爲小字。

說郛卷三五

輯佚

一、大業十一年正月，歷亭鎮將王該，認形狀，獲李密，送宇文述。密佯患足疾，防守者一日不行一二十里。忽至一澗，水深岸險，密跛足寅緣，佯足蹶，返撲而墜，乃至良久，狀若未蘇。防守者又無計下取之，遂以手中槍戟引之。密以手援戟，佯作失勢，推戟向水。守者以危岸，手探不住，遂即放卻，密即得槍，擲守者二人俱斃，遂投郝孝德於平原。

通鑑卷一八三考異引韓昱壺關録

二、王伯當令密於西垣校射，書「王」字於堋上如錢，約中者爲主，其次以近遠爲拜官高下。使賈雄執箭，仰天而誓，密正中字心，遂奉以爲主。通鑑卷一八三考異引壺關録

三、周四十八里〔一〕。通鑑卷一八三考異引壺關録

〔一〕按通鑑卷一八三：「乃命其護軍田茂廣築洛口城，方四十里而居之。」

四、王德仁、鄭德韜皆死〔一〕。密以鄭頲爲左司馬，滎陽鄭乾象爲右司馬〔二〕。通鑑卷一八三

〔一〕按通鑑卷一八三考異：「楊德方，壺關録作『王德仁』，今從河洛記。」

〔二〕按通鑑卷一八三考異：「隋、唐書皆作『虔象』，唯壺關録作『乾象』。」

五、密殺其兄乾覆。乾覆之子會通後從盛彥師殺密。通鑑卷一八三考異引壺關録

六、高祖屯壽陽，遣右衛將軍張仁則齎書招李密。通鑑卷一八四考異引壺關録

七、世充先索得一人貌類密者，縛而匿之，戰方酣，使牽以過陳前，譟曰：『已獲李密矣！』〔一〕通鑑卷一八五

〔一〕按通鑑卷一八五考異：「革命記曰：『世充先於衆中覓得一人眉目狀似李密者，陰畜之而不令

出。師至偃師城下，與李密未大相接，遽令數十騎馳將所畜人頭來，云殺得李密。充佯不信，遣衆共看，咸言是密頭也。遂於城下勒兵，擲頭與城中人，城中人亦言是密頭也，遂以城降。』今從壺關録。」知通鑑此則本自壺關録。

中國史學基本典籍叢刊　書目

穆天子傳匯校集釋
國語集解
吴越春秋輯校彙考
越絶書校釋
西漢年紀
兩漢紀
漢官六種
東觀漢記校注
校補襄陽耆舊記（附南雍州記）
十六國春秋輯補
洛陽伽藍記校箋
建康實録
荊楚歲時記
大唐創業起居注箋證（附壺關録）
貞觀政要集校（修訂本）
唐六典
蠻書校注
十國春秋
皇朝編年綱目備要
皇宋十朝綱要校正
隆平集校證
宋史全文
宋太宗皇帝實録校注
金石録校證
靖康稗史箋證
中興遺史輯校
鄂國金佗稡編續編校注
皇宋中興兩朝聖政輯校
中興兩朝編年綱目
續宋中興編年資治通鑑
續編兩朝綱目備要
宋季三朝政要箋證

宋代官箴書五種
契丹國志
西夏書校補
大金弔伐録校補
大金國志校證
聖武親征録（新校本）
元朝名臣事略
明本紀校注
皇明通紀
明季北略
明季南略
國初群雄事略
小腆紀年附考
小腆紀傳
廿二史劄記校證